绿色“一带一路”：
基础设施与全球价值链

赵 静 王 薇 王 赫 著

对外经济贸易大学出版社
中国·北京

图书在版编目（CIP）数据

绿色“一带一路”：基础设施与全球价值链 / 赵静，王薇，王赫著. —北京：对外经济贸易大学出版社，2023.11

ISBN 978-7-5663-2556-3

Ⅰ. ①绿… Ⅱ. ①赵…②王…③王… Ⅲ. ①“一带一路”–基础设施建设–研究 Ⅳ. ①F299.24

中国国家版本馆 CIP 数据核字（2023）第 220367 号

绿色“一带一路”：基础设施与全球价值链

LÜSE “YIDAIYILU”: JICHU SHESHI YU QUANQIU JIAZHILIAN

赵 静 王 薇 王 赫 著

责任编辑： 张俊娟

出版发行：对外经济贸易大学出版社
社　　址：北京市朝阳区惠新东街 10 号
网　　址：www.uibep.com
资源网址：www.uibepresources.com
邮政编码：100029
邮购电话：010－64492338
发行部电话：010－64492342
E-mail：uibep@126.com

成品尺寸：170mm×240mm
印　　张：15
字　　数：237 千字
ISBN 978-7-5663-2556-3
印　　刷：北京九州迅驰传媒文化有限公司
版　　次：2023 年 11 月北京第 1 版
印　　次：2023 年 11 月第 1 次印刷
定　　价：60.00 元

本书出版得到以下基金项目的支持：国家自然科学基金资助项目“‘营改增’的经济转型效应研究：基于分工、创新和贸易的视角”（批准号：71903028）；对外经济贸易大学中央高校基本科研业务费专项资金资助“一带一路”研究系列著作项目（批准号：TS4-17）。

前 言

自共建“一带一路”倡议提出以来，中国一直致力于建设绿色“一带一路”。习近平总书记多次强调，“让绿色切实成为共建‘一带一路’的底色”。建设绿色“一带一路”，是践行绿色发展理念、推进生态文明建设的内在要求，是积极应对气候变化、维护全球生态安全的重大举措，是推进共建“一带一路”高质量发展、构建人与自然生命共同体的重要载体[①]。

基础设施互联互通是绿色“一带一路”的重要内容。“一带一路”国家的基础设施水平普遍较低，有较大的基础设施投资需求。在“一带一路”倡议下，国际大通道建设加快推进，“六廊六路、多国多港”的格局基本形成，沿线国家之间以及国家内部的基础设施互联互通程度不断加深，从就业、产业集群、投资和贸易等诸多方面产生了经济效益。

基础设施条件的改善，对“一带一路”国家融入全球价值链有重要意义。自 20 世纪 80 年代以来，随着交通运输和信息通信成本的快速下降，以生产国际分工为特征的全球价值链成为世界经济的重要组成部分。大部分“一带一路”国家已经参与到全球价值链的生产和贸易活动中，但参与度在国家和区域之间呈现不均衡的态势。在共建“一带一路”倡议下，提高基础设施的可得性和质量有助于“一带一路”国家深度参与全球价值链，促进全球价值链协调发展。

中国对“一带一路”国家进行了大量的直接投资和援助，其中很多投资和援助流向了基础设施领域。这极大地提升了“一带一路”国家的基础设施水平，加深了这些国家在全球价值链中的参与程度，有利于构建“一带一路”包容性全球价值链。与大多数国家相比，中国参与全球价值链的程度较高，但在分工

---

①《国家发展改革委等部门关于推进共建“一带一路”绿色发展的意见》（发改开放〔2022〕408 号）。

上尚处于中低位置。对此，中国在国内实施的有关交通运输服务的政策，如“营改增”税制改革，提升了交通运输服务的量与质，有助于推动中国沿全球价值链升级。

尽管硬性基础设施建设与软性基础设施服务的发展有利于促进全球价值链参与和升级，但基础设施与全球价值链均会对环境产生影响。在绿色“一带一路”的背景下，这些环境效应不容忽视。“一带一路”沿线的基础设施项目可能对环境产生直接和间接的影响。直接影响主要是指交通能源项目对土壤、地形、水文、空气、栖息地和生物多样性等方面的影响，而间接影响主要是基础设施项目引致的交通运输成本和土地使用成本的变化所产生的更为复杂和广泛的环境效应。虽然“一带一路”的基础设施项目可能存在一些环境风险，但这些项目也可能有利于环境保护。这是因为，“一带一路”的基础设施项目一般都是大型项目，具有小规模局部项目所不具备的优势。例如，大型项目可以减少交通网络的碎片化，也往往有更为谨慎的前期可行性研究和潜在影响评估，使环境风险更为可控。

全球价值链的环境效应与全球价值链的参与度和分工位置有关。对于发展中国家而言，基础设施条件改善、参与全球价值链程度加深之后，环境如何变化将取决于分工效应、技术效应、竞争效应和俘获效应的相对大小。为推动绿色价值链发展，“一带一路”国家应积极参与国际生产分工的竞争，承接技术溢出，推动自身在全球价值链中位置的提升。这不仅需要基础设施的改善，也需要人力资本和制度质量等配套条件作为支撑。

几乎每个“一带一路”国家都制定并实施了环境保护政策，包括国家和地方层面的环境保护法律法规、标准和战略等。中国也已形成了一套较为完善的环境保护政策体系，其中的绿色“一带一路”政策为“一带一路”国家的基础设施建设和全球价值链发展提供了绿色保护屏障。全球环境保护合作，包括多边协定、双边协定、国际金融机构和政策性银行的环境政策等，也有助于“一带一路”的绿色发展。展望未来，可以从做好环境影响评估、减少基础设施项目环境风险，发挥绿色金融优势、以可持续融资推动基础设施升级，积极吸引绿色投资、推动绿色产业园区建设，推动形成绿色项目、深化绿色技术创新合作，打造国际合作新平台、增添共同发展新动力等方面，进一步推动绿色基础设施建设和绿色价值链发展，进而以绿色“一带一路”推进全球生态文明建设。

本书综合采用理论分析、实证研究和案例分析等方法，旨在对绿色“一带一路”下的基础设施和全球价值链等有关重要问题进行深入研究和探讨，包括绿色“一带一路”的内涵、“一带一路”基础设施建设和全球价值链发展现状、“一带一路”基础设施项目对全球价值链的影响、“一带一路”绿色基础设施相关政策等。今年是“一带一路”倡议提出的十周年，期待本书的内容能为从事“一带一路”研究的高校师生、参与“一带一路”建设的企业家、政府相关部门的工作人员提供参考。

作 者

2023 年 10 月

目 录

第 1 章

绿色“一带一路”的背景与内涵

1.1 “一带一路”倡议

1.1.1 背景

古代丝绸之路，是起始于中国，连接亚洲、非洲和欧洲的古代商业贸易路线。最初主要是运输古代中国出产的丝绸和瓷器等商品，后来成为东西方之间在经济、政治、文化等多方面进行交流的主要道路。1877 年，德国地理学家费迪南·冯·李希霍芬在其著作《中国：亲身旅行的成果和以之为根据的研究》中首次提出“丝绸之路”这一概念[①]。丝绸之路包括陆上丝绸之路和海上丝绸之路。2017 年 5 月 14 日，中国国家主席习近平在“一带一路”国际合作高峰论坛开幕式上发表了题为《携手推进“一带一路”建设》的重要演讲，指出“2000 多年前，我们的先辈筚路蓝缕，穿越草原沙漠，开辟出联通亚欧非的陆上丝绸之路；我们的先辈扬帆远航，穿越惊涛骇浪，闯荡出连接东西方的海上丝绸之路。古丝绸之路打开了各国友好交往的新窗口，书写了人类发展进步的新篇章。”[②]

古代丝绸之路具有重要的历史价值。其一，开创性地打通了东西方大通道，

---

① 张春海. 中国主导丝路开辟有史为证［N/OL］. 中国社会科学报，2015-03-30（A02）. https://epaper.csstoday.net/epaper/read.do？m=i&iid=4593&eid=29203&sid=134784&idate=12_2015-03-30.

② 习近平. 携手推进“一带一路”建设［N/OL］. 人民日报，2017-05-15（03）. http://jhsjk.people.cn/article/29274601.

首次构建起世界交通线路大网络。其二，极大地促进商品大流通，率先实现了东西方的商贸互通和经济往来。其三，推动了科学技术的传播，以及沿线国家的生产和社会进步。其四，推动了多样性文化交流，是东西方不同国家、不同种族、不同文明相互浸染、相互包容的重要纽带（李国强，2019）。

这段辉煌的历史，在新的时代背景下需要被赋予新的使命才会更加鲜活。2013 年 9 月 7 日，中国国家主席习近平在哈萨克斯坦纳扎尔巴耶夫大学发表了题为《弘扬人民友谊 共创美好未来》的重要演讲，提出了共同建设“丝绸之路经济带”的倡议。同年 10 月 3 日，习近平主席在印度尼西亚国会发表了题为《携手建设中国—东盟命运共同体》的重要演讲，提出了共同建设“21 世纪海上丝绸之路”的倡议。“丝绸之路经济带”和“21 世纪海上丝绸之路”合并简称为“一带一路”。

2015 年 3 月 28 日，中国国家发展和改革委员会、外交部、商务部经国务院授权发布了《推动共建丝绸之路经济带和 21 世纪海上丝绸之路的愿景与行动》（下面简称《愿景与行动》），从时代背景、共建原则、框架思路、合作重点、合作机制等方面对“一带一路”倡议进行了阐释。具体而言，“一带一路”贯穿亚欧非大陆，一头是活跃的东亚经济圈，一头是发达的欧洲经济圈，中间广大腹地国家经济发展潜力巨大。相关国家基于但不限于古代丝绸之路的范围，各国和国际、地区组织均可参与，让共建成果惠及更广泛的区域。其中，丝绸之路经济带重点畅通三条线路：一是中国经中亚、俄罗斯至欧洲（波罗的海）；二是中国经中亚、西亚至波斯湾、地中海；三是中国至东南亚、南亚、印度洋。目前已经确定了六条陆上经济走廊：中国—蒙古国—俄罗斯（中蒙俄）经济走廊；新亚欧大陆桥；中国—中亚—西亚经济走廊；中国—中南半岛经济走廊；中国—巴基斯坦（中巴）经济走廊；孟加拉国—中国—印度—缅甸（孟中印缅）经济走廊。而 21 世纪海上丝绸之路的重点方向，是从中国沿海港口，过南海到印度洋，延伸至欧洲；从中国沿海港口，过南海到南太平洋。

根据《愿景与行动》，“一带一路”倡议的主要合作内容表现为“五通”，即政策沟通、设施联通、贸易畅通、资金融通、民心相通。第一，沿线国家加强政策沟通是“一带一路”建设的重要保障。只有加强政府间合作，积极构建多层次政府间宏观政策沟通交流机制，就经济发展战略和对策进行充分交流对接，共同制定推进区域合作的规划和措施，协商解决合作中的问题，才能不断深化利益融合，促进政治互信，达成更多的合作新共识。第二，基础设施互联互通是一带一路”建设的优先领域。重点合作方向包括：推动口岸基础设施建设，畅通陆水联运通道，推进港口合作建设；加强能源基础设施互联互通合作；推进跨境光缆等通信干线网络建设，提高国际通信互联互通水平。第三，投资贸易合作是“一带一路”建设的重点内容。面对当前形势，《愿景与行动》着力强调宜着力研究解决投资贸易便利化问题，消除投资和贸易壁垒，构建区域内和各国良好的营商环境，积极同沿线国家和地区共同商建自由贸易区，激发释放合作潜力，做大做好合作“蛋糕”。第四，资金融通是“一带一路”建设的重要支撑。未来将进一步深化金融合作，推进亚洲货币稳定体系、投融资体系和信用体系建设。同时，也将加强金融监管合作，推动签署双边监管合作谅解备忘录，逐步在区域内建立高效监管协调机制。第五，民心相通是“一带一路”建设的社会根基。通过广泛开展文化交流、学术往来、人才交流合作、媒体合作、志愿者服务等活动来传承和发扬丝绸之路友好合作精神，为深化双边和多边合作奠定坚实的民意基础。“一带一路”不是简单借用了古代丝绸之路的名称，更重要的是对古代丝绸之路凝结而成的丝路精神的继承和弘扬，是对古代丝绸之路的创新和超越。它一端连接着历史，一端指向未来；一端连着中国，一端通向世界。

中国提出共建“一带一路”倡议并非偶然，而是与新时期中国国内外政治经济形势发展变化息息相关。2016 年 4 月 29 日，习近平主席在中共中央政治局第三十一次集体学习时指出，“在新的历史条件下，我们提出‘一带一路’倡议，就是要继承和发扬丝绸之路精神，把我国发展同沿线国家发展结合起来，把中国梦同沿线各国人民的梦想结合起来，赋予古代丝绸之路以全新的时代内涵。”。具体而言，第一，“一带一路”有助于推进全方位对外开放。40 多年的对外开放取得了巨大成就，中国已成为世界第二大经济体。未来中国仍将持续推进对外开放，并重点提高对外开放的质量和发展的内外联动性，包括完善对外开放区域布局、对外贸易布局、对外投资布局等。2018 年 8 月 27 日，习近平主席在北京人民大会堂出席推进“一带一路”建设工作 5 周年座谈会并发表重要讲话，他指出，“共建‘一带一路’大幅提升了我国贸易投资自由化便利化水平，推动我国开放空间从沿海、沿江向内陆、沿边延伸，形成陆海内外联动、东西双向互济的开放新格局”。第二，“一带一路”建设有利于促进共同发展繁荣。沿线国家具有不同的市场规模和资源禀赋，互补性强，可共同参与全球价值链的构建，在价值链的不同环节发挥各自优势，实现互利共赢。第三，共建“一带一路”为完善全球经济治理体系提供了新思路。在贸易保护主义抬头、世贸组织（WTO）发展面临挑战的情况下，“一带一路”建设有助于促进国际合作，削弱贸易投资壁垒，推动形成共商共建共享的全球治理观，并推动全球治理体系变革。与此同时，共建“一带一路”也有助于增强中国与沿线国家的政治互信，有助于发挥中国在全球治理中的作用。第四，共建“一带一路”倡议与构建人类命运共同体的理念几乎同时提出，共建“一带一路”有助于实现构建人类命运共同体的目标。

1.1.2 发展概况

2019 年 4 月 22 日，中国推进“一带一路”建设工作领导小组办公室发布《共建“一带一路”倡议：进展、贡献与展望》报告。其中指出，2013 年以来，共建“一带一路”倡议以政策沟通、设施联通、贸易畅通、资金融通、民心相通为主要内容扎实推进，取得了明显成效，一批具有标志性的成果开始显现，参与各国对共建“一带一路”的认同感和参与度不断增强①。

1. 政策沟通

政策沟通是共建“一带一路”的重要保障，是形成携手共建行动的重要先导。“一带一路”倡议提出以来，中国与有关国家和国际组织充分沟通协调，形成了共建“一带一路”的广泛国际合作共识。

（1）共建“一带一路”倡议载入国际组织重要文件。共建“一带一路”倡议及其核心理念已被写入联合国、二十国集团、亚太经合组织以及其他区域组织等的有关文件中。2015 年 7 月，上海合作组织发表了《上海合作组织成员国元首乌法宣言》，支持关于建设“丝绸之路经济带”的倡议。2016 年 9 月，《二十国集团领导人杭州峰会公报》通过关于建立“全球基础设施互联互通联盟”

---

① 推进“一带一路”建设工作领导小组办公室. 共建“一带一路”倡议：进展、贡献与展望［R/OL］.（2019-04-22）［2023-09-06］. https://www.yidaiyilu.gov.cn/p/86697.html.

倡议。2016 年 11 月，联合国 193 个会员国协商一致通过决议，欢迎共建“一带一路”等经济合作倡议，呼吁国际社会为“一带一路”建设提供安全保障环境。2017 年 3 月，联合国安理会一致通过第 2344 号决议，呼吁国际社会通过“一带一路”建设加强区域经济合作，并首次载入“人类命运共同体”理念。2018 年，中国—拉美和加勒比国家共同体论坛（简称中拉论坛）第二届部长级会议、中国—阿拉伯国家合作论坛第八届部长级会议、中非合作论坛峰会先后召开，分别形成了中拉《关于“一带一路”倡议的特别声明》、《中国和阿拉伯国家合作共建“一带一路”行动宣言》和《关于构建更加紧密的中非命运共同体的北京宣言》等重要成果文件。2020 年 11 月，历经 8 年谈判，《区域全面经济伙伴关系协定》（RCEP）正式签署。RCEP 涵盖 15 个成员国，总人口达 22.7 亿，国内生产总值（GDP）达 26 万亿美元，出口总额达 5.2 万亿美元，均占全球的 30% 左右，经济规模占全球比重超过《全面与进步跨太平洋伙伴关系协定》（CPTPP）占比。

（2）签署共建“一带一路”政府间合作文件的国家和国际组织数量逐年增加。在共建“一带一路”框架下，各参与方和国际组织本着求同存异原则，就经济发展规划和政策进行充分交流，协商制定经济合作规划和措施。截至 2023 年 6 月 6 日，中国已与 152 个国家、32 个国际组织签署 200 余份共建“一带一路”合作文件[①]。覆盖领域包括互联互通、金融、贸易与投资、科学技术、社会与民生等，共建“一带一路”国家已由亚欧延伸至非洲、大洋洲、南美洲和北美洲等区域。

（3）共建“一带一路”专业领域对接合作有序推进。数字丝绸之路建设已成为共建“一带一路”的重要组成部分，中国与埃及、老挝、沙特阿拉伯、塞尔维亚、泰国、土耳其、阿联酋等国家共同发起《“一带一路”数字经济国际合作倡议》，与 16 个国家签署加强数字丝绸之路建设合作文件。2017 年 12 月，中国发布了《标准联通共建“一带一路”行动计划（2018—2020 年）》，截至 2019 年 4 月，与 49 个国家和地区签署 85 份标准化合作协议。“一带一路”税收合作长效机制日趋成熟，2018 年 5 月，中国组织召开“一带一路”税收合作会议，

① 已同中国签订共建“一带一路”合作文件的国家一览［EB/OL］.（2023-06-26）［2023-09-06］. https://www.yidaiyilu.gov.cn/p/77298.html.

发布《阿斯塔纳“一带一路”税收合作倡议》，截至 2020 年底，税收协定合作网络延伸至 111 个国家和地区。2018 年 8 月 29 日，中国与 49 个沿线国家联合发布《关于进一步推进“一带一路”国家知识产权务实合作的联合声明》。2018 年 7 月 2 日至 3 日，中国组织召开“一带一路”法治合作国际论坛，发布《“一带一路”法治合作国际论坛共同主席声明》。2018 年 10 月 18 日至 19 日，中国组织召开“一带一路”能源部长会议，18 个国家联合宣布建立“一带一路”能源合作伙伴关系。2017 年 5 月和 6 月，中国发布《共同推进“一带一路”建设农业合作的愿景与行动》《“一带一路”建设海上合作设想》等。中国推动建立了国际商事法庭和“一站式”国际商事纠纷多元化解决机制。中国与共建“一带一路”国家共同打造“绿色丝绸之路”，2017 年 5 月发布《关于推进绿色“一带一路”建设的指导意见》与《“一带一路”生态环境保护合作规划》。

（4）共建“一带一路”政策规划成绩斐然。共建“一带一路”倡议在政策沟通上的广泛国际共识主要体现在“一带一路”国际合作高峰论坛上。其中，部分国家的主要共建形式如表 1－1 所示。非洲地区是积极参与“一带一路”合作的区域之一，中非共建“一带一路”合作潜力巨大、前景广阔。2015 年 12 月，南非成为非洲第一个与中国签署“一带一路”合作文件的国家。2017 年、2019 年，埃及、埃塞俄比亚、吉布提、肯尼亚、莫桑比克等国领导人出席“一带一路”国际合作高峰论坛，为“一带一路”合作机制发展作出积极贡献。在 2018 年中非合作论坛北京峰会上，中非双方一致同意要加强共建“一带一路”合作。截至目前，几乎所有同中国建交的非洲国家都已经同中国签署共建“一带一路”合作文件。非洲联盟（简称“非盟”）委员会同中国签署了《中华人民共和国政府与非洲联盟关于共同推进“一带一路”建设的合作规划》，这是中国同区域性国际组织签署的第一份共建“一带一路”规划类合作文件。2022 年是中国和阿根廷建交 50 周年，中阿高质量共建“一带一路”，将不断为增进两国民生福祉作出新的贡献。2022 年 2 月，双方发表关于深化中阿全面战略伙伴关系的联合声明，并签署《中华人民共和国政府与阿根廷共和国政府关于共同推进丝绸之路经济带和 21 世纪海上丝绸之路建设的谅解备忘录》等一系列合作文件。

表 1-1　　　　我国与部分“一带一路”国家政策对接规划

共建“一带一路”部分国家	政策对接
俄罗斯	欧亚经济联盟
哈萨克斯坦	光明之路
印度尼西亚	全球海洋支点
蒙古国	发展之路
菲律宾	大建特建计划
匈牙利	向东开放

资料来源：作者根据“一带一路”官网整理。

2. 设施联通

设施联通是共建“一带一路”的优先方向。在尊重相关国家主权和安全关切的基础上，由各国共同努力，以铁路、公路、航运、航空、管道、空间综合信息网络等为核心的全方位、多层次、复合型基础设施网络正在加快形成，区域间商品、资金、信息、技术等交易成本大大降低，有效促进了跨区域资源要素的有序流动和优化配置，实现了互利合作、共赢发展。

（1）国际经济合作走廊和通道建设取得明显进展。新亚欧大陆桥、中蒙俄、中国—中亚—西亚、中国—中南半岛、中巴和孟中印缅六大国际经济合作走廊将亚洲经济圈与欧洲经济圈联系在一起，为建立和加强各国互联互通伙伴关系，构建高效畅通的亚欧大市场发挥了重要作用①。

新亚欧大陆桥经济走廊。新亚欧大陆桥经济走廊不仅实现了政策沟通的多层次，而且使国际运输通道便利化成效显著。一方面，中国与新亚欧大陆桥经济走廊沿线国家的政治互信进一步加强，多层次的政策沟通机制逐步形成，对外发布了《中国—中东欧国家合作布达佩斯纲要》和《中国—中东欧国家合作索菲亚纲要》等重要文件。另一方面，它是连接中国与欧洲经济圈的核心通道，比西伯利亚大陆桥缩短了陆上运输距离 2 000～5 000 千米，比海运距离缩短了上万千米，显著提高了国际运输能力。新亚欧大陆桥经济走廊以打造中欧班列

① 罗雨泽. 统筹协调六大国际经济合作走廊建设［EB/OL］. 经济日报，（2019-05-09）［2023-09-06］. http://theory.people.com.cn/n1/2019/0509/c40531-31074994.html.

为目标，不断建立与沿线国家的铁路合作机制。

中蒙俄经济走廊。中蒙俄经济走廊在基础设施互联互通建设方面，形成了以铁路、公路和边境口岸为主体的跨国基础设施联通网络。三国在 2016 年 6 月正式签署了《建设中蒙俄经济走廊规划纲要》，这标志着中蒙俄经济走廊建设正式全面启动；2018 年签署了《关于建立中蒙俄经济走廊联合推进机制的谅解备忘录》，进一步完善了三方合作工作机制。中蒙俄经济走廊的建设，使跨境基础设施连通性显著提高。铁路方面，中俄之间，同江—下列宁斯阔耶界河铁路桥中方侧工程已于 2018 年 10 月完工，滨洲铁路完成电气化改造，与俄罗斯西伯利亚大铁路相连；中蒙之间，白阿铁路、长白铁路等如期转线贯通。公路方面，三国签署并核准的《关于沿亚洲公路网国际道路运输政府间协定》正式生效，已建成多条公路。产能合作方面，中国企业早已率先开展与俄罗斯的合作，管道输油量每年超过 3 000 万吨。同时，俄罗斯也加大了对中国的投资力度，与中国石油企业交流频繁。

中国—中亚—西亚经济走廊。中国—中亚—西亚经济走廊东起中国，向西经中亚至阿拉伯半岛，是丝绸之路经济带的重要组成部分。由中国新疆出发，抵达波斯湾、地中海沿岸和阿拉伯半岛，主要涉及中亚五国（哈萨克斯坦、吉尔吉斯斯坦、塔吉克斯坦、乌兹别克斯坦、土库曼斯坦）、伊朗、土耳其等国。该走廊在能源合作、设施互联互通、经贸与产能合作等领域的合作不断加深，实现了政策对接与项目合作并重。该走廊建设多年来，有序实施并完成了《中亚区域运输与贸易便利化战略（2020）》运输走廊建设；完成了《上海合作组织成员国政府间国际道路运输便利化协定》的制订、谈判、签署和生效工作；开展了与中亚有关国家的国际道路运输协议谈判，签订了《中哈俄国际道路临时过境货物运输协议》。中国与哈萨克斯坦、乌兹别克斯坦、土耳其等国的双边国际道路运输协定，以及中巴哈吉（中国、巴基斯坦、哈萨克斯坦、吉尔吉斯斯坦）、中哈俄（中国、哈萨克斯坦、俄罗斯）、中吉乌（中国、吉尔吉斯斯坦、乌兹别克斯坦）等多边国际道路运输协议相继签署，中亚、西亚地区基础设施建设不断完善。中国—沙特投资合作论坛围绕共建“一带一路”倡议与沙特“2030 愿景”进行产业对接，签署合作协议总价值超过 280 亿美元。中国与伊朗发挥在各领域的独特优势，加强涵盖道路、基础设施、能源等领域的对接合作。

中国—中南半岛经济走廊。该走廊以泛亚铁路网、亚洲公路网、陆港网的东南亚地区交通物流基础设施为依托，在基础设施互联互通、跨境经济合作区建设等方面取得积极进展，是连接中国和东南亚、南亚地区的陆海经济带。值得注意的是，陆海新通道的建设已成为中国—中南半岛经济走廊的重要抓手。陆海新通道是中国和新加坡互联互通框架下的国际物流新通道，于2017年9月开通。截至2020年6月30日，陆海新通道目的地已覆盖全球92个国家和地区的234个港口。未来，构建统筹协调机制、完善沿线基础设施、拓展国际合作等方面的顶层设计将进一步加强。目前，昆（明）曼（谷）公路全线贯通，中老铁路也已全线贯通，中泰铁路等项目稳步推进，中老经济走廊合作建设有序推进，泰国“东部经济走廊”与“一带一路”倡议实现深度对接，中国与柬老缅越泰（CLMVT）经济合作稳步推进。中国—东盟（10+1）合作机制、澜湄合作机制、大湄公河次区域经济合作（GMS）发挥的积极作用越来越明显。

中巴经济走廊。中巴经济走廊是共建“一带一路”的旗舰项目。中巴经济走廊于2013年启动建设。2015年，中国和巴基斯坦两国政府确定了以中巴经济走廊为中心，以瓜达尔港、能源、交通基础设施、产业合作为重点的“1+4”合作布局。中国与巴基斯坦组建了中巴经济走廊联合合作委员会，建立了定期会晤机制。如今，中巴经济走廊进入高质量发展新阶段，至少取得了三方面的重要成就：第一，解决了巴基斯坦电力紧缺问题；第二，完善了巴基斯坦公路网络；第三，瓜达尔港正式投入运营[①]。一批批项目顺利推进：默拉直流输电项目传递着中国人民的爱与祝福，电力发展为巴基斯坦人带来更便宜的能源；卡洛特水电站是中巴经济走廊能源合作优先实施项目和“一带一路”首个大型水电投资建设项目，2021年11月，水电站导流洞成功下闸蓄水，项目建成投产后，将为巴基斯坦提供具有市场竞争力的清洁能源供应；拉沙卡伊特别经济区已在2021年进入全面建设阶段，将通过一站式服务和巴基斯坦政府提供的优惠政策吸引中巴两国和其他国家投资者前来投资兴业。当前，中巴经济走廊建设已进入高质量发展的第二阶段[②]。

① 夏宾. 专访扎法尔：中巴经济走廊取得三大成就农业合作或成未来重点［EB/OL］.（2021-11-20）［2023-09-06］. https://www.chinanews.com.cn/cj/2021/11-20/9613149.shtml.

② 刘畅. “一带一路”项目八周年总台记者带您探访中巴经济走廊2021年成就［EB/OL］.（2021-12-29）［2023-09-06］. http://news.china.com.cn/2021-12/29/content_77959820.htm.

孟中印缅经济走廊。孟中印缅经济走廊是连接中国和南亚的便捷通道，是中国走向南亚和印度洋区域大市场最便捷、最具经济吸引力的陆路大通道。中国、孟加拉国、印度和缅甸四方在联合工作组框架下共同推进孟中印缅经济走廊建设，在机制和制度建设、基础设施互联互通、贸易和产业园区合作、国际金融开放合作、人文交流与民生合作等方面研究并规划了一批重点项目。中缅两国成立了中缅经济走廊联合委员会，签署了关于共建中缅经济走廊的谅解备忘录、木姐—曼德勒铁路项目可行性研究文件和皎漂经济特区深水港项目建设框架协议。

（2）基础设施互联互通水平大幅提升。“道路通，百业兴。”基础设施投入不足是发展中国家经济发展的瓶颈，加快设施联通建设是共建“一带一路”的核心内容。

铁路合作方面。以中老铁路、中泰铁路、匈塞铁路、雅万高铁等合作项目为重点的区际、洲际铁路网络建设取得重大进展。泛亚铁路东线、巴基斯坦 1 号铁路干线升级改造、中吉乌铁路等项目正积极推进前期研究，中国—尼泊尔跨境铁路已启动可行性研究。中欧班列初步探索形成了多国协作的国际班列运行机制。2017 年 4 月，中国、白俄罗斯、德国、哈萨克斯坦、蒙古国、波兰和俄罗斯等 7 国铁路公司签署了《关于深化中欧班列合作协议》。截至 2022 年 1 月 29 日，中欧班列累计开行突破 5 万列，运送货物超 455 万标箱，货值达 2 400 亿美元，通达欧洲 23 个国家的 180 个城市。2016 年至 2021 年，中欧班列年开行数量由 1 702 列增长到 15 183 列，年均增长 55%；综合重箱率由 77.2% 提升至 98.1%；年运输货值由 80 亿美元提升至 749 亿美元，增长超过 8 倍。中欧班列为保障国际产业链供应链稳定、推动共建“一带一路”高质量发展作出积极贡献①。

公路合作方面。中蒙俄、中吉乌、中俄（大连—新西伯利亚）、中越国际道路直达运输试运行活动先后成功举办。2018 年 2 月，中吉乌国际道路运输实现常态化运行。2019 年 3 月 19 日，中越北仑河公路二桥建成通车。2016 年 7 月

① 齐慧. 中欧班列累计开行超五万列［N/OL］. 经济日报，2022 - 02 - 09（10）. http://paper.ce.cn/jjrb/html/2022 - 02/09/content_457794.htm.

5 日，中国正式加入《国际公路运输公约》（TIR 公约）。自 2013 年“一带一路”倡议提出至 2019 年 4 月，中国与 15 个沿线国家签署了包括《上海合作组织成员国政府间国际道路运输便利化协定》在内的 18 个双多边国际运输便利化协定。《大湄公河次区域便利货物及人员跨境运输协定》实施取得积极进展。

港口合作方面。巴基斯坦瓜达尔港已经具备全作业能力，正在积极拓展业务范围，目前还与宁波舟山港合作，朝着物流枢纽和产业基地的发展目标迈进。瓜达尔自由区第一阶段也已完工，40 多家企业参与投资，总投资额超过 30 亿元人民币。自由区第二阶段已于 2021 年 7 月启动，越来越多的投资者对瓜达尔港表现出浓厚兴趣[①]。斯里兰卡汉班托塔港经济特区是中斯共建“一带一路”重点合作项目，截至 2021 年 6 月底，汉班托塔港总货运量约为 120 万吨，较上年同期的约 42 万吨取得显著增长。希腊比雷埃夫斯港建成重要中转枢纽，目前这一项目已为当地创造了超过 3 000 个直接就业岗位以及数以万计的间接就业机会，并通过投资、税收和社会责任等方面对希腊社会作出巨大贡献。阿联酋哈利法港二期集装箱码头已于 2018 年 12 月正式开港。截至 2021 年 12 月，中国已与 66 个国家和地区签署了 70 个双边和区域海运协定。中国宁波航运交易所不断完善“海上丝绸之路航运指数”，发布了 17+1 贸易指数和宁波港口指数。

航空运输方面。截至 2019 年 4 月，中国与 126 个国家和地区签署了双边政府间航空运输协定。与卢森堡、俄罗斯、亚美尼亚、印度尼西亚、柬埔寨、孟加拉国、以色列、蒙古国、马来西亚、埃及等国家扩大了航权安排。2013—2018 年，中国与沿线国家新增国际航线 1 239 条，占新开通国际航线总量的 69.1%。截至 2021 年 9 月，我国与沿线 103 个国家签署航空运输协定，即便受到疫情的影响，也仍与其中 53 个国家保持通航，与沿线国家的航班量占到我国航班总量的 65.9%。

能源设施建设方面。中国与沿线国家签署了一系列合作框架协议和谅解备忘录，在电力、油气、核电、新能源、煤炭等领域开展了广泛合作，与相关国家共同维护油气管网安全运营，促进国家和地区之间的能源资源优化配置。中

---

① 程是颉，郭桢，闫韫明，颜欢. 共建“一带一路”：深化港口合作促进贸易畅通［N/OL］. 人民日报，2022－02－20（03）. http://www.chinanews.com.cn/gn/2022/02－21/9681703.shtml.

俄原油管道、中国—中亚天然气管道保持稳定运营，中俄天然气管道东线已于2019年12月部分实现通气，并将于2024年实现全线通气。中缅油气管道全线贯通。

通信设施建设方面。中缅、中巴（巴基斯坦）、中吉、中俄跨境光缆信息通道建设取得明显进展。中国与国际电信联盟签署《关于加强“一带一路”框架下电信和信息网络领域合作的意向书》。与吉尔吉斯斯坦、塔吉克斯坦、阿富汗签署丝路光缆合作协议，实质性启动了丝路光缆项目。

3. 贸易畅通

贸易畅通是共建“一带一路”的重要内容。共建“一带一路”促进了沿线国家和地区贸易投资自由化便利化，降低了交易成本和营商成本，释放了发展潜力，进一步提升了各国参与经济全球化的广度和深度。

（1）贸易与投资自由化便利化水平不断提升。2017年5月，中国发起《推进“一带一路”贸易畅通合作倡议》，截至2023年8月底，有80多个国家和国际组织积极参与。海关检验检疫合作不断深化，2017年5月首届“一带一路”国际合作高峰论坛以来，中国与沿线国家签署100多项合作文件，实现了超50种农产品食品检疫准入。中国和哈萨克斯坦、吉尔吉斯斯坦、塔吉克斯坦农产品快速通关“绿色通道”建设积极推进，农产品通关时间缩短了90%。中国进一步放宽外资准入领域，营造高标准的国际营商环境，设立了向全球开放的22个自由贸易试验区，并探索建设自由贸易港，吸引沿线国家来华投资。中国平均关税水平从加入世界贸易组织时的15.3%降至2021年的7.4%。截至2022年2月，中国累计与26个国家和地区签署19个自由贸易协定。中国与东盟、新加坡、巴基斯坦、格鲁吉亚等多个国家签署或升级了自由贸易协定，与欧亚经济联盟签署经贸合作协定，同沿线国家的自由贸易区网络体系逐步形成。

（2）贸易规模持续扩大。2013—2020年，货物贸易方面，中国与“一带一路”沿线国家货物贸易额由1.04万亿美元增至1.35万亿美元，中国与沿线国家货物贸易额累计达9.2万亿美元，年均增长率高于同期中国对外贸易增速，占中国货物贸易总额的比重由25%升至29.1%。服务贸易方面，中国与沿线国家服务贸易规模由小到大、稳步发展。2020年，中国与“一带一路”沿线国家完成服务贸易进出口额844.7亿美元，其中出口额377.3亿美元，进口额467.4亿美元。投资方面，2020 年，在全球对外直接投资同比缩水 35% 的背景下，中国境内投资者在“一带一路”沿线的 58 个国家实现直接投资 186.1 亿美元，占同期总额的 14%，较上年占比提升 0.3 个百分点。2021 年，我国对沿线国家直接投资 1 384.5 亿元人民币，同比增长 7.9%，占对外投资总额的比重达 14.8%。沿线国家企业对我国直接投资首次超百亿美元，达到 112.5 亿美元，折合 742.8 亿元人民币。世界银行研究组分析了共建“一带一路”倡议对 71 个潜在参与国的贸易影响，发现共建“一带一路”倡议将使参与国之间的贸易往来增加 4.1%。

（3）贸易方式创新进程加快。跨境电子商务等新业态、新模式正成为推动贸易畅通的重要新生力量。海外仓供需对接的首个海外智慧物流平台——“海外仓服务在线”正式上线。2018 年，通过中国海关跨境电子商务管理平台零售进出口商品总额达 203 亿美元，同比增长 50%，其中出口 84.8 亿美元，同比增长 67.0%，进口 118.7 亿美元，同比增长 39.8%。2021 年，我国跨境电子商务进出口 1.98 万亿元人民币，同比增长 15%。“丝路电商”合作蓬勃兴起，截至 2021 年 2 月，我国已经与 22 个国家签署了“丝路电商”合作备忘录并建立了双边合作机制，加快了企业对接和品牌培育的实质性步伐，与伙伴国共同应对疫情挑战，丰富合作内涵，拓展合作领域，增强合作信心①。

（4）贸易合作成果显著。2022 年 1 月 1 日，区域全面经济伙伴关系协定（RCEP）对文莱、柬埔寨、老挝、新加坡、泰国、越南、中国、日本、新西兰和澳大利亚 10 国生效，区域内企业和消费者感受到了实实在在的好处。2022 年 3 月 1 日起，我国优化调整跨境电子商务零售进口商品清单。2021 年，中国保持德国电气电子产品最大出口市场地位。2021 年，以色列自中国的进口增加近 40%，中国仍为以色列第一大货物进口来源国。2018 年，中国开设从阿富汗直飞进口的“松子航线”，成为中阿两国友好合作的重要纽带。2020 年，欧盟与中国货物贸易在疫情中逆势双向增长，中国首次取代美国成为欧盟最大贸易伙伴。

4. 资金融通

资金融通是共建“一带一路”的重要支撑。国际多边金融机构以及各类商

---

① 中国商务部. 我国已经与 22 个国家签署了“丝路电商”合作备忘录［EB/OL］.（2021－02－07）［2023－09－06］. http://www.mofcom.gov.cn/article/i/jyjl/e/202102/20210203037599.shtml.

业银行不断探索创新投融资模式，积极拓宽多样化融资渠道，为共建“一带一路”提供稳定、透明、高质量的资金支持。

（1）探索新型国际投融资模式。“一带一路”沿线基础设施建设和产能合作潜力巨大，融资缺口亟待弥补。各国主权基金和投资基金发挥越来越重要的作用。近年来，阿联酋阿布扎比投资局、中国投资有限责任公司等主权财富基金对沿线国家主要新兴经济体投资规模显著增加。丝路基金与欧洲投资基金共同投资的中欧共同投资基金于2018年7月开始实质性运作，投资规模5亿欧元，有力促进了共建“一带一路”倡议与欧洲投资计划相对接。

（2）多边金融合作支撑作用显现。中国财政部与阿根廷、俄罗斯、印度尼西亚、英国、新加坡等27国财政部核准了《“一带一路”融资指导原则》。根据这一指导原则，各国支持金融资源服务于相关国家和地区的实体经济发展，重点加大对基础设施互联互通、贸易投资、产能合作等领域的融资支持。中国人民银行与世界银行集团下属的国际金融公司、泛美开发银行、非洲开发银行和欧洲复兴开发银行等多边开发机构开展联合融资，截至2018年底已累计投资100多个项目，覆盖70多个国家和地区。2017年11月，中国—中东欧银联体成立，成员包括中国、匈牙利、捷克、斯洛伐克、克罗地亚等14个国家的金融机构。2018年7月和9月，中国—阿拉伯国家银行联合体、中非金融合作银行联合体成立，中国与阿拉伯国家之间、与非洲国家之间的首个多边金融合作机制建立。

（3）金融机构合作水平不断提升。在共建“一带一路”中，政策性出口信用保险覆盖面广，在支持基础设施、基础产业的建设上发挥了独特作用；商业银行在多元化吸收存款、公司融资、金融产品、贸易代理、信托等方面具有优势。2013年至2019年11月，中国出口信用保险公司累计支持对沿线国家的出口和投资超过8 133亿美元，支付赔款近32亿美元。中国银行、中国工商银行、中国农业银行、中国建设银行等中资银行与沿线国家建立了广泛的代理行关系。德国商业银行与中国工商银行签署合作谅解备忘录，成为首家加入“一带一路”银行合作常态化机制的德国银行。

（4）金融市场体系建设日趋完善。沿线国家不断深化长期稳定、互利共赢的金融合作关系，各类创新金融产品不断推出，大大拓宽了共建“一带一路”

的融资渠道。中国不断提高银行间债券市场对外开放程度，截至 2021 年 6 月 30 日，熊猫债市场累计发行规模达到 4 925.86 亿元人民币，存量规模为 2 464.76 亿元人民币。2021 年内熊猫债共发行 70 只，发行规模达 1 028.2 亿元人民币，同比增长 75%。2016 年金砖国家新开发银行发行首单 30 亿元人民币绿色金融债，支持绿色丝绸之路建设。2017 年 12 月，中国进出口银行面向全球投资者发行了首单 20 亿元人民币“债券通”绿色金融债券。2021 年 12 月 24 日，中国进出口银行成功在全国银行间债券市场招标发行 50 亿元人民币“债券通”绿色金融债券，来自欧洲、日本、美国等全球 10 余个金融市场的 70 余家投资机构积极参与。证券期货交易所之间的股权、业务和技术合作稳步推进。2015 年，上海证券交易所、德意志交易所集团、中国金融期货交易所共同出资成立中欧国际交易所。上海证券交易所与哈萨克斯坦阿斯塔纳国际金融中心管理局签署合作协议，共同投资建设阿斯塔纳国际交易所（AIX）。截至 2020 年 5 月，阿斯塔纳国际交易所上市公司总市值已达 150 亿美元。

（5）金融互联互通不断深化。截至 2020 年末，共有 11 家中资银行在 29 个“一带一路”沿线国家设立了 80 家一级分支机构。3 家中资保险公司在新加坡、马来西亚、印度尼西亚设有 7 家营业性机构。与此同时，截至 2020 年末，共有来自 23 个“一带一路”国家的 48 家银行在中国设立了机构。有 1 个“一带一路”国家（新加坡）的 1 家保险机构在中国设立了合资公司[①]。截至 2019 年，中国先后与 20 多个沿线国家建立了双边本币互换安排，与 7 个沿线国家建立了人民币清算安排，与 35 个沿线国家的金融监管当局签署了合作文件。人民币国际支付、投资、交易、储备功能稳步提高，人民币跨境支付系统（CIPS）业务范围已覆盖近 40 个沿线国家和地区。中国—国际货币基金组织联合能力建设中心、“一带一路”财经发展研究中心挂牌成立。

5. 民心相通

民心相通是共建“一带一路”的人文基础。享受和平、安宁、富足，过上更加美好的生活，是各国人民的共同梦想。共建“一带一路”以来，各国开展了形式多样、领域广泛的公共外交和文化交流，增进了相互理解和认同，为共

① 孙璐璐. 2020 年末 11 家中资银行在 29 个“一带一路”沿线国家设立了 80 家一级分支机构［EB/OL］.（2021－03－24）［2023－09－06］. https://news.stcn.com/news/202103/t20210324_2945345.html.

建“一带一路”奠定了坚实的民意基础。

（1）文化交流形式多样。中国与沿线国家互办艺术节、电影节、音乐节、文物展、图书展等活动，合作开展图书广播影视精品创作和互译互播。丝绸之路国际剧院、博物馆、艺术节、图书馆、美术馆等的联盟相继成立。中国与中东欧、东盟、俄罗斯、尼泊尔、希腊、埃及、南非等国家和地区共同举办文化年活动，形成了“丝路之旅”“中非文化聚焦”等 10 多个文化交流品牌，打造了丝绸之路（敦煌）国际文化博览会、丝绸之路国际艺术节、海上丝绸之路国际艺术节等一批大型文化节会，在沿线国家设立了 17 个中国文化中心。中国与印度尼西亚、缅甸、塞尔维亚、新加坡、沙特阿拉伯等国签订了文化遗产合作文件。中国、哈萨克斯坦、吉尔吉斯斯坦“丝绸之路：长安—天山廊道的路网”联合申遗成功。“一带一路”新闻合作联盟建设积极推进。丝绸之路沿线民间组织合作网络成员已达 310 家，成为推动民间友好合作的重要平台。

（2）教育培训成果丰富。中国设立“丝绸之路”中国政府奖学金项目，截至 2019 年初，我国已与 24 个沿线国家签署高等教育学历学位互认协议。2017 年，沿线国家 3.87 万人接受中国政府奖学金来华留学，占来华留学奖学金学生总数的 66.0%。香港特别行政区、澳门特别行政区分别设立共建“一带一路”相关奖学金。截至 2019 年 3 月底，我国在 54 个沿线国家设有孔子学院 153 个、孔子课堂 149 个。截至 2019 年 4 月，中国科学院在沿线国家设立硕士、博士奖学金和科技培训班，已培训超过 5 000 人次。截至 2021 年底，中国已和 84 个共建国家建立科技合作关系，支持联合研究项目 1 118 项，在农业、新能源、卫生健康等领域启动建设 53 家联合实验室，“创新丝绸之路”建设朝气蓬勃[①]。职教合作推动了中国和卢旺达人文交流合作，截至 2022 年初，中卢有关部门及地方政府开展交流互动近 30 次，就师资培训、留学生委托培养、海外分校建设、干部外派管理等方面进行了充分沟通，职教合作成为中卢友谊的又一典范[②]。吉布提鲁班工坊是中国在非洲建设的第一个鲁班工坊，2019 年建成并运营以来，

---

① 沈小晓，毕梦瀛，姜波，俞懿春. 加强科技合作推动创新发展（命运与共）[N/OL]. 人民日报，2022-02-18（03）. http://world.people.com.cn/n1/2022/0218/c1002-32354380.html.

② 闫韫明，邹松. 中非职业教育——为中非友好合作增添新的内涵（大道不孤）[N/OL]. 人民日报，2022-02-15（17）. http://world.people.com.cn/n1/2022/0215/c1002-32352056.html.

工坊采取政府、学校、企业多方合作模式，建立起铁道运营实训区、机车模拟驾驶实训区、企业模拟经营认知实训室等多个教学区。鲁班工坊将极大推动当地交通运输业的人才培养，对吉布提铁路建设及工业发展有非常重要的意义①。

（3）旅游合作逐步扩大。中国与多个国家共同举办旅游年，创办丝绸之路旅游市场推广联盟、海上丝绸之路旅游推广联盟、“万里茶道”国际旅游联盟等旅游合作机制。截至 2019 年上半年，中国已与 57 个沿线国家缔结了涵盖不同护照种类的互免签证协定，与 15 个国家达成 19 份简化签证手续的协定或安排。2019 年，中国公民出境旅游人数达到 1.55 亿人次，比上年同期增长 3.3%。入境旅游人数 1.45 亿人次，比上年同期增长 2.9%。俄罗斯、缅甸、越南、蒙古国、马来西亚、菲律宾、新加坡等国成为中国主要客源市场。

（4）卫生健康合作不断深化。自 2017 年首届“一带一路”国际合作高峰论坛召开以来，中国与蒙古国、阿富汗等国，世界卫生组织等国际组织，比尔及梅琳达·盖茨基金会等非政府组织相继签署了 56 个推动卫生健康合作的协议。2017 年 8 月，“一带一路”暨健康丝绸之路高级别研讨会在北京召开，发布了《北京公报》。中国与澜沧江—湄公河国家开展艾滋病、疟疾、登革热、流感、结核病等的防控合作，与中亚国家开展包虫病、鼠疫等人畜共患病防控合作，与西亚国家开展脊髓灰质炎等的防控合作。中国先后派出多支眼科医疗队赴柬埔寨、缅甸、老挝、斯里兰卡等国开展“光明行”活动，派遣短期医疗队赴斐济、汤加、密克罗尼西亚、瓦努阿图等太平洋岛国开展“送医上岛”活动。截至 2023 年 8 月，中国与共建“一带一路”国家合作建设了 30 个高质量中医药海外中心和 50 个中医药国际合作基地。自新冠疫情在全球范围内暴发并持续蔓延以来，在开展国际抗疫合作、提供新冠疫苗等方面，健康丝绸之路发挥了重要作用，为世界各国抗击疫情、推进合作提供了助力。2021 年 6 月，中国同 28 个国家在“一带一路”亚太区域国际合作高级别会议上共同发起“一带一路”疫苗合作伙伴关系倡议，倡导加强疫苗援助、出口、联合生产等的合作。

（5）救灾、援助与扶贫持续推进。首届“一带一路”国际合作高峰论坛以来，中国向沿线发展中国家提供 20 亿元人民币紧急粮食援助，向南南合作援助

① 赵益普，邹松，周�，俞懿春. 加强职业教育交流促进经济社会发展（共建“一带一路”）[N/OL]. 人民日报，2022 - 02 - 25（03）. http://edu.people.com.cn/n1/2022/0225/c1006 - 32359491.html.

基金增资10亿美元，在沿线国家实施了100个“幸福家园”、100个“爱心助困”、100个“康复助医”等项目。开展援外文物合作保护和涉外联合考古，与6国开展了8个援外文物合作项目，与12国开展了15个联合考古项目。中国向老挝等国提供地震监测仪器设备，提高防震减灾能力。中国在柬埔寨、尼泊尔开展社会组织合作项目24个，助力改善当地民众生活。

1.2 绿色“一带一路”内涵

1.2.1 绿色“一带一路”的背景

“一带一路”倡议提出以来，中国致力于建设“绿色丝绸之路”。2015年，中国国家发展改革委、外交部、商务部发布了《推动共建丝绸之路经济带和21世纪海上丝绸之路的愿景与行动》，明确提出要在投资贸易中突出生态文明理念，加强生态环境、生物多样性和应对气候变化合作。2016年6月22日，习近平主席在乌兹别克斯坦最高会议立法院演讲时强调，要“着力深化环保合作，践行绿色发展理念，加大生态环境保护力度，携手打造‘绿色丝绸之路’”。《“十三五”生态环境保护规划》提出“推进‘一带一路’绿色化建设”，统筹规划五年“一带一路”生态环保总体工作。2017年5月14日，习近平主席在首届“一带一路”国际合作高峰论坛开幕式上发表主旨演讲，提出要“践行绿色发展的新理念，倡导绿色、低碳、循环、可持续的生产生活方式，加强生态环保合作，建设生态文明，共同实现2030年可持续发展目标”，“设立生态环保大数据服务平台，倡议建立‘一带一路’绿色发展国际联盟，并为相关国家应对气候变化提供援助”。

2017年5月9日，为进一步推动“一带一路”绿色发展，环境保护部、外交部、国家发展改革委、商务部联合发布了《关于推进绿色“一带一路”建设的指导意见》（以下简称《指导意见》），阐述了建设绿色“一带一路”的重要意义，要求以和平合作、开放包容、互学互鉴、互利共赢的“丝绸之路”精神为指引，牢固树立创新、协调、绿色、开放、共享发展理念，坚持各国共商、共建、共享，遵循平等、追求互利，全面推进政策沟通、设施联通、贸易畅通、资金融通和民心相通的绿色化进程。同月，环境保护部发布《“一带一路”生态环保合作规划》，为进一步贯彻落实《指导意见》提出了切实可行的行动方案，是贯彻落实打造“绿色丝绸之路”精神的施工图。①

2018 年，中国金融学会绿色金融专业委员会和伦敦金融城共同发布了“一带一路”绿色投资原则。截至 2020 年 12 月，其成员包括来自中国等 15 个国家②的 37 个签署方和 12 个支持者。“一带一路”绿色投资原则主要包括七项原则，即：将可持续发展纳入公司治理，了解环境、社会和治理风险，公开环境信息，加强与利益相关者的沟通，利用绿色金融工具，采用绿色供应链管理，通过集体行动进行能力建设。成员将这些原则纳入其公司战略和决策流程，并定期向秘书处报告其绩效。

2019 年，在第二届“一带一路”国际合作高峰论坛绿色之路分论坛上，中国生态环境部与中外合作伙伴共同发起成立了“一带一路”绿色发展国际联盟，旨在促进实现“一带一路”绿色发展的国际共识、合作和一致行动，将可持续发展融入“一带一路”倡议，助力“一带一路”共建国家实现 2030 年可持续发展目标中的环境与发展有关指标。“一带一路”绿色发展国际联盟的主要任务包括打造政策对话和沟通平台，打造环境知识和信息平台，打造绿色技术交流与转让平台。

2021 年，《中华人民共和国国民经济和社会发展第十四个五年规划和 2035 年远景目标纲要》（以下简称“十四五”规划）中指出，中国将坚持共商共建共享原则，秉持绿色、开放、廉洁理念，推动共建“一带一路”高质量发展，包括加强发展战略和政策对接，推进基础设施互联互通，深化经贸投资务实合作，架设文明互学互鉴桥梁等。其中，明确提出，将“加强应对气候变化、海洋合作、野生动物保护、荒漠化防治等交流合作，推动建设绿色丝绸之路”。2021 年 4 月，在博鳌亚洲论坛上，习近平主席表示，“我们将建设更紧密的绿色发展

① 中国环境保护部. 环境保护部国际合作司负责人就《关于推进绿色“一带一路”建设的指导意见》与《“一带一路”生态环境保护合作规划》有关问题答记者问［EB/OL］.（2017－05－15）［2023－09－06］. https://www.mee.gov.cn/gkml/sthjbgw/qt/201705/t20170515_414092.htm.

② 这些国家包括中国、阿拉伯联合酋长国、哈萨克斯坦、泰国、摩洛哥、法国、德国、新加坡、巴基斯坦、美国、蒙古国、卢森堡、日本、英国、瑞士。

伙伴关系。加强绿色基建、绿色能源、绿色金融等领域合作，完善‘一带一路’绿色发展国际联盟、‘一带一路’绿色投资原则等多边合作平台，让绿色切实成为共建‘一带一路’的底色”。

2021 年 6 月，在“一带一路”亚太区域国际合作高级别会议期间，中国等 29 个国家①共同发起了“一带一路”绿色发展伙伴关系倡议，呼吁开展国际合作，以实现绿色和可持续经济复苏，促进疫情后的低碳、有韧性和包容性经济增长。具体而言，主要倡导在以下方面的合作：第一，采取统筹兼顾的方式，从经济、社会和环境三个维度，继续努力实现 2030 年可持续发展目标。第二，支持绿色低碳发展，包括落实气候变化《巴黎协定》和分享最佳实践。第三，在尊重各国国情和法律及监管政策的基础上，就绿色发展加强政策沟通与协调，相互借鉴有益经验和良好实践。第四，深化环境合作，加大生态和水资源保护力度，促进人与自然和谐共生，推进绿色和可持续发展。第五，建设环境友好和抗风险的基础设施，包括加强项目的气候和环境风险评估，借鉴国际上公认的标准和最佳实践，鼓励相关企业承担社会责任，保护当地生态环境。第六，推进清洁能源开发利用，加强可再生能源的国际合作，确保发展中国家获得可负担、经济上可持续的能源。第七，鼓励各国和国际金融机构开发有效的绿色金融工具，为环境友好型和低碳项目提供充足、可预测和可持续融资。第八，在减缓和适应气候变化方面，加强人力资源和机构能力建设。

1.2.2 绿色“一带一路”的内涵

绿色“一带一路”的内涵，是以生态文明与绿色发展理念为指导，坚持资源节约和环境友好原则，提升政策沟通、设施联通、贸易畅通、资金融通、民心相通的绿色化水平，将生态环保融入“一带一路”建设的各方面和全过程。具体而言，绿色“一带一路”建设内容包括：

一是政策沟通的绿色化。突出生态文明理念，加强生态环保政策沟通。统

① 29 个国家具体包括阿富汗、孟加拉国、文莱、柬埔寨、智利、中国、哥伦比亚、斐济、印度尼西亚、哈萨克斯坦、吉尔吉斯斯坦、老挝、马来西亚、马尔代夫、蒙古国、缅甸、尼泊尔、巴基斯坦、菲律宾、沙特阿拉伯、新加坡、所罗门群岛、斯里兰卡、塔吉克斯坦、泰国、土库曼斯坦、阿拉伯联合酋长国、乌兹别克斯坦和越南。

筹现有环保国际合作机制，对接沿线国家或地区生态环保战略和规划，构建合作交流体系；加强环保管理先进经验和优秀实践交流，分享生态文明与绿色发展理念。

二是设施联通的绿色化。防范生态环境风险，推进基础设施建设绿色化。开展“一带一路”沿线生态环境状况调查，为基础设施项目和产能合作布局提供生态环保信息支撑；加强重点行业环境标准互认合作，推动中国优势领域环保标准走出去；完善对外投资环境管理体系，提升对外投资企业环境管理绩效，加强基础设施绿色化、低碳化建设和运营水平。

三是贸易畅通的绿色化。推进绿色贸易发展，促进可持续生产和消费。推进绿色生产、绿色采购和绿色消费，扩大绿色产品和服务的进出口；加强绿色供应链国际合作与示范，带动产业链上下游采取节能环保措施，以市场手段降低生态环境潜在的影响。

四是资金融通的绿色化。推动绿色金融体系发展，促进绿色资金融通。推动中国金融机构、中国参与发起的多边开发机构支持绿色“一带一路”建设；探索设立“一带一路”绿色发展基金，为绿色“一带一路”项目提供专项资金支持；加强区域绿色金融合作，促进区域绿色金融市场形成。

五是民心相通的绿色化。开展环保项目与活动，促进民心相通。实施绿色丝绸之路使者计划，加强沿线国家的环保能力建设；开展环保产业技术合作园区及示范基地建设，实施绿色示范项目；推动环保社会组织走出去，促进与沿线国家智库与环保团体交流合作。

1.2.3　绿色“一带一路”的发展概况

2017 年，中国环境保护部发布《“一带一路”生态环境保护合作规划》，明确了绿色“一带一路”建设的 25 个重点项目，包括政策沟通类 6 个，设施联通类 4 个，贸易畅通类 3 个，资金融通类 2 个，民心相通类 4 个，能力建设类 6 个，具体如表 1－2 所示。

自绿色“一带一路”理念提出以来，中国环保部门及其他有关机构大力推进绿色“一带一路”建设，在重大项目上已取得一定进展。

第一，在政策沟通方面，已开展诸多“一带一路”生态环保合作国际高层对话。在中国—东盟、上海合作组织、澜沧江—湄公河等合作机制下，每年举办 20 多次论坛和研讨会，共建国家和地区超过 800 人参与交流①。例如，2016 年 12 月，环境保护部与深圳市政府联合举办“一带一路”生态环保国际高层对话会，来自柬埔寨、伊朗、老挝、蒙古国、俄罗斯等 16 个沿线国家以及联合国环境规划署等 4 个国际组织的 200 余名高级别代表与会②。这些活动有效促进了绿色“一带一路”理念对外宣传及与沿线各国绿色发展战略的进一步对接。另外，“一带一路”绿色发展国际联盟已于 2019 年正式成立。中国—东盟生态友好城市伙伴关系也已启动。2021 年 5 月，中国和东盟通过《中国—东盟环境合作战略及行动框架（2021—2025）》。截至 2021 年底，中国和东盟已经举办了 10 届中国—东盟环境合作论坛，开展了一系列中国—东盟“绿色使者计划”能力建设活动，共同建设了中国—东盟环境信息共享平台，深入推进中国—东盟生态友好城市发展伙伴关系，推动海洋减塑行动③。

第二，在设施联通方面，已开展一系列“一带一路”互联互通绿色化研究。例如，“一带一路”绿色发展国际联盟自成立以来，已发布多项相关研究成果，包括《“一带一路”海上互联互通绿色发展研究》《共建“一带一路”国家交通运输绿色发展路径研究》等。对于“一带一路”重点区域战略与项目环境影响的评估，国内外研究机构共同开发了中国境外投资项目环境风险快速评估工具（ERST），可在项目开发的早期阶段，对其生物多样性和环境资源的潜在影响给出评估建议，对项目的环境与社会风险进行识别与管理（周国梅，2020）。

第三，在贸易畅通方面，2018 年成立“一带一路”绿色供应链合作平台。该平台由中国生态环境部指导，由中国—东盟环境保护合作中心联合相关政府部门、研究机构、社会组织自愿发起设立。该平台将联合有志于推动绿色供应链工作的国内外合作伙伴，收集并分享绿色供应链管理的相关信息，开展政策

---

① 中国生态环境部. 第二届“一带一路”国际合作高峰论坛绿色之路分论坛在京举行［EB/OL］. 中国生态环境部，(2019-04-26)［2023-09-06］. https://www.mee.gov.cn/xxgk2018/xxgk/xxgk15/201904/t20190426_701055.html.

② 刘晶. “一带一路”生态环保国际高层对话会举办——翟青出席并致辞［N/OL］. 中国环境报，2016-12-12（01）. http://epaper.cenews.com.cn/html/2016-12/12/content_53582.htm.

③ 中国外交部. 中国—东盟合作事实与数据：1991—2021［EB/OL］.（2021-12-31）［2023-09-06］. http://new.fmprc.gov.cn/web/wjbxw_673019/202201/t20220105_10479078.shtml。

研究、标准制定、技术示范、交流推广等工作，务实推动地区之间的绿色供应链管理和合作。

第四，在资金融通方面，中国和英国的机构已于2018年联合发布了“一带一路”绿色投资原则。中国人民银行与监管机构绿色金融网络（NGFS）发布了《金融机构环境风险综述》和《金融机构环境风险分析案例集》，为金融业开展环境和气候风险分析提供了指南（周国梅，2020）。另外，我国政策性银行和开发性金融机构成为绿色金融的引领者，亚洲基础设施投资银行（以下简称“亚投行”）、丝路基金和金砖国家新开发银行等金融机构均大力推进绿色融资。截至2019年底，中国进出口银行的“一带一路”绿色信贷余额已超过 2 500 亿美元。亚投行把可持续基础设施投资作为优先选项，丝路基金将注重绿色发展作为四大投资原则之一。同时，绿色金融产品进一步丰富发展，绿色债券、绿色理财、清洁能源投资基金等“一带一路”创新性绿色金融产品大量涌现[①]。

第五，在民心相通方面，2017年成立澜沧江—湄公河环境合作中心，为澜湄六国开展环境和发展政策对话、提升环境治理能力、实现区域可持续发展提供了良好交流平台。另外，生态环境部正在实施绿色丝路使者计划，已培训120多个国家的环境官员、研究学者和技术人员2 000余人次（周国梅，2020）。

第六，在能力建设方面，建设“一带一路”生态环保大数据服务平台，强化生态环保服务和决策支持，目前平台已覆盖30多个国家的国别基础数据、法规标准、环境政策、案例分析等内容，同时收集了30个国际权威公开平台的200多项指标数据，涉及全球190多个国家和地区（周国梅，2020）。另外，2014年5月，启动中国—东盟环保技术和产业合作示范基地（宜兴）。2016年12月，生态环境部与深圳市政府正式启动“一带一路”环境技术交流与转移中心（深圳）建设。

---

① 王永中，陈震. 中企“一带一路”绿色投资回望［EB/OL］.（2021－11－05）［2023－09－06］. http://ydyl.china.com.cn/2021－11/05/content_77852957.htm.

表 1-2　　绿色"一带一路"规划的重点项目

类目	序号	项目名称
政策沟通	1	"一带一路"生态环保合作国际高层对话
	2	"一带一路"绿色发展国际联盟
	3	"一带一路"沿线国家环境政策、标准沟通与衔接
	4	"一带一路"沿线国家核与辐射安全管理交流
	5	中国—东盟生态友好城市伙伴关系
	6	"一带一路"环境公约履约交流合作
设施联通	7	"一带一路"互联互通绿色化研究
	8	"一带一路"沿线工业园污水处理示范
	9	"一带一路"重点区域战略与项目环境影响评估
	10	"一带一路"生物多样性保护廊道建设示范
贸易畅通	11	"一带一路"危险废物管理和进出口监管合作
	12	"一带一路"沿线环境标志互认
	13	"一带一路"绿色供应链管理试点示范
资金融通	14	"一带一路"绿色投融资研究
	15	绿色"一带一路"基金研究
民心相通	16	绿色丝绸之路使者计划
	17	澜沧江—湄公河环境合作平台
	18	中国—柬埔寨环保合作基地
	19	"一带一路"环保社会组织交流合作
能力建设	20	"一带一路"生态环保大数据服务平台建设
	21	"一带一路"生态环境监测预警体系建设
	22	地方"一带一路"生态环保合作
	23	"一带一路"环保产业与技术合作平台
	24	"一带一路"环保技术交流与转移中心（深圳）
	25	中国—东盟环保技术和产业合作示范基地

资料来源：中国环境保护部，《"一带一路"生态环境保护合作规划》，2017 年。

1.3 “一带一路”基础设施项目

1.3.1 “一带一路”基础设施发展概况

自“一带一路”倡议提出以来，国际大通道建设加快推进，“六廊六路、多国多港”的合作格局基本成型，基础设施互联互通程度不断加深。根据商务部发布的《中国“一带一路”贸易投资发展报告 2021》，从对外承包工程的情况来看，“一带一路”沿线国家已成为中国企业对外承包工程合作的重要目的地。2013—2020 年，中国在沿线国家承包工程的新签合同额，从 715.7 亿美元增至 1 414.6 亿美元，年均增长 10.2%；完成的营业额从 654 亿美元增至 911.2 亿美元，年均增长 4.9%（见图 1－1）。

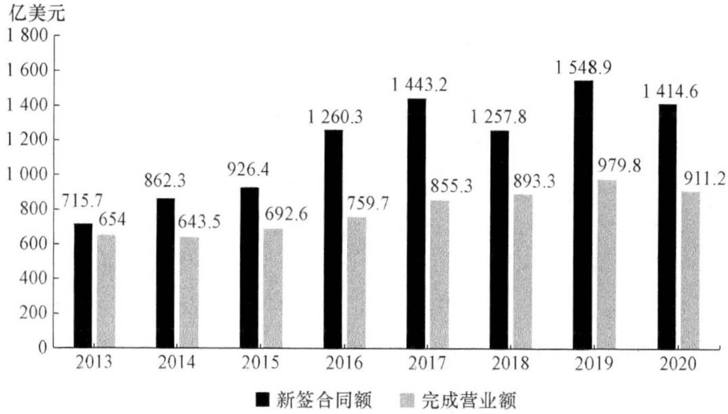

图 1－1　2013—2020 年中国在“一带一路”沿线国家承包工程情况

资料来源：商务部，《中国“一带一路”贸易投资发展报告 2021》，2021 年。

2013—2020 年，中国与沿线国家承包工程的新签合同额和完成营业额占中国对外承包工程新签合同总额和完成营业总额的比重整体上呈现稳步增长趋势，占比始终在 40%以上。2017 年以来，占比超过 50%（见图 1－2）。2020 年，受到新冠疫情的影响，中国对沿线国家承包合同的新签合同额和完成营业额较 2019 年有所下降，但占比仍然保持上升趋势。具体而言，2020 年中国在沿线国家承包工程完成营业额占比较2019年上升了1.7个百分点。

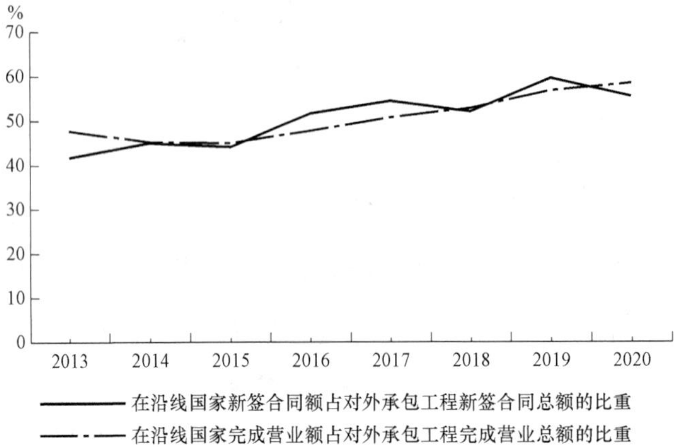

图1-2　2013—2020年中国在“一带一路”沿线国家承包工程占对外承包工程总规模的比重

资料来源：商务部，《中国“一带一路”贸易投资发展报告2021》，2021年。

根据商务部2021年发布的《2020年度中国对外承包工程统计公报》，在2020年中国对“一带一路”沿线国家承包工程的完成营业额中，交通运输建设、电力工程建设、一般建筑、石油化工、通信工程建设、工业建设、水利建设、制造加工设施建设、废水（物）处理等行业的占比，分别为25%、22%、18%、11%、8%、4%、4%、1%和0.4%。由此可见，基础设施建设是中国在沿线国家承包工程的重点内容。

以现代化铁路网、高速公路网、自动化港口和机场为代表的基础设施项目，是“一带一路”建设的重点。在新冠疫情期间，中国在沿线国家的重点基础设施项目仍在稳步推进，实现抗疫复工两不误（商务部，2021）。例如，2020年9月，中老铁路全线隧道实现安全贯通。2020年12月，中巴经济走廊最大交通基础设施项目——由中国建筑集团有限公司承建的巴基斯坦白沙瓦至卡拉奇高速公路正式交付通车。

在不断扩大沿线国家承包工程规模的同时，中国政府也在积极推进承包工程的转型升级，以提高中国企业在对外承包工程价值链上的地位，提高对外承包工程的质量和效益。例如，2021年1月，商务部等19个部门联合发布《关于促进对外设计咨询高质量发展有关工作的通知》。其主要目标是：到2035年，我国对外设计咨询在国际市场上的竞争力显著增强，在对外承包工程价值链中的地位明显提升，对对外承包工程发展的带动和引领作用更加有力，支撑对外设计咨询发展的标准规范体系、服务保障体系、政策支持体系和人才队伍培养体系逐步健全，形成一批覆盖不同业务层次和领域、具有一定国际影响力和专长的设计咨询企业，对我国和项目所在国经济社会发展的促进作用进一步增强，对推动共建“一带一路”高质量发展的作用更加突出。

1.3.2 “一带一路”重要基建项目案例：中欧班列

中欧班列（英文名称 CHINA RAILWAY Express，缩写 CR Express）是由中国铁路总公司组织，按照固定车次、线路、班期和全程运行时刻开行，运行于中国与欧洲以及“一带一路”沿线国家间的集装箱等铁路国际联运列车，是铁路互联互通的重要内容，也是深化中国与沿线国家经贸合作的重要载体和推进“一带一路”建设的重要抓手。中欧班列自 2011 年 3 月 19 日开始运行，首列中欧班列由中国重庆开往德国杜伊斯堡，称作“渝新欧”国际铁路。2016 年 6 月 8 日，中国铁路正式启用“中欧班列”品牌，按照“六统一”（统一品牌标志、统一运输组织、统一全程价格、统一服务标准、统一经营团队、统一协调平台）的机制运行，集合各地力量，增强市场竞争力。

中欧班列主要包括西、中、东三条通道。第一，西通道。线路一是由中国新疆阿拉山口（霍尔果斯）口岸出境，经哈萨克斯坦与俄罗斯西伯利亚铁路相连，途经白俄罗斯、波兰、德国等，通达欧洲其他各国。线路二是由中国新疆阿拉山口（霍尔果斯）口岸出境，经哈萨克斯坦、土库曼斯坦、伊朗、土耳其等国，通达欧洲各国；或经哈萨克斯坦跨里海，进入阿塞拜疆、格鲁吉亚、保加利亚等国，通达欧洲各国。线路三是由吐尔尕特（新疆伊尔克什坦），与规划中的中吉乌铁路（中国—吉尔吉斯斯坦—乌兹别克斯坦铁路段）等连接，通向吉尔吉斯斯坦、乌兹别克斯坦、土库曼斯坦、伊朗、土耳其等国，通达欧洲各国。第二，中通道。由中国内蒙古二连浩特口岸出境，途经蒙古国与俄罗斯西伯利亚铁路相连，通达欧洲各国。第三，东通道。由中国内蒙古满洲里（黑龙江绥芬河）口岸出境，接入俄罗斯西伯利亚铁路，通达欧洲各国。

中欧班列极大地促进了“一带一路”沿线国家之间铁路的互联互通。中欧班列的建设，不仅包括“硬基础设施”的建设，例如规划建设的中吉乌铁路以及中国内部铁路网络的完善和提速，也包括“软基础设施”的建设，例如沿线各国的国际铁路协调以及海关的便利通关等。从国内情况来看，中国已经打造了以西安、成都、重庆、郑州和乌鲁木齐为枢纽的中欧班列运输网络，形成以点带面的格局。在国际合作方面，2017 年 4 月，中国、白俄罗斯、德国、哈萨克斯坦、蒙古国、波兰和俄罗斯七国铁路部门联合签署了《关于深化中欧班列合作协议》，主要包括六个方面的合作内容。具体而言，第一，推动铁路基础设施发展规划衔接，打造中欧铁路运输大通道，共同组织安全、畅通、快速、便利和有竞争力的中欧铁路运输；第二，加强全程运输组织，加快集装箱作业，采用信息技术，提高班列在各自国家境内的旅行速度；第三，推动服务标准统一、信息平台统一，实现全程信息追踪，建立突发情况通报和处理合作机制，保障货物运输安全；第四，加强中欧班列营销宣传，扩大班列服务地域，开发新的运输物流产品，推进跨境电商货物、国际邮包、冷链运输，促进中欧班列运量持续增长；第五，协调沿线国家海关等联检部门，简化班列货物通关手续，优化铁路口岸站作业，压缩通关时间；第六，成立中欧班列运输联合工作组及专家工作组，及时协商解决班列运输过程中的问题。

自“一带一路”倡议提出以来，在国内外合作伙伴的共同努力下，中欧班列的开行数量高速增长，发展势头迅猛（见图 1－3）。中欧班列的快速发展，不仅体现了“一带一路”沿线国家较为活跃的贸易需求和经济活动，也反映了沿线国家铁路等基础设施的良好水平。截至 2022 年 1 月 29 日，中欧班列累计开行突破 5 万列，运送货物超过 455 万标箱，货值达到 2 400 亿美元，铺画 78 条运行线，通达欧洲 23 个国家的 180 个城市。2022 年 1 月，中欧班列共开行 1 304 列，同比增长 11%；连续 21 个月单月开行千列以上，“月行千列”成为常态。运输货物从最初的手机、笔记本电脑等电子产品，扩大到汽车配件和整车、化工、机电、粮食、酒类和木材等 5 万多种。中欧班列的全程运输时间，也从开行之初的 24 天压缩到目前最短的 12 天。[①]

在新冠疫情期间，中欧班列的积极作用凸显。2020 年以来，受疫情频频反

---

① 王彩娜. 中欧班列：春光正好［N/OL］.（2022－02－22）［2023－09－06］. https://www.yidaiyilu.gov.cn/p/223960.html.

弹、海运价格高企、空运运力不足、公路口岸不畅等因素影响，海运、空运和公路运输货物持续向铁路转移，大量货物"涌向"中欧班列。面对疫情冲击，中欧班列实现逆势增长，以稳定、可靠、高效的物流服务有力畅通亚欧供应链。2021 年，中欧班列运送货物量和货值同比分别增长 29%、36%。从重箱率看，2021 年中欧班列去回程综合重箱率高位企稳，全年达到 98.1%，其中，去程重箱率 100%，回程重箱率 95.7%，空箱问题"一去不返"。从平衡性看，2021 年中欧班列回程去程比达到 81.5%，同比提高 3.8 个百分点，去回程不平衡的问题得到进一步改善，从最初的"空手而回"变成"满载而归"。此外，在疫情期间，通过中欧班列，中国将防疫物资输送到沿线国家，帮助抗击疫情，保障人民生命健康安全。据统计，2021 年，中欧班列一共运送防疫物资 423 万件、2.9 万吨。①

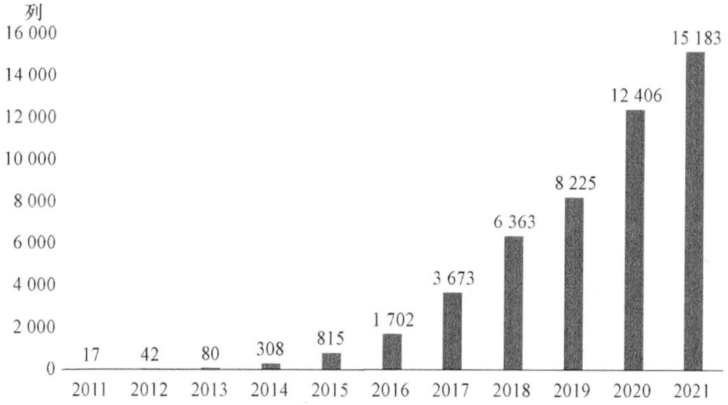

图 1－3　2011—2021 年中欧班列的开行数量

资料来源：https://www.yidaiyilu.gov.cn/xwzx/gnxw/223960.htm。

此外，中欧班列也与西部陆海新通道相衔接，未来将进一步扩大中欧班列的辐射范围，促进更高水平的对外开放。具体而言，西部陆海新通道（以下简称"新通道"）是以共建"一带一路"为统领，依托中新（重庆）战略性互联互通示范项目，中国西部省（区、市）与新加坡等东盟国家通过区域联动、国际合作共同打造的具有多重经济效应的重要通道。"新通道"西承中欧国际铁路大

① 中国国家发展和改革委员会. 中国经济深度看——2021 年中欧班列开行再创佳绩 成为畅通亚欧供应链的一条大通道［EB/OL］.（2022－02－21）［2023－09－06］. httpsL//www.ndrc.gov.cn/fzggw/jgsj/zys/sjdt/202202/t20220221_1316067.html.

通道，东连长江黄金水道，南经中国—中南半岛经济走廊与新加坡等国相连，实现了“一带一路”和长江经济带有机衔接，促进了“陆海内外联动，东西双向互济”开放新格局的形成，是共建“一带一路”的重要合作成果和关键平台[①]。2019年，云南、宁夏、陕西、四川、内蒙古、西藏、海南、广东省湛江市相继加入“新通道”合作机制，形成西部12省区市和海南、广东湛江“13+1”共建格局，重点在建立综合运营平台、加快运输通道建设、加强物流设施建设、提升通道运行与物流效率、促进通道与区域经济融合发展、协同完善支持政策、共同做好宣传引导等方面开展合作。截至2022年8月底，西部陆海新通道铁海联运班列开行突破2万列。2021年8月，北部湾港集团和成都国际铁路港投资发展集团首次合作开行整列中欧班列，从广西钦州港东站启程开往成都城厢站，随后搭乘中欧班列从阿拉山口出境开往德国杜伊斯堡，这标志着西部陆海新通道班列开启了和中欧班列常态化衔接的新征程。

1.4 绿色基础设施的内涵与意义

1.4.1 绿色基础设施的内涵

绿色基础设施的概念可以追溯到19世纪。绿色基础设施是跨尺度、多层次、相互连接的网络空间体，是城市发展和生态稳定的有机结合体。绿色基础设施在传统基础设施中融入更多的环保生态要素，主要包括国家自然生命支持系统、基础设施化的城乡绿色空间和绿色化的市政工程基础设施三个部分（周伟铎和庄贵阳，2020）。绿色基础设施在发挥基本的交通、电力、通信等功能外，还要提供恢复城市生态、提高空气质量和维持生物多样性等生态服务，旨在通过绿色基础设施框架的构建来突破传统生态保护的局限性，最终实现生态、社会、经济的可持续发展。

在“一带一路”的背景下，绿色基础设施的内涵就是要在基础设施互联互

① 张晓. 直击第二届西洽会九省（区）市签署共建“陆海新通道”协议［EB/OL］.（2020-08-27）［2023-09-06］. https://www.wcifit.com/html/text/fe7da7f2fd6453770693350a4306ffb8.html.

通中落实绿色化目标。绿色基础设施是绿色“一带一路”的具体体现，是将中国自身的生态文明理念、绿色发展理念和实践成果融入“一带一路”基础设施建设中。基础设施互联互通作为“一带一路”宏大战略的重要组成部分，将在国际产能转移、提升沿线国家经济发展水平、促进国际合作等方面发挥重要的作用。而基础设施绿色化是实现绿色“一带一路”愿景的必经之路。

具体而言，根据环境保护部等 4 部门于 2017 年联合发布的《关于推进绿色“一带一路”建设的指导意见》，在“一带一路”框架下，绿色基础设施的内涵包括：制定基础设施建设的环保标准和规范，加大对“一带一路”沿线重大基础设施建设项目的生态环保服务与支持，推广绿色交通、绿色建筑、清洁能源等行业的节能环保标准和实践，推动水、大气、土壤、生物多样性等领域环境保护，促进环境基础设施建设，提升绿色化、低碳化建设和运营水平。

1.4.2　绿色基础设施的意义

绿色是“一带一路”建设的重要底色，而绿色基础设施，则是绿色“一带一路”的一个重要组成部分。根据自然资源保护协会（NRDC）2018 年的《中国高耗能行业“一带一路”绿色产能合作发展报告》，“一带一路”沿线国家，尤其是发展中国家的基础设施普遍较为落后，相关指标如人均公路里程、人均铁路里程等远低于中国；这些国家往往有较大的基础设施需求，也有一定的负担能力；据测算，“一带一路”国家每年的基础设施投资需求会达到 1.5 万亿美元左右。也就是说，未来全球大部分基础设施投资将发生在“一带一路”国家，而 70% 的二氧化碳来源于基础设施项目的建设和运营，因此，未来“一带一路”基础设施建设，可能会对相关国家甚至全球的气候变化和生态环境产生重大影响[①]。除了基础设施项目本身的生态环境效应以外，基础设施建设还将拉动“一带一路”国家对高耗能、高排放行业需求的增长，如水泥、钢铁、玻璃和能源等。这将进一步加大基础设施项目对生态环境的影响。对此，在“一带一路”倡议下，开展绿色基础设施建设十分必要。

同时，“一带一路”国家的环境基础较为薄弱，生态风险较高。2015 年，“一

① 章轲. 为“一带一路”投资设“防火墙”：全球 30 家金融机构签署绿色投资原则［N/OL］.（2019－08－20）［2023－09－06］. http://tradeinservices.mofcom.gov.cn/article/yanjiu/hangyezk/201908/88480.html.

带一路”国家的二氧化碳排放量占全球的比例达到60%以上。单位GDP的二氧化碳排放量也相对较高。2015年，“一带一路”国家的单位GDP二氧化碳排放量为0.93吨二氧化碳/千美元，约是世界平均水平的1.94倍。另外，“一带一路”国家的单位GDP能耗、原木消耗、水耗等也高于世界平均水平（自然资源保护协会，2018）。因此，在“一带一路”的建设中，提高基础设施的绿色化水平，有助于保护当地生态环境，避免对较为脆弱的生态造成不良影响，也有利于各国实现《巴黎协定》的目标。

推动绿色基础设施项目的建设，可以使中国的绿色发展理念和经验传播到“一带一路”国家，帮助其实现绿色低碳发展。“一带一路”倡议提出以来，中国对基础设施的投资比所有发达国家的总和，以及其他所有发展中国家的总和都多；同时，中国在其他发展中国家建造和资助的基础设施也超过了所有多边开发银行和经合组织国家的总和。中国在基础设施建设方面，积累了许多宝贵经验。基础设施对中国经济的快速发展也起到了重要推动作用。通过在“一带一路”国家实施基础设施项目，中国可以将其经验、标准和“中国方案”分享给其他国家，帮助其避开中国在基础设施建设发展初期面临的严重环境压力，实现环境和经济的均衡发展（王文和杨凡欣，2017）。

第2章

“一带一路”基础设施的发展与现状

2.1 “一带一路”基础设施的发展趋势与特征

根据中国“一带一路”官网数据，截至2021年6月23日，我国已经同140个国家[①]和32个国际组织签署206份共建“一带一路”合作文件，遍布亚洲、非洲、欧洲、大洋洲、南美洲和拉丁美洲。本章选取了这140个国家来分析“一带一路”基础设施的发展趋势与特征。当然，不同的基础设施衡量指标覆盖的“一带一路”国家的范围是不同的。

---

① 截至2021年1月30日，已同中国签订共建“一带一路”合作文件的国家：非洲（46）：苏丹、南非、塞内加尔、塞拉利昂、科特迪瓦、索马里、喀麦隆、南苏丹、塞舌尔、几内亚、加纳、赞比亚、莫桑比克、加蓬、纳米比亚、毛里塔尼亚、安哥拉、吉布提、埃塞俄比亚、肯尼亚、尼日利亚、乍得、刚果（布）、津巴布韦、阿尔及利亚、坦桑尼亚、布隆迪、佛得角、乌干达、冈比亚、多哥、卢旺达、摩洛哥、马达加斯加、突尼斯、利比亚、埃及、赤道几内亚、利比里亚、莱索托、科摩罗、贝宁、马里、尼日尔、刚果（金）、博茨瓦纳；亚洲（37）：韩国、蒙古国、新加坡、东帝汶、马来西亚、缅甸、柬埔寨、越南、老挝、文莱、巴基斯坦、斯里兰卡、孟加拉国、尼泊尔、马尔代夫、阿联酋、科威特、土耳其、卡塔尔、阿曼、黎巴嫩、沙特阿拉伯、巴林、伊朗、伊拉克、阿富汗、阿塞拜疆、格鲁吉亚、亚美尼亚、哈萨克斯坦、吉尔吉斯斯坦、塔吉克斯坦、乌兹别克斯坦、泰国、印度尼西亚、菲律宾、也门；欧洲（27）：塞浦路斯、俄罗斯、奥地利、希腊、波兰、塞尔维亚、捷克、保加利亚、斯洛伐克、阿尔巴尼亚、克罗地亚、波黑、黑山、爱沙尼亚、立陶宛、斯洛文尼亚、匈牙利、北马其顿（原马其顿）、罗马尼亚、拉脱维亚、乌克兰、白俄罗斯、摩尔多瓦、马耳他、葡萄牙、意大利、卢森堡；大洋洲（11）：新西兰、巴布亚新几内亚、萨摩亚、纽埃、斐济、密克罗尼西亚联邦、库克群岛、汤加、瓦努阿图、所罗门群岛、基里巴斯；南美洲（8）：智利、圭亚那、玻利维亚、乌拉圭、委内瑞拉、苏里南、厄瓜多尔、秘鲁；北美洲（11）：哥斯达黎加、巴拿马、萨尔瓦多、多米尼加、特立尼达和多巴哥、安提瓜和巴布达、多米尼克、格林纳达、巴巴多斯、古巴、牙买加。

2.1.1 “一带一路”国家基础设施发展指数

“一带一路”国家基础设施发展指数（The Belt and Road Infrastructure Development Index）是在澳门投资促进局的支持下，中国对外承包工程商会和中国出口信用保险公司共同对“一带一路”沿线参与国家基础设施建设进行研究的成果，是国际基础设施投资与建设领域的第一个综合发展指数，得到跨国基建参与者的广泛关注，被誉为“一带一路”基础设施合作的晴雨表。

该发展指数是一个反映“一带一路”国家基础设施行业发展环境、发展需求、发展成本和发展热度的综合性指数。发展指数得分越高，一国的基础设施行业前景越好，对企业赴该国进行基础设施行业投资、生产经营的吸引力越大。[①]其中，发展环境指数包括政治环境、经济环境、主权偿付能力、营商环境、冲击因素和行业环境六个维度，充分反映企业参与“一带一路”国家基础设施建设可能面临的环境状况。发展需求指数反映了一国基础设施行业相对需求和绝对需求的总和，指数越高表示一国的基础设施投资需求和市场潜力越大。其中，相对需求是指在当期人均收入水平条件下，为满足消费者和生产者生产生活所需的基础设施投资需求；绝对需求是指一国为达到最优社会服务水平的基础设施投资需求。而发展成本指数包含经营成本和融资成本两个要素。其中，经营成本主要衡量企业在开展基础设施建设过程中所产生的原材料、劳动力、汇率波动、许可证获得等生产经营成本。需要注意的是，经营成本是逆向指标，指数越高，代表经营成本越小；融资成本衡量企业开展基础设施建设所面临的项目资金借贷成本，同属于逆向指标，融资成本指数越高，代表成本越小。发展热度指数基于全球基础设施建设项目新签合同额、基建项目的私人投资额、中国对外承包工程新签合同额等指标进行测算，用以反映一国短期内基础设施行业的投资热度。发展热度指数越高，表示一国的基础设施建设投资活跃度越高，市场吸引力越大。

通常来讲，基础设施是指对产出水平或生产效率有直接或间接提高作用的经济项目。参考世界银行和国际商业观察（Business Monitor International, BMI）

---

① 中国对外承包工程商会，中国出口信用保险公司.“一带一路”国家基础设施发展指数报告 2019［R/OL］.（2019－05－28）［2023－09－06］. https://www.chinca.org/CICA/TBARII/TP/19052809174011.

对基础设施的分类，该指数研究将基础设施划分为交通、能源、公用事业、建筑四大领域。其中，交通业包括公路、铁路、机场、港口等项目；能源业主要研究石油天然气与电力行业；公用事业涵盖水利工程与通信网络；建筑业包括民用建筑与工商业建筑。该指数研究着眼于目标国基础设施的“发展”，此“发展”不是对该国基础设施现状的描述，而是对其发展前景的评价。因此，发展指数是基于对一国的基础设施发展的几大影响因素的分析，显示对该国未来 2～3 年基础设施发展前景的判断的指数。该指数中的“一带一路”国家涵盖了除中国以外的其他 67 个国家（见表 2－1）。另外，葡语国家与“一带一路”沿线国家在基础设施建设的资源、技术和市场等方面具有很强的互补性，双方在交通运输、电力、石油化工等领域的合作已经取得了初步进展，未来合作空间巨大。为配合在澳门召开的国际基础设施投资与建设高峰论坛，发展指数的研究团队将相关 4 个葡语国家（安哥拉、巴西、几内亚比绍、圣多美和普林西比）纳入研究范围，以进一步提升澳门在发展与葡语国家商贸合作方面的平台作用。因此，该指数研究共选定了 71 个国家和地区（以下简称“‘一带一路’国家”）作为研究对象。

表 2－1　“一带一路”国家基础设施发展指数的研究范围

“一带一路”沿线共 67 个国家	蒙古国、新加坡、马来西亚、印度尼西亚、缅甸、泰国、老挝、柬埔寨、越南、文莱、菲律宾、伊朗、伊拉克、土耳其、约旦、黎巴嫩、以色列、沙特阿拉伯、也门、阿曼、阿联酋、卡塔尔、科威特、巴林、希腊、塞浦路斯、埃及、哈萨克斯坦、乌兹别克斯坦、土库曼斯坦、塔吉克斯坦、吉尔吉斯斯坦、印度、巴基斯坦、孟加拉国、阿富汗、斯里兰卡、马尔代夫、尼泊尔、不丹、波兰、立陶宛、爱沙尼亚、拉脱维亚、捷克、斯洛伐克、匈牙利、斯洛文尼亚、克罗地亚、波黑、黑山、塞尔维亚、阿尔巴尼亚、罗马尼亚、保加利亚、北马其顿、俄罗斯、乌克兰、白俄罗斯、格鲁吉亚、阿塞拜疆、亚美尼亚、摩尔多瓦、葡萄牙、佛得角、莫桑比克、东帝汶
葡语国家	安哥拉、巴西、几内亚比绍、圣多美和普林西比

图 2－1 是近 12 年“一带一路”国家基础设施发展指数变化情况。可以看出，自“一带一路”倡议提出以来，“一带一路”国家基础设施发展指数总体上呈现出从 2014 年至 2018 年逐年攀升的态势，2018 年达到峰值，为 121。但由于全球政治风险居高不下、世界经济复苏步伐有所放缓、大国博弈扰动全球政

治经济格局、“一带一路”国家国内外形势复杂多变等因素，2019 年“一带一路”国家基础设施发展指数稳中微降，从 2018 年的 121 下调到 119，但该发展指数得分仍维持在近 5 年的较高水平。2020 年，新冠疫情肆虐全球，世界经济陷入 1929 年以来最大幅度衰退，民粹主义抬头导致政治风险进一步加剧，经济全球化进程面临层层阻碍，发展指数产生较大降幅，从 2019 年的 119 下降至 110，为近 12 年来最低值。2021 年发展指数止跌回升，从 2020 年的 110 上升至 113。随着世界主要经济体推出宽松的财政货币政策，新冠疫苗全球接种进程加快，2021 年“一带一路”国家经济复苏迹象显著，基建行业实现恢复性发展的趋势日益明显。当然，受疫情持续、通胀压力、成本上扬等不利因素影响，“一带一路”国家基础设施发展仍远未恢复到新冠疫情暴发前的水平。表 2－2 展示了 2021 年“一带一路”沿线各国的国家基础设施发展指数。

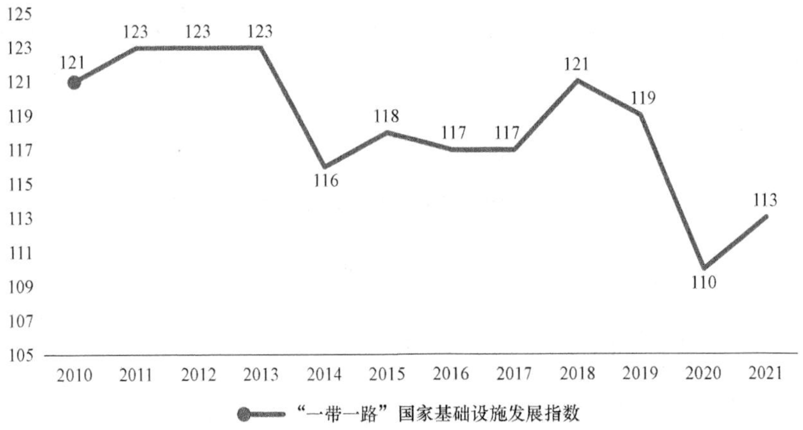

图 2－1　2010—2021 年“一带一路”国家基础设施发展指数变化

资料来源：中国对外承包工程商会，中国出口信用保险公司国家风险数据库。

表 2－2　　　2021 年“一带一路”国家基础设施发展指数

排名	国家	得分	排名	国家	得分
1	印度尼西亚	131	5	巴基斯坦	121
2	马来西亚	125	6	泰国	120
3	菲律宾	125	7	埃及	118
4	越南	124	8	阿拉伯联合酋长国	118

续表

排名	国家	得分	排名	国家	得分
9	孟加拉国	117	41	塔吉克斯坦	107
10	俄罗斯	117	42	白俄罗斯	107
11	沙特阿拉伯	117	43	伊朗	107
12	新加坡	117	44	波兰	107
13	柬埔寨	116	45	摩尔多瓦	107
14	蒙古国	113	46	阿曼	107
15	巴西	112	47	土库曼斯坦	107
16	乌兹别克斯坦	112	48	伊拉克	106
17	老挝	112	49	斯洛文尼亚	106
18	哈萨克斯坦	112	50	立陶宛	105
19	卡塔尔	111	51	约旦	105
20	匈牙利	111	52	不丹	105
21	文莱	110	53	佛得角	105
22	克罗地亚	110	54	莫桑比克	104
23	斯里兰卡	110	55	希腊	104
24	波黑	110	56	爱沙尼亚	104
25	科威特	110	57	吉尔吉斯斯坦	104
26	斯洛伐克	110	58	阿塞拜疆	104
27	北马其顿	110	59	马尔代夫	104
28	葡萄牙	109	60	罗马尼亚	102
29	阿尔巴尼亚	109	61	塞浦路斯	102
30	塞尔维亚	109	62	黑山	102
31	格鲁吉亚	109	63	东帝汶	102
32	缅甸	109	64	以色列	101
33	安哥拉	109	65	黎巴嫩	100
34	捷克	109	66	阿富汗	100
35	亚美尼亚	109	67	巴林	99
36	印度	108	68	乌克兰	98
37	土耳其	108	69	圣多美和普林西比	98
38	尼泊尔	108	70	几内亚比绍	97
39	保加利亚	108	71	也门	95
40	拉脱维亚	108			

资料来源：中国对外承包工程商会。

“一带一路”国家基础设施发展指数包括发展环境、发展需求、发展热度和发展成本四个分指数。图 2－2 为 2019—2021 年“一带一路”国家基础设施发展分指数的变化情况。可以看出，自新冠疫情暴发以来，各发展分指数的变化普遍呈现出“V”形趋势，即先下降再上升。2019 年末，新冠疫情暴发。受新冠疫情影响，世界政治经济形势深度演变，国际贸易和投资环境持续恶化，全球国家风险水平居高不下，基础设施发展面临全新挑战。因此，2020 年各发展分指数均下降，并降至 12 年来最低值。但值得注意的是，推动国际基础设施投资建设的新技术、新合作、新模式持续发展，“一带一路”基础设施投资与建设在面临严峻挑战的同时也蕴含新的发展契机。随着世界主要经济体推出宽松的财政货币政策，新冠疫苗全球接种进程加快，2021 年“一带一路”国家经济复苏迹象显著，基建行业实现恢复性发展的趋势日益明显，各发展分指数止跌回升。当然，受疫情反复、通胀压力、成本上扬等不利因素影响，“一带一路”国家基础设施发展分指数均未恢复到新冠疫情暴发前的水平。

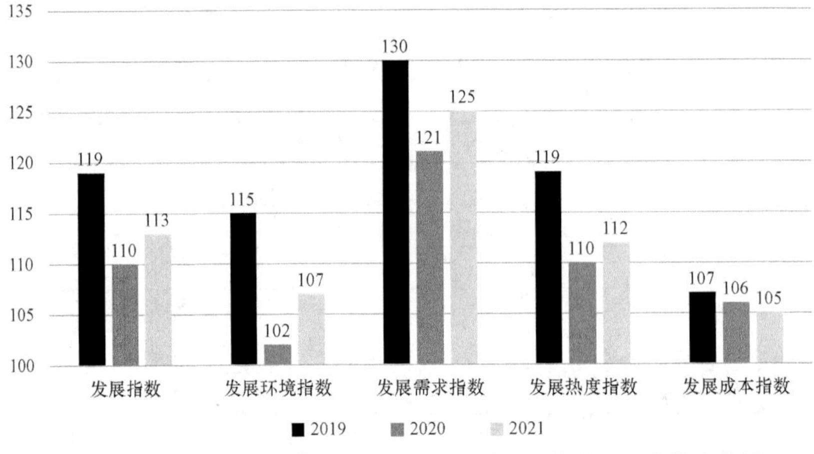

图 2－2　2019—2021 年“一带一路”国家基础设施发展分指数变化情况

资料来源：中国对外承包工程商会，中国出口信用保险公司国家风险数据库。

图 2－3 至图 2－6 展示了 2010—2021 年“一带一路”国家基础设施发展四个分指数的变化趋势，反映了 12 年来发展环境、发展需求、发展热度和发展成本这四个维度的变化情况。总体来看，在全球经济复苏、各国基建热情回升的背景下，“一带一路”国家基础设施发展环境指数、发展需求指数和发展热度指数虽未恢复到疫情暴发前的水平，但得分均出现回升，发展成本指数得分受原材料价格及汇率影响承压略降。

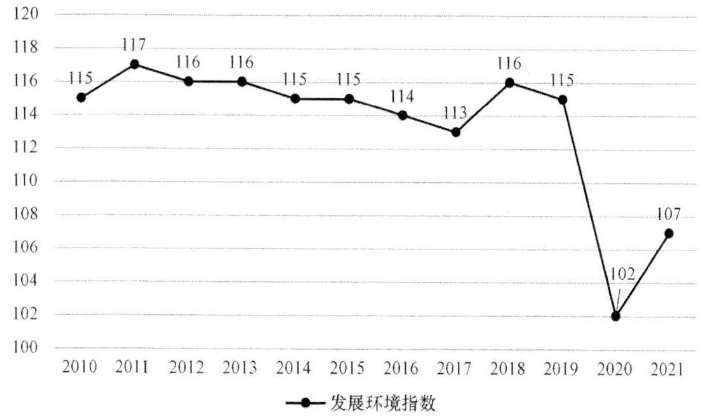

图 2－3　2010—2021 年“一带一路”国家基础设施发展环境指数

资料来源：中国对外承包工程商会，中国出口信用保险公司国家风险数据库。

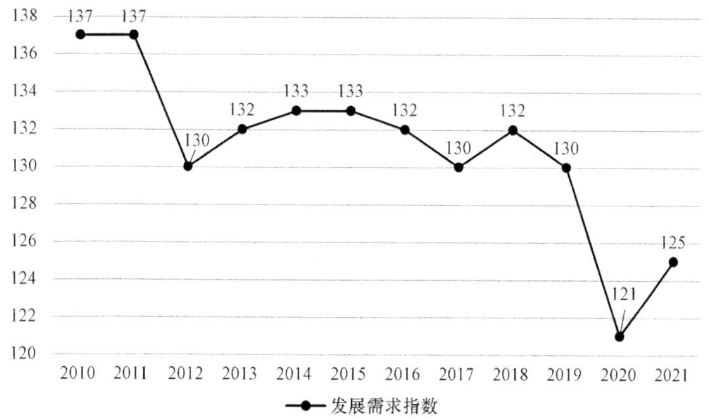

图 2－4　2010—2021 年“一带一路”国家基础设施发展需求指数

资料来源：中国对外承包工程商会，中国出口信用保险公司国家风险数据库。

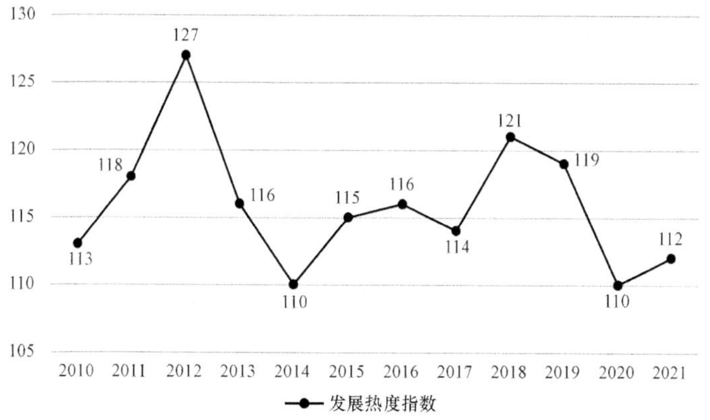

图 2－5　2010—2021 年“一带一路”国家基础设施发展热度指数

资料来源：中国对外承包工程商会，中国出口信用保险公司国家风险数据库。

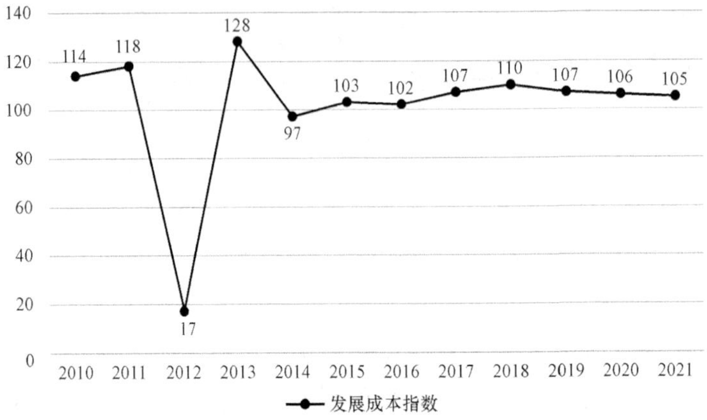

图 2-6　2010—2021 年“一带一路”国家基础设施发展成本指数

资料来源：中国对外承包工程商会，中国出口信用保险公司国家风险数据库。

2.1.2 “一带一路”国家的物流绩效指数

随着经济全球化的不断深入，促进贸易自由化便利化是大势所趋，加强运输便利化以及安全领域的务实合作成为促进贸易自由化和经济全球化的重要路径。物流能力已经成为一国参与国际贸易能力的重要体现，一国贸易壁垒的大小关乎一国贸易的时效性与安全性，能够清晰地通过物流绩效来体现。因此，2007 年世界银行通过对跨国货运代理商和快递承运商的绩效调研编写报告“Connecting to Compete：Trade Logistics in the Global Economy”，首次公布了能够衡量一个国家贸易便利度的指标——物流绩效指数（Logistics Performance Index，LPI），并完善了指标设置，将其划分为清关程序效率（Custom Clear Efficiency）、物流服务的质量（Service Quality）、贸易和运输相关基础设施质量（Infrastructure Quality）、货物在预定时间内到达收货人的频率（Frequency）、追踪查询货物能力（Track Goods Ability）、安排价格具有竞争力的货运难易度（Freight Difficult Level）这六项子指标。

LPI 是一种交互式的基准测试工具，它衡量一个国家物流供应链的绩效，旨在帮助各国确定其在贸易物流绩效中面临的挑战和机遇，以及如何改善绩效。LPI 基于对全球货运代理和快递承运人的调查，提供有关其经营所在国和与之交易国的物流“友好度”的反馈。他们将对所在国家或地区的深入了解与对其他国家或地区的质量评估以及全球物流环境的经验相结合，因此 LPI 包含定性和定量措施。

本节选取的是与中国签署共建“一带一路”合作文件的 140 个国家来分析“一带一路”国家的物流绩效指数，由于纽埃和库克群岛数据的缺失，本节共选取 138 个国家进行 LPI 与其子指标的描述性分析，具体国家和地区情况如表 2－3 所示。

表 2－3 “一带一路”国家物流绩效指数的研究范围

所属板块	数量	国家
非洲	46	苏丹、南非、塞内加尔、塞拉利昂、科特迪瓦、索马里、喀麦隆、南苏丹、塞舌尔、几内亚、加纳、赞比亚、莫桑比克、加蓬、纳米比亚、毛里塔尼亚、安哥拉、吉布提、埃塞俄比亚、肯尼亚、尼日利亚、乍得、刚果（布）、津巴布韦、阿尔及利亚、坦桑尼亚、布隆迪、佛得角、乌干达、冈比亚、多哥、卢旺达、摩洛哥、马达加斯加、突尼斯、利比亚、埃及、赤道几内亚、利比里亚、莱索托、科摩罗、贝宁、马里、尼日尔、刚果（金）、博茨瓦纳
亚洲	37	韩国、蒙古国、新加坡、东帝汶、马来西亚、缅甸、柬埔寨、越南、老挝、文莱、巴基斯坦、斯里兰卡、孟加拉国、尼泊尔、马尔代夫、阿联酋、科威特、土耳其、卡塔尔、阿曼、黎巴嫩、沙特阿拉伯、巴林、伊朗、伊拉克、阿富汗、阿塞拜疆、格鲁吉亚、亚美尼亚、哈萨克斯坦、吉尔吉斯斯坦、塔吉克斯坦、乌兹别克斯坦、泰国、印度尼西亚、菲律宾、也门
欧洲	27	塞浦路斯、俄罗斯、奥地利、希腊、波兰、塞尔维亚、捷克、保加利亚、斯洛伐克、阿尔巴尼亚、克罗地亚、波黑、黑山、爱沙尼亚、立陶宛、斯洛文尼亚、匈牙利、北马其顿（原马其顿）、罗马尼亚、拉脱维亚、乌克兰、白俄罗斯、摩尔多瓦、马耳他、葡萄牙、意大利、卢森堡
大洋洲	9	新西兰、巴布亚新几内亚、萨摩亚、斐济、密克罗尼西亚联邦、汤加、瓦努阿图、所罗门群岛、基里巴斯
南美洲	8	智利、圭亚那、玻利维亚、乌拉圭、委内瑞拉、苏里南、厄瓜多尔、秘鲁
北美洲	11	哥斯达黎加、巴拿马、萨尔瓦多、多米尼加、特立尼达和多巴哥、安提瓜和巴布达、多米尼克、格林纳达、巴巴多斯、古巴、牙买加

从国家层面来看，“一带一路”国家在物流绩效指标上存在巨大差距。2018 年得分最高的是奥地利（4.03 分），但有的国家却不足 2 分，分数最低的是阿富

汗(1.95 分)，138 个国家的平均 LPI 指数为 2.75 分(分数范围为 1～5 分，1＝低，5＝高)。

具体而言，图 2－7 和图 2－8 分别为 2007 年 LPI 综合得分排名前 15 位的“一带一路”国家及 2018 年 LPI 综合得分排名前 15 位的“一带一路”国家。将两个图对比来看，从公布 LPI 数据到 2018 年，经过 11 年的发展，“一带一路”国家中 LPI 排名在前 15 位的具体国家没有发生较大变化，且排在前 5 位的国家仍然为新加坡、奥地利、新西兰、阿联酋和意大利。2007 年的物流绩效指数为 3.15～4.19 分，2018 年为 3.32～4.03 分。在两个图中，15 个国家有 12 个国家是重合的，其中，马来西亚、巴林、土耳其的物流绩效恶化，跌出前 15 名，而捷克、波兰和卡塔尔的物流绩效水平有所改善，挺进前 15 位。从 2018 年的 LPI 得分来看，排在第一位的是奥地利（4.03 分），第二位是新加坡（4.00 分），第三位是阿联酋（3.96 分），第四位为新西兰（3.88 分）、第五位是意大利（3.74 分）。其实，这几个国家和中国的贸易往来也较为密切，这也从侧面说明了物流绩效能够反映一定程度的国家贸易能力。

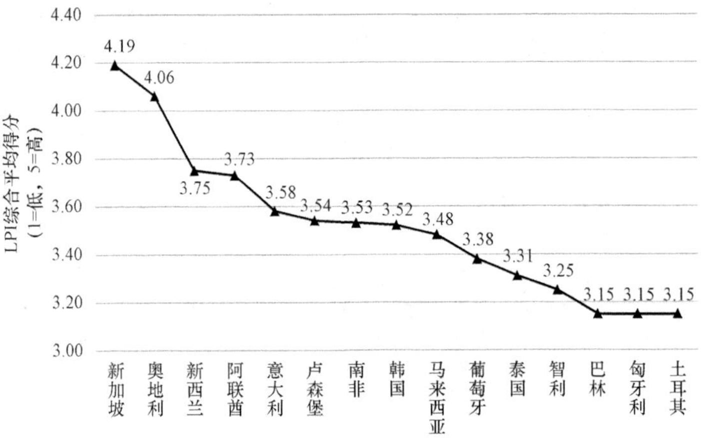

图 2－7　2007 年 LPI 综合得分排名前 15 位的“一带一路”国家

资料来源：世界银行。

从区域来看，整体而言，欧洲“一带一路”国家的物流绩效水平是最高的，亚洲紧随其后，北美洲、南美洲和大洋洲相差不多，为第三梯队，非洲“一带一路”国家的物流绩效水平相对较差。

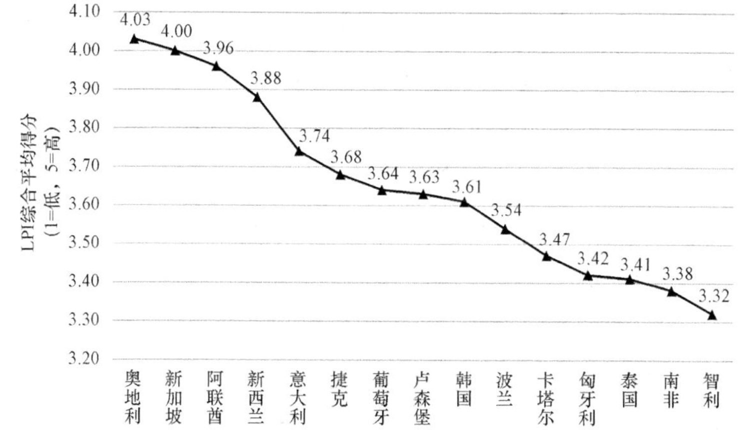

图 2－8　2018 年 LPI 综合得分排名前 15 位的“一带一路”国家

资料来源：世界银行。

从发展趋势来说，图 2－9 展示了各大洲“一带一路”国家分别在 2007 年、2010 年、2012 年、2014 年、2016 年和 2018 年的 LPI 综合得分情况。从 2007 年到 2018 年，中国和各大洲的综合得分都有所增加，其中非洲的物流绩效综合得分从 2017 年的 2.46 分到 2018 年的 3.15 分，是增长最快的。中国的综合得分总体是增长趋势，只在 2018 年出现轻微下滑，历年的平均分是 3.49 分，并且无论是平均分还是每年的得分都高于各大洲合作国的综合得分。

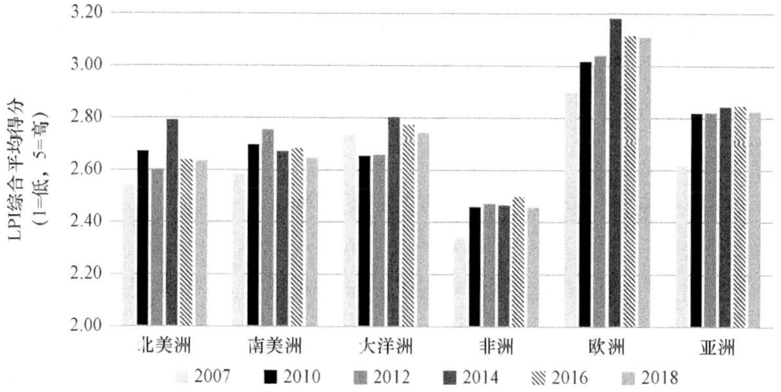

图 2－9　2007—2018 年部分年份各大洲“一带一路”国家 LPI 综合平均得分

资料来源：世界银行。

从 LPI 的各子指标来说，图 2－10 是 2018 年各大洲“一带一路”合作国 LPI 子指标得分情况，与总体 LPI 相似，各项子指标最低的区域仍然是非洲，最高的仍然是欧洲。北美洲、南美洲、大洋洲相差不大，亚洲略高于三者。在六项子指标中，无论哪一区域，货物在预定时间内到达收货人的频率（及时性）都领先于其他子指标；而贸易和运输相关基础设施质量（基础设施）这项子指标几乎在各大洲都是最低的，这也反映了“一带一路”国家的基础设施建设仍处于较低的水平，基础设施互联互通是“一带一路”建设的优先领域。2007—2018 年间，中国物流绩效六项具体子指标的平均分为跟踪和追踪查询货物的能力 3.54 分，轻松安排货运 3.47 分，海关效率 3.20 分，物流服务质量 3.51 分，货物在预定时间内到达收货人的及时性 3.83 分，基础设施 3.59 分，各项子指标高于各大洲“一带一路”合作国的平均水平。总体上看，我国及时性在各项子指标中得分最高，而海关效率得分最低。

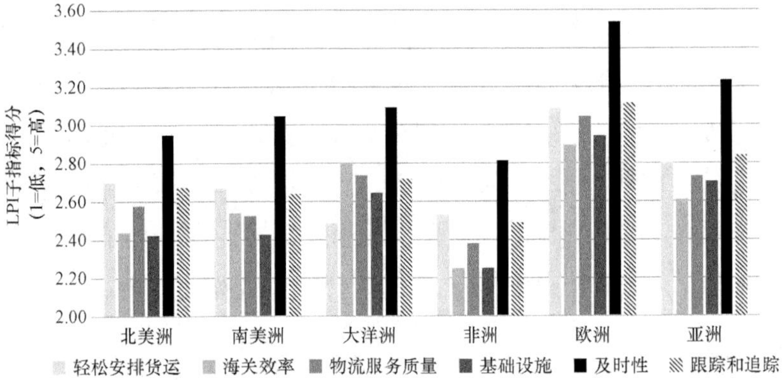

图 2－10 2018 年各大洲“一带一路”合作国 LPI 子指标得分情况

资料来源：世界银行。

2.1.3 “一带一路”国家的跨境贸易指数

跨境贸易指数（Trading Across Borders Index）是世界银行发布的《营商环境报告》（Doing Business）中构造营商环境指数的子指标。跨境贸易指数衡量了与货物进出口过程中的三组程序——单证合规（Documentary Compliance）、边界合规（Border Compliance）和国内运输——相关的累计时间和成本（不包括关税）。单证合规指数反映了满足来源经济体、目的地经济体以及任何过境经济体的所有政府机构对单证的要求所需的时间和成本。其目的是衡量准备一系列使得案例研究中所假设的产品和成对贸易伙伴之间的国际贸易得以完成的单证的总负担。例如，货物从印度孟买运送到美国纽约，货运转运商必须准备并向印度海关、孟买港务管理机构以及美国海关提交单证。边界合规指数衡量的时间和成本与遵守经济体的海关规定以及遵守为了让货物通过经济体边界而强制要求的其他检查相关的规定有关，另外还衡量了经济体港口或边界装卸的时间和成本。这一部分时间的成本还包括其他机构进行的通关和检查程序，例如进行植物检疫的时间和成本在此将被纳入。

经济体跨境贸易便利度的排名取决于其在跨境贸易方面分数的排序。这些分数为进出口单证合规和边界合规的时间和成本分数的简单平均值。有关跨境贸易的数据是通过对当地货运转运商、报关行、港务管理机构和贸易商的问卷调查搜集的。

本书使用了世界银行营商环境（Doing Business）报告中跨境贸易指数的数据，选择了大部分“一带一路”参与国（73 个），结果如表 2-4 所示。“一带一路”经济体中排名前 10 位的包括奥地利、波兰、克罗地亚、卢森堡、罗马尼亚等，都是欧盟成员国。由于欧盟区基本实现了商品、人员、资本和服务的自由流通并且建立了经济与货币联盟，在欧元区内统一了货币，而且这些国家地域面积较小，因此在跨界贸易方面的政策优势以及地理区位优势突出，在全球跨界贸易中排名靠前。排名的后五位分别是阿尔及利亚、孟加拉国、阿富汗、伊拉克和也门。

表 2-4　“一带一路”国家的跨境贸易指数

经济体	排名	出口耗时：边界合规/时	出口费用：边界合规/美元	出口耗时：单证合规/时	出口费用：单证合规/美元	进口耗时：边界合规/时	进口费用：边界合规/美元	进口耗时：单证合规/时	进口费用：单证合规/美元
奥地利	1	0	0	1	0	0	0	1	0
波兰	1	0	0	1	0	0	0	1	0
克罗地亚	1	0	0	1	0	0	0	1	0
卢森堡	1	0	0	1	0	0	0	1	0
罗马尼亚	1	0	0	1	0	0	0	1	0
葡萄牙	1	0	0	1	0	0	0	1	0
斯洛伐克	1	0	0	1	0	0	0	1	0
斯洛文尼亚	1	0	0	1	0	0	0	1	0

续表

经济体	排名	出口耗时：边界合规/时	出口费用：边界合规/美元	出口耗时：单证合规/时	出口费用：单证合规/美元	进口耗时：边界合规/时	进口费用：边界合规/美元	进口耗时：单证合规/时	进口费用：单证合规/美元
匈牙利	1	0	0	1	0	0	0	1	0
爱沙尼亚	17	2	0	1	0	0	0	1	0
立陶宛	19	7	58	3	28	0	0	1	0
保加利亚	21	4	55	2	52	1	0	1	0
塞尔维亚	23	4	47	2	35	5	52	3	35
白俄罗斯	24	7	65	4	60	0	0	4	0
阿尔巴尼亚	25	9	55	6	10	10	77	8	10
波黑	27	5	70	4	22	6	109	8	27
拉脱维亚	28	24	150	2	35	0	0	1	0
不丹	30	5	59	9	50	5	110	8	50
北马其顿	32	9	103	2	45	8	150	3	50
希腊	34	24	300	1	30	1	0	1	0
黑山	41	8	85	5	26	23	306	6	60
亚美尼亚	43	27	100	2	100	3	0	2	100
土耳其	44	10	338	4	55	7	46	2	55
格鲁吉亚	45	6	112	2	0	15	396	2	189
萨尔瓦多	46	24	128	9	50	36	128	13	67
新加坡	47	10	335	2	37	33	220	3	40
马来西亚	49	28	213	10	35	36	213	7	60
塞浦路斯	50	18	300	2	50	15	335	2	50
中国	56	21	256	9	74	36	241	13	77
尼泊尔	60	11	103	43	110	11	190	48	80
泰国	62	44	223	11	97	50	233	4	43
阿曼	64	28	279	7	107	39	244	7	124
多米尼加	66	16	488	10	15	24	579	14	40
以色列	67	36	150	10	60	64	307	44	70

续表

经济体	排名	出口耗时：边界合规/时	出口费用：边界合规/美元	出口耗时：单证合规/时	出口费用：单证合规/美元	进口耗时：边界合规/时	进口费用：边界合规/美元	进口耗时：单证合规/时	进口费用：单证合规/美元
智利	73	60	290	24	50	54	290	36	50
乌克兰	74	6	75	66	192	32	100	48	162
约旦	75	53	131	6	100	79	206	55	190
巴林	77	59	47	24	100	42	397	60	130
老挝	78	9	140	60	235	11	224	60	115
危地马拉	82	36	310	48	105	72	405	32	37
阿塞拜疆	83	17	214	33	250	14	300	33	200
卢旺达	88	83	183	30	110	74	282	48	121
吉尔吉斯斯坦	89	5	10	72	110	69	499	84	200
阿联酋	92	27	462	5	140	54	553	12	283
莫桑比克	94	66	602	36	160	9	399	16	60
斯里兰卡	96	43	366	48	58	72	300	48	283
俄罗斯	99	66	580	25	92	30	520	43	153
卡塔尔	101	25	382	10	150	48	558	72	290
厄瓜多尔	103	96	560	24	60	24	250	120	75
越南	104	55	290	50	139	56	373	76	183
哈萨克斯坦	105	105	470	128	200	2	0	6	0
东帝汶	107	96	350	33	100	100	410	44	115
佛得角	109	72	641	24	125	60	588	24	125
巴基斯坦	111	58	288	55	118	120	287	96	130
菲律宾	113	42	456	36	53	120	690	96	68
印度尼西亚	116	56	211	61	139	99	383	106	164
柬埔寨	118	48	375	132	100	8	240	132	120
伊朗	123	101	415	33	60	141	660	40	90
蒙古国	143	134	225	168	64	48	210	115	83
文莱	149	117	340	155	90	48	395	132	50

续表

经济体	排名	出口耗时：边界合规/时	出口费用：边界合规/美元	出口耗时：单证合规/时	出口费用：单证合规/美元	进口耗时：边界合规/时	进口费用：边界合规/美元	进口耗时：单证合规/时	进口费用：单证合规/美元
乌兹别克斯坦	152	32	278	96	292	111	278	150	242
黎巴嫩	153	96	480	48	100	180	790	72	135
埃塞俄比亚	156	51	172	76	175	72	120	194	750
马尔代夫	157	42	596	48	300	100	981	61	180
科威特	162	84	665	72	227	72	634	96	332
索马里	166	44	495	73	350	85	952	76	300
缅甸	168	142	432	144	140	230	457	48	210
埃及	171	48	258	88	100	240	554	265	1 000
阿尔及利亚	172	80	593	149	374	210	409	96	400
孟加拉国	176	168	408	147	225	216	900	144	370
阿富汗	177	48	453	228	344	96	750	324	900
伊拉克	181	85	1 118	504	1 800	131	644	176	500
也门	188	N/A	N/A	N/A	N/A	N/A	N/A	N/A	N/A

资料来源：世界银行“Doing Business”。

2.1.4 “一带一路”国家的基础设施可用性和质量

交通基础设施的可用性和质量指标（Availability and Quality of Transport Infrastructure Index）是世界经济论坛（The World Economic Forum）和全球贸易便利化联盟（The Global Alliance for Trade Facilitation）联合出版的《全球促进贸易报告》（The Global Enabling Trade Report）中研究构建的促进贸易指数 ETI（The Enabling Trade Index）的子指标。促进贸易指数（ETI）是在世界经济论坛的“促进贸易”计划的背景下，在领先的学者、合作伙伴组织和公司的帮助下开发的，并建立在该论坛悠久的发展研究传统及其基准研究的基础上，用于评估一个经济体在何种程度上建立了机构、政策、基础设施和服务，以促进货物自由越境进入目的地。作为综合指标，ETI 是由影响促进贸易的各个指标组成，这些因素分为四个大的组块，包括市场准入、边境管理、基础设施和运营环境。而本书中引用的交通基础设施的可用性和质量指标正是其第三模块——基础设施中的一个子指标。该指标衡量四种主要运输方式（公路、航空、铁路和港口）中每种运输方式国内基础设施的可用性和质量，同时还评估了空中航线连通性和海运航线连通性。目前，世界经济论坛公开的数据年份为 2014 年和 2016 年。

2016 年的 ETI 涵盖了全球 136 个经济体，占全球总 GDP 的 98% 和世界商品贸易的 98.3%。本节截选了 136 个经济体中的 72 个来介绍“一带一路”沿线交通基础设施的发展状况。这 72 个“一带一路”沿线经济体中交通基础设施的可用性和质量排名如表 2-5 所示。

表 2-5 2016 年“一带一路”经济体的交通基础设施可用性和质量得分排名

排名	经济体	得分	排名	经济体	得分
1	阿联酋	6.34	18	俄罗斯	4.14
2	新加坡	6.28	19	捷克	4.11
3	中国	5.58	20	巴林	4.04
4	马来西亚	5.02	21	新西兰	4.03
5	意大利	4.79	22	阿塞拜疆	3.99
6	葡萄牙	4.75	23	立陶宛	3.94
7	奥地利	4.70	24	斯里兰卡	3.91
8	卡塔尔	4.63	25	智利	3.90
9	卢森堡	4.58	26	波兰	3.88
10	土耳其	4.54	27	厄瓜多尔	3.88
11	印度	4.53	28	希腊	3.86
12	南非	4.52	29	塞浦路斯	3.84
13	巴拿马	4.51	30	爱沙尼亚	3.84
14	沙特阿拉伯	4.50	31	多米尼加	3.82
15	阿曼	4.50	32	埃及	3.73
16	泰国	4.17	33	拉脱维亚	3.72
17	以色列	4.16	34	斯洛伐克	3.67

续表

排名	经济体	得分	排名	经济体	得分
35	克罗地亚	3.66	54	保加利亚	3.12
36	斯洛文尼亚	3.64	55	乌拉圭	3.09
37	匈牙利	3.63	56	津巴布韦	3.07
38	印度尼西亚	3.59	57	塔吉克斯坦	3.01
39	约旦	3.59	58	罗马尼亚	2.98
40	越南	3.58	59	塞尔维亚	2.92
41	哈萨克斯坦	3.53	60	亚美尼亚	2.87
42	伊朗	3.49	61	摩尔多瓦	2.74
43	巴基斯坦	3.49	62	黑山	2.73
44	科威特	3.43	63	孟加拉国	2.66
45	乌克兰	3.43	64	莫桑比克	2.64
46	文莱	3.39	65	阿尔巴尼亚	2.64
47	牙买加	3.38	66	柬埔寨	2.57
48	格鲁吉亚	3.35	67	老挝	2.41
49	马其顿（今北马其顿）	3.31	68	蒙古国	2.37
50	卢旺达	3.28	69	不丹	2.21
51	埃塞俄比亚	3.23	70	吉尔吉斯斯坦	2.18
52	冈比亚	3.22	71	也门	2.12
53	黎巴嫩	3.19	72	尼泊尔	2.06

资料来源：世界经济论坛。

根据 2016 年的报告数据，“一带一路”经济体中交通基础设施的可用性和质量排名前五的是阿联酋（6.34 分）、新加坡（6.28 分）、中国（5.58 分）、马来西亚（5.02 分）、意大利（4.79 分），而最后五名为蒙古国（2.37 分）、不丹（2.21 分）、吉尔吉斯斯坦（2.18 分）、也门（2.12 分）、尼泊尔（2.06 分）。可以看出，虽同处“一带一路”沿线，但是不同经济体之间的交通基础设施的可用性和质量差距较大，最大差值达到了 4.28 分。

从交通基础设施的可用性和质量指标发展趋势来看，2014—2016 年，72 个

“一带一路”国家的交通基础设施的可用性和质量排名发生了不同的变化（见表 2－6），34 个经济体交通基础设施的可用性和质量发生改善，3 个经济体的排名没有发生变化，34 个经济体的得分下降（塔吉克斯坦缺失 2014 年数据）。得分环比增长最快的前五名“一带一路”经济体分别是：第一名波兰（上升 29 位），第二名厄瓜多尔（上升 20 位），第三名埃塞俄比亚（上升 16 位），第四名阿尔巴尼亚（上升 15 位），并列第五名的有越南、马其顿（今北马其顿）和孟加拉国，均上升了 14 位。这几个经济体在交通基础设施建设方面取得的成绩显著。同时，在此期间，交通基础设施建设情况恶化的国家中，得分下降幅度最大的五个国家分别是老挝（下降 26 位）、文莱（下降 20 位）、黎巴嫩（下降 17 位）、阿曼（下降 14 位）和尼泊尔（下降 13 位）。

表 2－6　“一带一路”国家交通基础设施的可用性和质量排名变化

经济体	2016 年排名（共 136 个经济体）	2014 年[①]排名（共 134 个经济体）	排名变化
波兰	47	76	29
厄瓜多尔	48	68	20
埃塞俄比亚	80	96	16
阿尔巴尼亚	111	126	15
越南	66	80	14
马其顿（今北马其顿）	78	92	14
孟加拉国	109	123	14
罗马尼亚	93	106	13
以色列	36	47	11
塞尔维亚	97	108	11
斯里兰卡	45	55	10
摩尔多瓦	102	112	10
卡塔尔	25	34	9
莫桑比克	110	119	9

① 此表中 2014 年的结果是根据 2016 年的计算方法得来的。

续表

经济体	2016 年排名（共 136 个经济体）	2014 年排名（共 134 个经济体）	排名变化
爱沙尼亚	53	61	8
俄罗斯	37	44	7
印度尼西亚	64	71	7
阿塞拜疆	42	48	6
哈萨克斯坦	67	73	6
巴基斯坦	70	75	5
意大利	22	26	4
土耳其	27	30	3
印度	28	31	3
伊朗	69	72	3
新加坡	3	5	2
马来西亚	17	19	2
埃及	56	58	2
约旦	65	67	2
保加利亚	85	87	2
吉尔吉斯斯坦	132	134	2
中国	12	13	1
泰国	35	36	1
希腊	50	51	1
乌拉圭	87	88	1
阿联酋	2	2	0
葡萄牙	23	23	0
南非	29	29	0
克罗地亚	61	60	−1
黑山	103	102	−1
不丹	131	130	−1
巴拿马	30	28	−2

续表

经济体	2016 年排名（共 136 个经济体）	2014 年排名（共 134 个经济体）	排名变化
立陶宛	43	41	−2
卢旺达	79	77	−2
新西兰	41	38	−3
斯洛伐克	59	56	−3
奥地利	24	20	−4
卢森堡	26	21	−5
巴林	40	35	−5
多米尼加	54	49	−5
拉脱维亚	57	52	−5
斯洛文尼亚	62	57	−5
沙特阿拉伯	31	25	−6
智利	46	40	−6
格鲁吉亚	76	70	−6
捷克	39	32	−7
亚美尼亚	98	91	−7
也门	134	127	−7
科威特	71	63	−8
乌克兰	72	64	−8
柬埔寨	113	105	−8
津巴布韦	88	79	−9
塞浦路斯	52	42	−10
匈牙利	63	53	−10
牙买加	75	65	−10
蒙古国	127	117	−10
冈比亚	81	69	−12
尼泊尔	135	122	−13
阿曼	32	18	−14

续表

经济体	2016年排名（共136个经济体）	2014年排名（共134个经济体）	排名变化
黎巴嫩	83	66	－17
文莱	74	54	－20
老挝	125	99	－26
塔吉克斯坦	89	—	—

资料来源：世界经济论坛。

2.2 “一带一路”基础设施建设的经济效益：国家案例

在“一带一路”倡议下，中国在非洲、中亚、东南亚、东欧等地启动和投资了许多当地急需的基础设施项目，包括公路、铁路、港口、电厂等。由于这些地区的“一带一路”沿线经济体大多是基础设施条件相对较差的发展中经济体，对基础设施的投资以及由此带来的交通网络和电力供应的改善，将在很大程度上降低物流和贸易成本。为了更好地阐述改善基础设施对贸易便利化和经济发展的影响，本节我们选取一些不同地区经济体的主要基础设施项目作为研究案例，包括非洲的肯尼亚、埃塞俄比亚和吉布提，中亚的塔吉克斯坦和乌兹别克斯坦，东南亚的老挝、柬埔寨和越南，中东欧的匈牙利、塞尔维亚和北马其顿的在建及建成项目。除了贸易效应以外，这些经济体的基础设施项目也为当地居民提供了就业机会，促进了当地人才库、本地产业和集群的发展，从而提升了当地经济的潜力。

2.2.1 非洲地区

1. 肯尼亚：蒙巴萨—内罗毕铁路项目

2017年5月31日，中国援建的长度为480千米的蒙巴萨—内罗毕铁路正式开通。这条铁路连接着肯尼亚首都内罗毕和东非最大港口蒙巴萨，由中国路桥公司修建，于2014年12月启动，耗资38亿美元，其中90%的资金来自中国。这是第一条符合中国标准的中国境外铁路，是肯尼亚百年以来的第一条铁路，也是肯尼亚独立以来最大的基础设施项目。在就职典礼上，肯尼亚总统乌胡鲁·肯雅塔表示，这条铁路的开通标志着肯尼亚历史的新篇章。

该项目旨在允许客运列车以 120 千米/时的速度以及货运列车以 80 千米/时的速度运行。该项目使得乘客从内罗毕到蒙巴萨的旅行时间从 10 小时缩短至 4.5 小时，并将两个城市之间的货物运输时间从 2 天缩短到 8 小时，从而改善了居民的生活，也降低了贸易成本。此外，一个 20 英尺集装箱的铁路运输费用仅为 500 美元，是公路运输费用的一半。据肯尼亚政府估计，这条铁路帮助东非降低了 79% 的运输成本，这在促进区域内贸易的同时也促进了该地区与其他大陆的联系。

2017 年 5 月，中国路桥公司发布的《蒙内铁路项目 2016 年度社会责任报告》显示，该铁路项目为当地创造了 4.6 万个就业岗位，接受培训的当地工人达到 4.5 万人，当地工人不仅获得了工作，也获得了帮助他们成长所需的技能和技术诀窍。根据肯尼亚政府的预期，该项目将为肯尼亚 GDP 增长贡献 1.5 个百分点。

经过一年的运营，截至 2018 年 8 月，铁路旅客吞吐量达 158 多万人次，同时标准集装箱吞吐量达到 11.2 万个；该项目平均客运上座率为 95.2%，而客货运输能力由原来的每月 22 000 吨提高到每月 214 000 吨，增长了 8.73 倍。这条铁路将有助于把肯尼亚发展成一个现代物流中心。

此外，这条铁路被视为计划中的东非铁路网的第一部分，服务于六个东非国家，即肯尼亚、坦桑尼亚、乌干达、卢旺达、布隆迪和南苏丹。这一长期愿景将有助于促进东非和其他地区的经济发展。

2. 连接埃塞俄比亚与吉布提：亚吉铁路

2018 年 1 月 1 日，中国援建的连接内陆国家埃塞俄比亚和吉布提的 752 千米电气化铁路正式投入运营。这是非洲第一条标准轨距的同时提供客运和货运服务的国际铁路。该铁路项目由两家中国公司承包，中国铁路工程总公司（CREC）承建前期的塞贝塔至吉布提港口段 320 千米，其余 436 千米由中国建筑土木工程建设有限公司（CCECC）承建。该项目投资 40 亿美元，由中国进出口银行提供贷款。

这条铁路采用了中国标准，从融资、设计到施工、运营的全过程都由中国承包商完成。在过去没有铁路的情况下，从亚的斯亚贝巴到吉布提的集装箱的公路运输需要 3 天时间，而通过铁路运输只需要 10 个小时，这意味着运输成本和贸易成本都将大幅下降。同时，运力也在增加，每列货运列车能达到 200 辆卡车的运货量。据吉布提港口和自由区管理局（Djibouti Ports and Free Zones Authority）的数据，这条铁路预计将对埃塞俄比亚和吉布提的贸易增长和经济发展做出重大贡献，因为埃塞俄比亚 90% 的贸易都要通过吉布提港口，相当于吉布提港口总体贸易活动的 70%。

铁路正式投入商业运营后，埃塞俄比亚在世界银行营商环境报告体系中的跨境贸易排名从 2017 年的 167 位显著提升至 2018 年的 154 位，吉布提在 190 个经济体中的跨境贸易排名也从 2017 年的 159 位提升至 2018 年的 145 位。贸易便利化程度的提高可能并不明显，但在一定程度上也能归因于铁路的使用。根据世界银行物流绩效指数（LPI），吉布提在 160 个经济体中的排名从 2016 年的第 134 位上升至 2018 年的第 90 位。

这条铁路不仅帮助地处内陆的埃塞俄比亚连接大海，将吉布提建成一个大型物流和贸易中心，而且可以被视为其他非洲内陆国家融入全球经济的通道。非洲政界人士和商界人士都认为，这条铁路将成为打造一个跨非洲网络的开端。

除了加快区域和全球经济的一体化，铁路还促进了当地就业。中非合作委员会在埃塞俄比亚雇用了 2 万多名当地工人，在吉布提雇用了 5 000 多名当地工人。两家中国承包商（即 CCECC 和 CREC）在两国铁路建设方面总共雇用了约 4.8 万名当地工人，并通过技术转让培养了一批当地铁路技术人员。此外，铁路项目还带动了铁路沿线的东部工业区、大湾工业区等工业园区的发展，为当地居民提供了就业机会，促进了当地工业化的发展，释放了当地经济的发展潜力。

2.2.2 中亚地区

1. 塔吉克斯坦：“瓦赫达特—亚万”铁路和杜尚别 2 号电站

（1）“瓦赫达特—亚万”铁路

塔吉克斯坦“瓦赫达特—亚万”铁路由中铁十九局集团有限公司于 2015 年

5 月 15 日开工建设，并于 2016 年 8 月 24 日开通运营。该项目包括建设一条 48.65 千米长的铁路，以及 5 座桥梁和 3 条隧道。项目总投资 7 200 万美元，其中约 6 900 万美元来自中国进出口银行，其余来自塔吉克斯坦政府。这也是中国铁路企业进入中亚的第一个项目。

在过去，塔吉克斯坦的铁路是不发达的，它被分为三段，即南段、北段、中段，而这三段并不相连。这种不连通性在很大程度上阻碍了塔吉克斯坦的交通和经济发展。新建的瓦赫达特—亚万铁路连接了中段铁路和南段铁路，大大缩短了杜尚别南部到首都的路程，提高了散货运输能力。该铁路也是“中国—吉尔吉斯斯坦—塔吉克斯坦—阿富汗—伊朗”铁路的枢纽，加强了中国与中亚的互联互通，对中国、塔吉克斯坦和中亚地区具有重要战略意义。

（2）杜尚别 2 号电站

2011 年，塔吉克斯坦能源部与中国新疆特变电工股份有限公司签订合作合同后，杜尚别 2 号火电厂一期工程于 2012 年 10 月开工，2014 年投产。而二期建设的 2×150MW 电站，也就是 2 号电站，是“一带一路”建设的重要合作项目，也是塔吉克斯坦的重点建设项目。从 2015 年 6 月 10 日锅炉钢框架第一部分吊装开始，到 2016 年 11 月 13 日两台发电机组满负荷试运行 72 小时，二期工程的整个过程非常成功。二期工程在保证高质量高科技的前提下比原计划提前 6 个月完成，创海外火电厂项目新纪录。

电力供应及相关基础设施是实现生产、贸易和参与全球价值链任务的重要前提。2 号电站年发电量 22 亿千瓦时，缓解了塔吉克斯坦 60% 的电力缺口，为工业提供了可靠的电力供应，促进了工业发展。此外，该电站的供热面积为 430 万平方米，满足了首都附近约 70 万居民的大部分冬季电力和供热需求。

2. 乌兹别克斯坦：卡姆奇克隧道

乌兹别克斯坦的首条铁路隧道——卡姆奇克隧道由中国中铁隧道局集团有限公司（CRTG）历时 900 天建成，于 2016 年 2 月 25 日竣工，并于 2016 年 6 月 22 日正式通车。

全长 19.2 千米的卡姆奇克隧道是中亚地区最长的铁路隧道，是全长 169 千米的安格连—帕普铁路建设中的一个关键和困难路段，穿越中亚最长山脉——塔吉克斯坦和乌兹别克斯坦的库拉玛山脉（Qurama Mountains）。由于卡姆奇克隧道的成功建成，2016 年 6 月，整个安格连—帕普铁路完工，耗资 19 亿美元。据估计，这个新的铁路线将每年为乌兹别克斯坦节省大约 2 500 万美元的过境费，因为它使乌兹别克斯坦的列车无须再穿过塔吉克斯坦领土到达乌兹别克斯坦东部，而在过去没有隧道的情况下，乌兹别克斯坦的旧铁路不得不绕山通过邻国。

卡姆奇克隧道耗资约 4.55 亿美元，部分资金来自中国进出口银行。在施工过程中，CRTG 与当地承包商进行了分包合作，这种合作促进了当地就业和技术转让。

卡姆奇克隧道的施工是一项艰巨的工程。在世界范围内的招标过程中，几家西方建筑公司估计，由于其隧道地质条件的巨大困难，如频繁的岩石坠落、许多断裂带和严酷的冬季条件，施工将花费 5 年时间。然而，CRTG 在 900 天内高质高效地完成了施工，比原计划提前了 100 天。将隧道（铁路）建成前后进行比较，乌兹别克斯坦在 2014 年 160 个经济体中排名第 129 位，2016 年和 2018 年分别升至第 118 位和第 99 位。物流的改善帮助乌兹别克斯坦更好地连接到相邻地区乃至全球。

2.2.3 东南亚地区

1. 老挝：中老铁路项目

中老铁路老挝段全长 414 千米，包括桥梁 62 千米和隧道 198 千米，连接老挝北部的磨憨—磨丁边境大门和首都万象。线路运行速度设计为 160 千米/时。这条铁路于 2016 年 12 月开始建设，2021 年 12 月 3 日正式通车。这条铁路大大降低了交通运输成本和时间。从万象到中老边境的时间显著缩短，由 2 天缩短至 3 小时。

截至 2018 年底，铁路累计投资 118 亿元人民币（约合 17 亿美元），占总投资的 31.5%。铁路建设由中老合资成立的中老铁路股份有限公司（LCRC）负责。根据 LCRC 的计划，95% 的铁路路基、桥梁投标项目和 90% 的隧道项目在 2019 年底前完成。铁路建设期间，约 3.2 万名老挝工人实现就业，在 2019 年 2 月，仍有 4 300 多名老挝工人在铁路上工作。

在中老铁路建设之前，老挝只有一条 3.5 千米长的铁路，连接泰国的廊开和万象南部的塔纳廊。然而，中老铁路将改变这一局面，帮助老挝从一个内陆国转变为一个陆联国。未来，中老铁路将向南延伸，连接泰国、马来西亚和新加坡。此外，它将进一步发展，连接到中国的铁路网。中老铁路也是泛亚铁路的一部分，加强了中国与东南亚国家的互联互通。

2. 柬埔寨：6 号公路项目

2018 年 6 月，中国援建的从柬埔寨东南部磅湛省至暹粒省西北部全长 251 千米的 6 号公路在柬埔寨正式通车。该公路由上海建工集团耗时 4 年 2 个月建成，耗资 2.55 亿美元，其中 95% 是中国政府提供的优惠贷款，其余 5% 由柬埔寨政府承担。6 号公路连接首都金边和吴哥窟世界遗产所在地暹粒省，对旅游业发展和贸易活动开展发挥了至关重要的作用。

据柬埔寨公共工程和交通部统计，截至 2018 年 6 月，中国通过贷款和赠款在柬埔寨援建了公路 23 条，总长度 2 301 千米，另有 7 条公路，总长度 735 千米，由中国出资建设。此外，在中国优惠贷款的帮助下，已建成 7 座总长度 6.8 千米的大型桥梁。这些基础设施项目改善了柬埔寨的运输能力，降低了物流成本，促进了贸易和经济增长。

3. 越南：永新 1 号热电厂

2018 年 7 月，由中国南方电网公司（CSG）、中国电力国际有限公司出资建设的永新 1 号热电厂成功地完成了两台机组的性能测试和初始可靠容量（IDC）测试。2018 年 7 月，1 号机组投入运行。2018 年 11 月，2 号机组投入运行。两台机组投产后，每年可发电约 80 亿千瓦时，从而缓解了越南南部电力短缺问题，促进了越南工业化和经济发展。

中国公司运用 23 项节能减排技术，建设了一座先进的绿色电厂。此外，该项目还聘请了约 40 家当地公司作为分包商，为这些公司带来了 13 亿元人民币（约合 1.85 亿美元）的收入。项目中 70% 以上的工人是越南人。

2.2.4 中东欧地区

1. 匈牙利—塞尔维亚铁路

匈牙利—塞尔维亚铁路，是“一带一路”框架下中国与中东欧国家合作的旗舰项目，也是中国在欧洲合作建设的第一条铁路。该铁路从匈牙利首都布达佩斯到塞尔维亚首都贝尔格莱德，全长350千米，设计时速200千米/时，工程包括改造既有线路和增建二线，形成双线电气化客货共线快速铁路。

布达佩斯—贝尔格莱德铁路最早建于1882年，在改造之前一直是单线，设施老旧，300多千米的路程需要8小时才能走完。改造之后，全程运行时间将缩短为2.5～3小时。这条高速、安全、高等级的铁路，将成为中国的“欧洲走廊”。中国的商品从希腊的比雷埃夫斯港上岸之后，经过北马其顿，并通过匈牙利—塞尔维亚铁路就能便捷地进入欧洲。与此同时，匈牙利—塞尔维亚铁路也将实现东南欧与其他欧洲地区的快速联通。由于铁路的运输效率提高，时间缩短，部分货物可以分流到铁路运输，这将提高匈牙利和塞尔维亚及其他欧洲国家经济联系的效率，促进相关地区的贸易和经济增长。①另外，随着铁路运输的快速发展，铁路沿线将会建立起工厂、物流中心，将增加居民的就业率。

匈牙利—塞尔维亚铁路的建设，经过多个阶段的高层协商，逐个线段实现开工、完工。2013年11月25日，在罗马尼亚布加勒斯特举办中东欧—中国国家领导人会晤时，中国国务院总理李克强、匈牙利总理欧尔班和塞尔维亚总理达契奇共同宣布，合作改造升级匈牙利—塞尔维亚铁路。2015年11月24日，在中国苏州举办的中东欧16+1会议上，在中国、匈牙利、塞尔维亚三国总理的见证下，中国政府与匈牙利政府签署了《关于匈牙利—塞尔维亚铁路项目匈牙利段开发、建设和融资合作的协议》，中国企业联合体与塞尔维亚政府及企业代表签署了该铁路塞尔维亚段的合作总合同。这标志着匈牙利—塞尔维亚铁路项目的正式启动。2016年11月5日，在拉脱维亚首都里加的中东欧16+1峰会期间，中国铁路总公司（现中国国家铁路集团有限公司）所属的中国铁路国际有限公司和中国交通建设股份有限公司联营体，与塞尔维亚政府及塞尔维亚铁路基础设施股份公司签署了匈牙利—塞尔维亚铁路项目现代化及改造贝尔格莱德—旧帕佐瓦段工程的商务合同，标志着该项目正式进入实施阶段。2018年6月，塞尔维亚境内贝尔格莱德—旧帕佐瓦段建设正式开工。2020年11月，塞尔维亚境内泽蒙—巴塔吉尼卡段左线顺利转线通车运营。2021年3月，塞尔维亚境内贝尔格莱德—旧帕佐瓦段左线全线贯通。2021年10月，匈牙利段举行

① 张智勇. 匈塞铁路——“一带一路”的旗舰项目［N/OL］. 光明日报，(2015-11-26)［2023-09-06］. https://epaper.gmw.cn/gmrb/html/2015-11/26/nw.D110000gmrb_20151126_1-12.htm.

奠基仪式。2021 年 11 月，塞尔维亚段诺维萨德到苏博蒂察边境段举行开工仪式。总体的铁路建设预计于 2025 年完工。

除了投入大量的人力和物力之外，中国企业在建设匈牙利—塞尔维亚铁路的过程中，也高度重视高标准和高技术的输出。例如，中国铁路通信信号股份有限公司在塞尔维亚贝尔格莱德打造了一个列车运行控制系统实验室。这个实验室是中国首个海外高铁列控核心技术实验室。该实验室的作用主要体现在三个方面：第一，可以减少一些现场测试工作量，为项目的实施过程提供保障。第二，可以稍加改造，变成匈牙利—塞尔维亚铁路信号设备，起到运行维护的作用。第三，为当地的运营维护技术人员提供一个良好的培训环境。在铁路建设的合作过程中，塞尔维亚政府还决定向中国购买时速 200 千米的高速列车。

2. 北马其顿：基切沃—奥赫里德高速公路项目

北马其顿[①]的基切沃—奥赫里德高速公路项目于 2014 年 5 月开始施工，是“一带一路”倡议在巴尔干地区落地的重要项目，也是“中国—中东欧国家合作 100 亿美元专项贷款”的首批落地项目之一。该项目涉及的高速公路总长 56.6 千米，设计为双向四车道，设计时速 100 千米，由中国电建集团承建。该项目建成后，将大大改善北马其顿的境内交通状况，显著缩短北马其顿首都斯科普里到世界文化遗产、主要旅游目的地奥赫里德的通车时间，带动沿线经济发展。[②]

除了项目建成之后的经济效益以外，在项目建设的过程中，当地经济也得到了大力促进和发展。具体而言，该项目从规划和施工，在机构设置和管理模式上都充分考虑了本地化的因素。在合同中明确规定了由当地公司承揽的工程，分包比例清晰。在人力资源方面，也充分考虑了本地化，主要的专业技术人员来自中国，同时也聘请当地的工程技术人员，而普通工人则全部在当地招聘。在该项目中，仅自营隧道段就为当地提供了近 300 个岗位工作机会；同时，也为当地培养了数百名隧道施工技术与管理、各类设备操作及维修人才。另外，设备资源和建筑材料等的采购也采取了本土化策略，以推动当地经济发展。能

① 2019 年，马其顿改名为北马其顿。

② 刘力航. 中企承建马其顿高速公路项目完成阶段性目标［EB/OL］.（2018－11－20）［2023－09－06］. http://m.xinhuanet.com/2018-11/20/c_1123741404.htm.

够在当地租赁或采购的设备和材料等均在当地实现。有些产品，如果当地没有，项目部门就通过当地公司在国外采购，大型特种设备也基本通过当地代理商在国际市场采购，这样使得当地相关方都从项目投资中获益，实现互利共赢。

此外，除了促进当地就业、引进先进管理经验和设备、提高基础设施建设水平、缩短运输时间等经济效益，项目也带来了社会效益。例如，项目组帮助当地的村庄打井取水，改建和修葺当地破旧的村公所，关爱当地的“空巢”老人，与当地居民共同抵御自然灾害等。2015 年 8 月，北马其顿的泰托沃市遭遇强降雨，发生大面积山体滑坡，造成多人伤亡。部分村庄因山体滑坡阻断了通往外界的道路，导致村庄与外界隔绝。在此情况下，项目组组织了突击救援组，调用救灾所需的重型机械设备奔赴灾区，在当地政府的指挥和安排下，投入清淤除渣工作，全力打通受灾村庄通往外界的生命线，随后又立即清除村庄内的淤泥，尽快恢复村民的正常生活。2019 年 1 月，基切沃遭遇了突如其来的暴雪，项目组主动冒雪清扫乡村交通主干道。这些行为在当地产生了积极的社会影响，带来了社会效益。①

2.3 “一带一路”基础设施建设的环境影响：国家案例

“一带一路”不仅是经济繁荣之路，也是绿色发展之路。各国在“一带一路”建设实践中，秉持绿色发展理念，推动基础设施绿色低碳化建设和运营管理，强调生态文明理念，加强生态环境治理、生物多样性保护和应对气候变化等领域合作。在本节，我们选取了 8 个国家的案例，将其对环境的影响分为 5 个方面，探讨“一带一路”绿色基础设施建设对生态环境的保护。

---

① 乔夫. 马其顿盛赞一带一路：这是一条给人民带来福祉的路［EB/OL］.（2019－02－02）［2023－09－06］. http://www.landbridge.com/silkroad/2019-02-02/72343.html；田晓军. 中企马其顿高速公路项目如何赢得当地各界支持［EB/OL］.（2016－09－12）［2023－09－06］. http://intl.ce.cn/specials/zxgjzh/201609/12/t20160912_15800202.shtml.

2.3.1 生物多样性和生态系统

1. 肯尼亚：蒙内铁路

蒙内铁路全称蒙巴萨—内罗毕标轨铁路，东起肯尼亚东部港口蒙巴萨，西至肯尼亚首都内罗毕，于 2017 年 5 月 31 日建成通车。蒙内铁路正线采用单线，为内燃机系统，由中国企业承建，全线采用中国标准。该铁路设计客运时速 120 千米、货运时速 80 千米，是肯尼亚独立以来的首条铁路和最大基础设施建设项目。在上一节中也提到该铁路项目带来的经济效益。

这条给当地带来巨大经济效益的铁路，也兼顾了环境问题。蒙内铁路穿越内罗毕国家公园、察沃国家公园等自然保护区。为了保护当地生态环境和野生动物，横跨内罗毕国家公园的特大桥采用声屏障桥梁，公园内也安装了声屏障以降低列车通过时的噪声。根据大象、长颈鹿等大型动物的生活习性，蒙内铁路在全线多处设置桥梁式动物通道，在大河处适当延长跨河桥梁引桥，加高桥梁高度，方便动物通行。此外，为了尽量减少铁路对蒙巴萨红树林湿地公园中红树林的影响，项目施工时，在红树林的生长范围内预埋了多处过水管涵，确保海水能够进入被建筑施工便道隔断的区域。施工结束后，红树林茂盛如常，这片野生动物的栖息地得到了有效保护。

2. 加纳：特码新集装箱码头工程

加纳特码新集装箱码头工程位于非洲西部几内亚湾，目前，它是加纳最大的水上工程项目。特码港经过扩建，将成为西非重要的货运枢纽，不但具备装卸世界上最大集装箱船的实力，还能为全世界提供优质便捷的港口基础设施和服务。因为特码新集装箱码头工程的施工区域是海龟在西非的主要产卵地之一，所以在建设中采取了严格的环境保护措施。项目建设尤其注意到了对海龟生存环境进行监测，各项工程尽可能避开海龟的栖息繁殖地。与此同时，为了加强对海龟的就地保护，要在红线内建立一个海龟孕育中心。此外，项目部还编制了《海龟和海洋哺乳动物保护计划》，最大限度地保育海龟，提升海龟的孵化率。截至 2019 年 3 月底，中国交通建设股份有限公司组建的加纳“护龟队”已成功从周边海滩收集了 14 421 枚海龟蛋。注册在案的新生小海龟数量达到 9 746

只[①]。该项目对保护海龟、维持生态平衡具有明显改善作用，也进一步加强了加纳当地保护野生动植物、保护环境的绿色环保意识。

2.3.2 可持续交通

1. 黑山：南北高速公路

黑山南北高速公路项目是黑山建设的第一条高速公路，主干道全长约 180 千米。根据黑山政府规划，优先建设全长 41 千米的斯莫科瓦茨—马泰舍沃段。该项工程由中国交通建设股份有限公司、中国路桥工程有限责任公司承建。该公路建成后将并入国际公路交通网，连接中部欧洲的多个国家，对黑山具有重要意义。[②]

黑山南北高速公路项目为了实现绿色环保的设计目标，采用了封闭式排水系统的绿色设计策略与技术措施，以降低路面水污染物含量，达到欧洲关于污水排放的标准（EN 858）。与此同时，封闭式排水系统具备高度的技术集成性和工艺创新性，可以和高速公路建设项目进行有机结合。黑山南北高速公路项目的绿色环保设计理念可以确保充分过滤路面水的污染物含量，降低路面水对道路沿线水资源和环境的破坏，兼顾环境效益和社会效益。

2. 克罗地亚：佩列沙茨跨海大桥[③]

2019 年 4 月，中国国务院总理李克强在克罗地亚总理普连科维奇陪同下视察佩列沙茨大桥项目。李克强总理表示，佩列沙茨大桥不仅是一座友谊之桥，而且是一座民生之桥，极大地促进了克罗地亚经济社会发展和民生改善。普连科维奇总理表示，佩列沙茨大桥项目是克中开展的基础设施大项目，也是两国友谊与合作的象征。在中国的帮助下，大桥得以建设，建成后也会便利克罗地亚民众出行，并且对欧中务实合作发挥示范性作用。

---

① 王璐. 中国交建探索加纳第一大港口绿色施工之路［EB/OL］.（2019－04－24）［2023－09－06］. http://jjckb.xinhuanet.com/2019-04/24/c_138003223.htm.

② 石中玉. 中国企业承建的黑山南北高速公路莫拉契查大桥合龙［EB/OL］.（2019－10－12）［2023－09－06］. https://www.gov.cn/xinwen/2019-10/12/content_5438664.htm.

③“一带一路”绿色发展国际联盟秘书处.“一带一路”绿色发展案例报告（2020）［R/OL］.（2020－12－01）［2023－09－06］. http://www.brigc.net/zcyj/yjkt/202011/t20201125_102822.html.

佩列沙茨大桥及连接线项目是克罗地亚迄今为止金额最高的工程项目，大桥预估总造价约 4.2 亿欧元。项目规划包含跨海大桥和大桥连接线两部分。2017 年 6 月，欧盟正式批准该项目，决定承担项目 85%的建设资金，即 3.57 亿欧元。2018 年 1 月，中国路桥公司联合体成功竞得佩列沙茨大桥及其连线一期工程项目，涉及金额约 2.8 亿欧元，合同工期 36 个月。2018 年 7 月 31 日，项目正式开工。2022 年 7 月 26 日，佩列沙茨大桥正式通车。

做好施工过程中的环境保护工作成为项目顺利实施的关键所在，包括降低工程施工对周围环境的影响、严格遵守当地法律法规等。通过优化设计及施工方案，合理调配资源，采用气泡幕降噪、海洋远距离运输钻渣、与当地专业公司开展深层次合作等措施，来保护海洋环境，推进绿色施工，该项目产生了较好的节能、节材及海洋环保效果。

2.3.3　绿色能源与清洁能源

1. 巴基斯坦：萨希瓦尔燃煤电站项目

萨希瓦尔燃煤电站项目地处巴基斯坦旁遮普省，是中巴经济走廊（CPEC）计划中首个大型能源项目，由华能集团和山东如意集团共同投资建设，投资达 19 亿美元。2015 年 12 月，项目融资到位，以煤（进口）为初级能量输入，总装机容量达 1 320 兆瓦。建成投产后，电站年发电量 90 亿千瓦时。目前，该项目已并入巴基斯坦国家电网范围，处于运营期。

萨希瓦尔燃煤电站采用世界上最先进的环保技术建造了一系列环保工程设施，如高效静电除尘器、烟气脱硫、低氮燃烧器、优化炉膛燃烧组织、防风防尘网和污水处理厂等，使之成为世界高环保水平工厂之一，其氮氧化物、氧化硫和粉尘排放水平远低于世界银行、欧盟和日本设置的排放标准。电站已成为迄今为止中巴经济走廊建设速度最快、装机容量最大、技术领先、节能环保的高效清洁燃煤电站，被巴基斯坦政府誉为“巴电力建设史上的奇迹”。

该项目是中巴经济走廊计划中最先建成的高效燃煤电站项目，华能集团和山东如意集团作为该项目的投资运营方，采用了较先进的技术，即超临界技术，使该项目拥有最大的单位产能和最优的环境指数。此外，通过烟气脱硫、电除尘等技术，大气污染物质已经从通过烟囱释放的蒸气中提前去除；由于巴基斯坦煤炭燃烧质量较差，该厂从南非进口原料煤炭，这些进口原料通过船舶运输进入卡拉奇港口，并经特殊火车路线输送到萨希瓦尔燃煤电站，厂方通过多种措施确保减少区域污染排放，构建了良好的区域环境。

2. 巴基斯坦：卡洛特水电站

卡洛特水电站总装机容量 72 万千瓦，是“中巴经济走廊”能源合作优先实施项目和“一带一路”首个大型水电投资建设项目，也是首个被写入中巴两国政府联合声明的水电投资项目。同时，卡洛特水电站也是巴基斯坦首个完全使用中国技术和中国标准建设的水电项目，由中国三峡集团为主投资开发，长江设计集团为工程勘察设计单位。

卡洛特水电站建成后，年平均发电量 32 亿千瓦时，预计每年可节约标准煤约 140 万吨，减少二氧化碳排放量约 350 万吨，满足当地 500 万人用电需求，有助于缓解巴基斯坦电力供需矛盾，促进巴基斯坦的经济社会可持续发展。在推动巴基斯坦能源建设和社会发展的同时，助力实现全球“碳中和”目标。[①]而且，随着中巴经济走廊的建设，清洁能源有望成为巴基斯坦国家能源结构中的突出亮点，在为巴基斯坦工业化进程持续供能的同时，带来丰厚的社会、环境效益。

2.3.4 固体废物处置

越南芹苴垃圾焚烧发电项目位于越南南部湄公河三角洲芹苴市泰来县，是该国国内第一个投产的现代化生活垃圾焚烧发电项目。该项目由中国光大环境（集团）有限公司投资、建设和运营，总投资 4 700 万美元，核心技术装备全部由中国企业自主研发。

芹苴垃圾焚烧发电项目于 2018 年 11 月底投产，每天可以处理生活垃圾 400 余吨，约占芹苴市每日生活垃圾总量的 70%。截至 2020 年 8 月底，累计处理生活垃圾 31.7 万吨，发电量 1.03 亿千瓦时，有效解决了当地垃圾清运能力短缺问题。[②]

---

① 龙钢.【共建一带一路】巴基斯坦卡洛特水电站下闸蓄水［EB/OL］.（2021－11－22）［2023－09－06］. http://www.zsyj.com/art/2021/11/22/art_6382_1266358.html.

② 刘刚，陈伟. 中企承建越南芹苴垃圾发电项目完成环保工程［EB/OL］.（2020－09－25）［2023－09－06］. http://world.people.com.cn/n1/2020/0925/c1002-31875240.html.

该垃圾焚烧发电项目在处理每日新产生生活垃圾的基础上，也协助政府逐步处理原有垃圾填埋场的陈腐垃圾。这样一来，不仅解决了全市生活垃圾露天堆放造成的诸多问题，而且减少了垃圾污染，对改善生活环境做出了重要的贡献，在兼顾环保的同时，也进一步推动了越南垃圾焚烧发电领域的技术发展。

2.3.5 绿色建筑

卡塔尔卢赛尔体育场是卡塔尔 2022 年举办足球世界杯赛事的主体育场，该体育场举行了 2022 年足球世界杯赛事的开幕式、揭幕赛、决赛和闭幕式。卢赛尔体育场是世界上同类型索网体系中跨度最大、悬挑距离最大的索网屋面单体建筑，是卡塔尔地标性的体育建筑和世界杯遗产。

2016 年 11 月，由中国铁建国际集团有限公司与卡塔尔 HBK 公司以联营体模式中标，成为卡塔尔卢赛尔体育场项目总承包商。

卡塔尔卢赛尔体育场项目依照卡塔尔全球可持续发展评价体系（GSAS）要求，利用各类绿色设计、绿色技术、节能材料开展建设，突出设计的创新性，同时注意防范环境污染与风险，提高了资源与能源的使用效率。[①]

---

①“一带一路”绿色发展国际联盟秘书处.“一带一路”绿色发展案例报告（2020）[R/OL].（2020-12-01）[2023-09-06]. http://www.brigc.net/zcyj/yjkt/202011/t20201125_102822.html.

第 3 章

“一带一路”国家参与全球价值链的趋势与现状

3.1 全球价值链的概念与理论演变

3.1.1 全球价值链研究的兴起与概念

《全球价值链发展报告（2017）》的第一章梳理并综述了全球价值链（Global Value Chains，GVCs）的相关理论和分析框架。目前，全球价值链已成为国际经济领域的一个重要现象，中间品贸易也占据了国际贸易的一半以上。鉴于其在现实中的重要性，全球价值链的研究也成为国际经济贸易领域研究的重要方向和热点话题。

总体来看，全球价值链的兴起得益于信息通信技术的快速发展以及垂直一体化管理（也称为纵向整合）的涌现。一方面，Baldwin（2013）分析了全球化的三个发展阶段，其中第三个阶段主要是由信息通信技术革命推动，即生产活动和生产阶段在地理上的分离，进而形成了全球价值链。由于信息通信技术快速发展大幅度降低了通信成本，原先必须在近距离协调的生产活动可以分散到不同的地点，并利用通信手段（如电话、传真、互联网等）进行快速及时沟通，如分享产品设计和采购计划等。在此背景下，跨国生产成为可能，不同生产阶段可以分布在不同国家或地区，以充分利用各国或地区在不同生产要素或生产阶段上的比较优势。另一方面，由于垂直一体化管理有助于降低市场交易成本，并克服与不完全契约有关的交易风险，企业越来越多地选择进行垂直一体化管理，当这种行为涉及多个国家的企业时，跨国公司随之出现。随着跨国公司的不断涌现，其主导的外商直接投资和跨国生产活动越来越多，这促进了全球价值链的形成，并对价值链的组织结构产生重要影响。综合上述两方面来看，信息通信技术革命和跨国公司的涌现为全球价值链的研究提供了现实基础。

价值链的概念，最早是在管理学和社会学领域提出的。Porter（1985）最早提出价值链的概念，指的是单个企业内部不同生产经营活动之间的连接，如产品设计、采购、营销和分销等；价值链的战略分析，重点在于如何协调企业内部的不同活动，以提升企业的整体竞争力。这一价值链概念不同于现在的全球价值链概念，因其不涉及多个企业之间跨国生产网络的协调。Gereffi 和 Korzeniewicz（1994）提出了“全球商品链”（Global Commodity Chains，GCC）的概念，链上的参与者从国内扩展至全球范围，并从“购买者驱动”和“生产者驱动”的角度，分析了领导企业（如全球采购商或大型跨国公司）在全球商品链形成过程中的关键性作用。之后，Gereffi 等（2005）正式采用了“全球价值链”（GVCs）的术语，突出价值在跨国生产网络中的生产和传递。同时，他们根据全球价值链上不同企业之间的关系，将价值链的治理结构分为五种类型，即市场型、模块型、关系型、俘获型、科层型。而治理结构的形成主要取决于三方面要素，即价值链的复杂程度、可编码程度和供应商能力。联合国工业发展组织（UNIDO）也对全球价值链进行了定义，即分布在不同国家或地区的、涉及多个企业和工人的一系列生产活动，包括设计、生产、营销、分销、对最终消费者的售后服务等，这些活动的目的是从概念雏形变成能够最终使用的产品。

在经济学领域，全球价值链研究的兴起主要与打破传统贸易理论的经典假设有关。长期以来，无论是大卫·李嘉图（David Ricardo）的比较优势贸易理论，还是赫克歇尔–俄林（Heckscher-Ohlin）的要素禀赋理论，都遵循三个经典假设。第一，市场是完全竞争的，生产技术规模报酬不变。第二，在同一个行业，生产者是同质的。第三，各国只进行最终品贸易，即只进口和出口最终产品，没有中间品贸易，而且每种贸易品的生产都仅使用本国的生产要素。随着经济的发展，这三个经典假设不再符合现实情况，因此，贸易理论的发展不断打破这些假设。具体而言，第一个假设被“新贸易理论”所动摇。“新贸易理论”始于 Krugman（1979，1980），后由 Helpman 和 Krugman（1985）进行了扩展，主要是考虑了规模报酬递增的生产技术以及市场的不完全竞争性。该理论为技术和资源相似的国家之间普遍存在的行业内贸易提供了合理解释。第二个假设由“新－新贸易理论”打破。在现实中，在同一个行业内部，我们可以观察到企业的异质性，例如大企业和小企业、从事出口业务的企业和仅在国内销售的企业。也就是说，同一个行业的企业并不是同质的。Melitz（2003）率先提出了包括企业异质性在内的贸易理论模型，该理论假设出口需要固定成本（如运输成本等），而不同企业的生产率是不同的，只有生产率较高的企业才能承担出口的固定成本，进而从事出口活动，而生产率较低的企业无法出口，仅能在国内市场销售。该理论为行业内企业的异质性（即由生产率的异质性导致的出口行为的异质性）提供了合理的解释。第三个假设与全球价值链的理论有关。目前，中间品贸易已成为全球贸易的一个重要组成部分，此时假设贸易仅有最终品，没有中间品，假设各国仅用国内生产要素完成全部生产过程，显然已不符合现实情况。对此，经济学家们提出了与全球价值链相关的一些概念。例如，Grossman 和 Rossi-Hansberg（2008）提出了“任务贸易”（trade in tasks）的理论，即随着信息技术发展和交通运输成本的下降，生产指令可以及时传达，零件和中间品可以快速、便宜地运输，许多任务的产出可以实现电子化（如研发、设计等），生产阶段的各个任务在时间上和空间上变得可以分离，此时国际贸易不仅是商品的贸易，而更多的是任务（或者任务所产生的价值）的贸易。由此可见，全球价值链理论的发展与经济学领域国际贸易理论的演变有关，尤其是与打破第三个传统经典假设有关。

3.1.2 全球价值链研究的发展

随着全球化生产和中间品贸易的兴起，全球价值链研究也逐渐被经济学家们所重视。国际贸易理论的新进展，例如上文所述的规模报酬递增（Helpman 和 Krugman，1985）、企业异质性（Melitz，2003）和任务贸易（Grossman 和

Rossi-Hansberg，2008），为从经济学角度研究全球价值链奠定了理论基础。

《全球价值链发展报告（2017）》指出，经济学对全球价值链的研究主要包括三方面，即生产过程分散化机制，离岸生产对国内要素收入和福利的影响，以及企业对全球价值链组织形式的选择。

具体而言，第一，在生产过程分散化机制的研究方面，Jones 和 Kierzkowski（1990）建立外包模型指出，一方面，外包将促进分工，带来生产率的提高；另一方面，由于生产地点分散，外包也将提高生产的协调成本，国际外包尤为如此。一方面，不同国家之间的差异（如要素禀赋、生产成本等）大于一国内部的差异，所以，根据比较优势理论，跨国外包所带来的生产率的提升将更为明显；另一方面，跨国外包面临的成本也更高，包括运输成本、关税和相关进出口费用、沟通成本等。因此，最终是否进行跨国外包，即生产过程分散化，将取决于生产率效应和成本效应的相对大小。Jones 和 Kierzkowski（1990）指出，只有满足三个条件时，国际生产分工才有可能发生：目标市场的规模足够大，协调不同国家生产活动的成本足够低，并且生产网络中各国的要素成本差异比较大。

第二，在离岸生产的收入和福利影响方面，Grossman 和 Rossi-Hansberg（2008）提出了“任务贸易”的模型。模型指出，不同类型的任务具有不同的离岸生产可行性，其中一些任务较容易离岸外包（如易于编码和程式化的任务），而另一些任务则很难进行离岸外包（如难以开展贸易的一些服务要素）。在此基础上，模型提出，离岸生产主要是通过劳动供给效应、相对价格效应、生产率效应三个渠道来影响国内要素收入和福利，最终的影响取决于三种效应的相对大小。一般而言，在离岸生产过程中，企业将一些生产任务转移到国外，这可能会导致本国的劳动力失业或工资水平下降。同时，在跨国分工时，本国企业可能仅专注于高技能或低技能劳动力密集型产品的出口，那么该类产品的出口增加会改变贸易条件，进而会对不同类型技能劳动力的福利产生不同的影响。此外，离岸生产带来的生产率提升可能会对本国企业的规模扩张产生推动作用，进而影响本国就业和福利水平。

第三，在全球价值链组织形式方面，Antràs（2003）基于不完全契约和不完全竞争理论，分析企业参与全球价值链的动机（即最小化交易成本和要素成本），进而讨论全球价值链在地理空间和组织形式两个维度上的变化。Antràs 和 Helpman（2004）进一步分析企业生产率的异质性及其对企业全球生产决策的影响，他们认为，生产率最高的企业将选择进行外商直接投资，而生产率次之的企业将选择进行独立企业之间的离岸外包，最后生产率最低的企业将仅进行国内采购。Antràs 和 Chor（2013）构建了序贯生产的企业行为模型，并识别了序贯互补和序贯替代两种类型的全球价值链，在不同类型下，价值链主导企业的治理形式（即纵向整合和离岸外包）是不同的。在序贯互补的价值链中，主导企业选择外包上游生产阶段，并纵向整合下游生产阶段；在序贯替代的价值链中，主导企业选择纵向整合上游的生产阶段，并外包下游生产阶段。此外，Yi（2003）和 Yi（2010）等研究也在传统贸易模型中引入了序贯生产机制。

3.2 全球价值链的测算方法

3.2.1 全球价值链测算方法概述

全新的贸易统计方法和跨国投入产出表的出现，为全球价值链的测算以及相关理论的检验创造了条件。对于一国垂直分工参与度的度量，Hummels 等（2001）提出了两种垂直专业化指数，即 VS 指数和 VS1 指数，前者是出口中所含的进口投入或进口中间品的价值（也就是出口中的国外增加值），后者是出口被用于其他国家生产并再出口的部分。Chen 等（2004）指出，忽视中国加工贸易的存在会带来双边贸易平衡统计上的严重误差。Koopman 等（2012）提出了在加工贸易普遍存在时计算出口隐含的国外增加值和国内增加值的方法，并根据贸易统计数据估计了考虑加工贸易扩展的投入产出表，他们的计算结果发现，考虑加工贸易之后，中国制造业出口的国外增加值比例在 50% 左右，是使用标准投入产出表计算的 VS 比例的 2 倍。Johnson 和 Noguera（2012）提出了 VAX（即增加值出口）指数，衡量出口中包含的满足外国需求的本国增加值占总出口的比重，并发现相对于传统贸易核算方法，使用增加值贸易核算时，中美贸易赤字下降了 30%～40%。

Koopman 等（2014）进一步提出了一种可对各国总出口进行全面分解的框架（简称 KWW 分解方法），在国际贸易核算与国民收入核算的标准间实现了统一，而且 VS、VS1 和 VAX 等指数作为该方法的特例，均可表达为 KWW 分解公式的某种线性组合。Wang 等（2013）进一步将 KWW 分解方法由国家层面扩展至部门、双边、双边—部门层面（简称 WWZ 分解方法），将各个层面的国际贸易流分解为增加值出口、返回的国内增加值、国外增加值和纯重复计算等部分，对全球价值链上增加值的生产结构和流动路径进行了完整考察。Wang 等（2017a）在 KWW 和 WWZ 贸易分解方法基础上，构建了增加值和最终品的分解框架，并提出了基于生产视角的全球价值链参与度指标，包括前向参与度和后向参与度（简称 WWYZ 方法）。

在分解并测算全球价值链参与程度的同时，一些研究也对国家、行业在价值链上的位置进行了估计和刻画。例如，Antràs 等（2012）以及 Antràs 和 Chor（2018）提出了全球价值链的“上游度”（到最终消费的距离）和“下游度”（到原始生产要素如原材料的距离）等测算指标。另外，Dietzenbacher 等（2005，2007）构建了平均传递长度（APL），来衡量生产网络中平均每个分支上所包含的生产阶段的数量。Koopman 等（2010）采用前向参与度和后向参与度的相对大小来衡量全球价值链位置，即如果一国或行业的前向参与度大于后向参与度，那么该国或该行业就处于上游，反之则处于下游。Wang 等（2017b）在全球价值链生产视角的分解框架下，测算了全球价值链的长度、位置和跨境次数等指标。

上述研究大多使用国家—行业层面的投入产出表来测算全球价值链参与度，也有少数研究采用企业数据进行测算。例如，Kee 和 Tang（2016）采用中国工业企业数据和中国海关的交易数据，估计中国出口中隐含的国内增加值的比重，发现 21 世纪初期中国实施的贸易投资自由化改革，使中国融入全球价值链的程度提高，同时使国内中间品生产部门逐步发展壮大，促进国内企业（尤其是加工贸易企业）在一定程度上使用国内生产的中间品来替代进口中间品，这使得 2000—2007 年期间中国国内增加值占出口的比例不断提高。

3.2.2 生产视角的全球价值链分解方法

Wang 等（2017a）将全球价值链视为一种跨境生产活动，从生产视角对国家—行业的增加值和最终品进行了分解。其分解方法包括前向分解和后向分解。

1. 前向分解

前向分解是将国家—行业的总增加值分解为三部分：一是增加值直接用于满足国内最终需求而生产的部分，跨境次数是 0；二是增加值直接用于最终出口品生产的部分，跨境 1 次，但没有跨境的生产活动，仅是跨境的消费活动；三是增加值完全用于中间出口品生产的部分，跨境至少 1 次。其中，第三部分是全球价值链的部分，涉及跨境生产活动。

进一步地，全球价值链的部分可以分成三类增加值：一是被直接用于进口国满足其国内最终需求生产的增加值，跨境 1 次并被进口国直接吸收；二是最终返回本国被吸收的增加值，至少跨境 2 次；三是被进口国用于再次出口并最终被其他国家吸收的增加值，至少跨境 2 次。其中，被进口国吸收增加值、跨境 1 次的生产活动，被定义为是简单的全球价值链活动；返回本国或被其他国家吸收增加值、跨境至少 2 次的生产活动，被定义为是复杂的全球价值链活动。

上述分解是从行业的前向联系上识别出哪些生产活动属于全球价值链的活动，即本国增加值的流向，并根据跨境次数来定义简单和复杂的全球价值链（见图 3－1）。

2. 后向分解

后向分解是将国家—行业生产的最终品（包括货物与服务）分解成三部分：一是国内市场直接消费的国内增加值部分，没有跨境活动发生；二是最终品出口中隐含的国内增加值部分，跨境 1 次，但仅是跨境消费，不涉及跨境生产；三是全球价值链的部分，涉及跨境生产活动，是中间品进口中所隐含的国内增加值和国外增加值。

进一步地，全球价值链的部分可分成三类：一是被本国直接吸收的进口国的增加值，跨境 1 次；二是返回并被本国吸收的国内增加值，跨境至少 2 次；三是被本国吸收的其他国增加值，跨境至少 2 次。其中，与前向分解相似，跨境 1 次的全球价值链活动被定义为简单的全球价值链活动；跨境至少 2 次的全球价值链活动被定义为复杂的全球价值链活动。

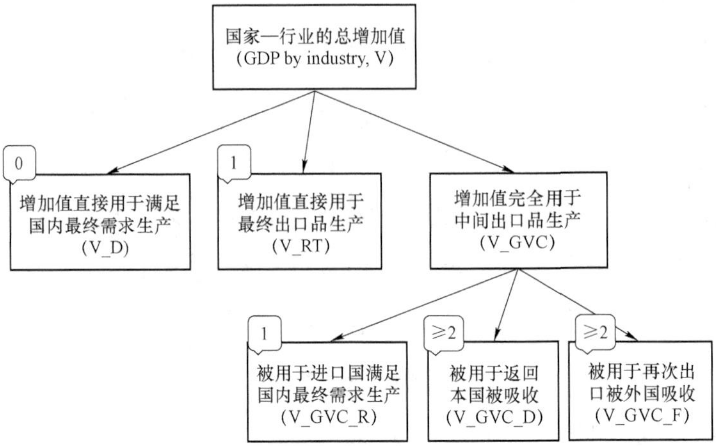

图 3-1　基于前向关联的全球价值链分解框架

资料来源：Wang 等（2017a）。

上述分解是从行业的后向联系上识别出哪些最终品生产活动属于全球价值链活动，即哪些增加值（国内或国外）为本国的最终品生产做出了贡献，并根据跨境次数来定义简单的全球价值链和复杂的全球价值链（见图 3-2）。

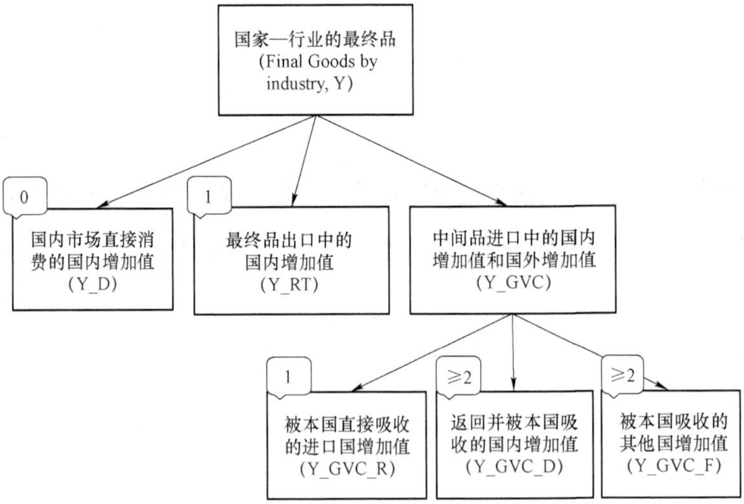

图 3-2　基于后向关联的全球价值链分解框架

资料来源：Wang 等（2017a）。

3.2.3　总贸易分解法

Wang 等（2013）提出的总贸易分解法（即 WWZ 方法），是将全球价值链视为一种贸易活动。该方法将一国与贸易伙伴的行业层面的双边贸易流（包括货物与服务）分解为增加值出口、返回的国内增加值、国外增加值和纯重复计算部分等 4 部分，并根据出口品的价值来源、最终吸收地和吸收渠道的不同，进一步分为 8 种或 16 种不同路径，从而在传统国际贸易统计与国民经济核算体系之间形成系统性的对应，为从全球价值链视角来考察传统官方贸易统计奠定了基础。

具体而言，WWZ 方法将总出口分为以下部分（见图 3－3）。

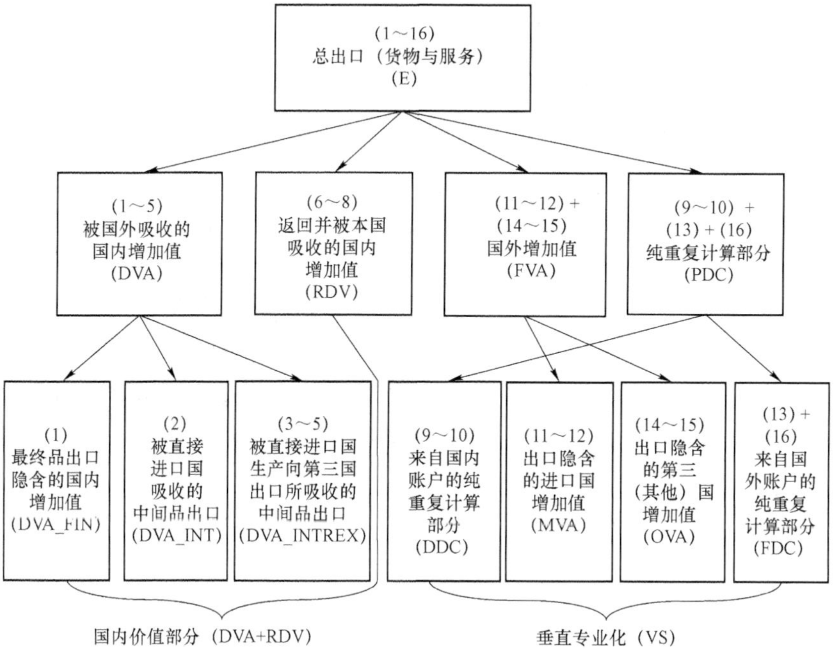

图 3－3　总贸易核算法的基本框架

资料来源：王直等（2015）。

1. 最终被国外吸收的国内增加值（DVA）

DVA 包括五个部分：一是出口的最终品隐含的国内增加值（DVA_FIN）；二是被进口国生产其国内最终品并被其国内最终消费需求吸收的中间品出口所隐含的国内增加值（DVA_INT）；三是中间品出口隐含的国内增加值，被进口国作为中间品，再次出口到第三国，并被第三国的国内最终消费需求所吸收；四是中间品出口隐含的国内增加值，被进口国加工成最终品，并出口到第三国；五是中间品出口隐含的国内增加值，被进口国作为中间品，再次出口到第三国，最终返回进口国并被进口国吸收。后三个部分合起来，是中间品出口所隐含的国内增加值被进口国用于生产并再次向第三国出口的部分（DVA_INTREX）。

2. 出口又返回并被本国吸收的国内增加值（RDV）

RDV 包括三个部分：一是中间品出口隐含的国内增加值，被进口国加工成最终品，并重新进口到本国，并在国内消费；二是中间品出口隐含的国内增加值被进口国加工成中间品，并出口到第三国，最终从第三国重新进口到本国；三是中间品出口隐含的国内增加值被进口国加工成中间品，并被本国重新进口，在国内进行再生产。

3. 本国出口中隐含的国外增加值（FVA）

FVA 包括两个部分，即本国出口中隐含的进口国增加值（MVA）和本国出口中隐含的第三国增加值（OVA）。根据最终品和中间品两种贸易类型，MVA 可以进一步分解成本国最终品出口中隐含的进口国增加值以及本国中间品出口中隐含的进口国增加值。类似地，OVA 也可以分成本国最终品出口中隐含的第三国增加值以及本国中间品出口中隐含的第三国增加值。

4. 纯重复计算部分（PDC）

纯重复计算部分由两部分构成，即国内价值的重复计算部分（DDC）和国外价值的重复计算部分（FDC）。国内价值的重复计算部分可进一步分成两个部分：一是中间品出口隐含的国内增加值又隐含到进口中返回国内（从直接进口国返回或从第三国返回），并被国内用于生产最终品并再次出口，这涉及中间品出口和最终品出口的价值的重复计算；二是中间品出口隐含的国内增加值隐含到进口中返回国内之后，被再次加工成新的中间品并出口，这涉及第一次中间品出口和第二次中间品出口的价值的重复计算。类似的，国外价值的重复计算部分可分成进口国价值重复计算部分和第三国价值重复计算部分。纯重复计算部分主要是由多次往复的中间品贸易引起的。

3.3　全球价值链的发展趋势与特征

3.3.1　全球价值链的整体发展

根据《全球价值链发展报告（2021）》的分析，自 1995 年以来，全球价值链快速发展。无论是从生产视角还是从贸易视角衡量，全球价值链占整体经济贸易的比例都在逐年提高。但是，最近的十几年，全球价值链的发展有所放缓。图 3－4 展示了 2007—2020 年基于生产视角衡量的世界全球价值链参与度。可以看到，全球价值链参与度在国际金融危机期间出现了下降，之后有所回升。但是在 2011—2015 年期间，全球价值链又出现了缓慢下降。自 2016 年开始，全球价值链呈现上升趋势。但是 2019—2020 年又明显下降，其中 2019 年可能是受到了中美等国贸易摩擦的影响，而 2020 年则主要是全球蔓延的新冠疫情的影响。具体而言，2020 年，除了少数产品的价值链面临需求增加以外（如医疗产品和居家办公所需电子产品），其他大多数产品的价值链都面临需求大幅下降的情况；与此同时，很多价值链的供给出现断裂，这对 2020 年的全球价值链发展造成了较为严重的负面影响。在国际金融危机之前，2007 年，世界的全球价值链参与度在 13.5% 左右，也就是说，全球 GDP 生产活动中，大约 13.5% 属于全球价值链生产活动；但是，在 2009 年（国际金融危机）和 2020 年（疫情），这一比例下降到了 12%。未来，随着世界疫情得到控制，价值链的需求和供给逐渐恢复，全球价值链的发展可能也会恢复到疫情前的状态。

图 3－5 展示了使用贸易分解方法计算得到的世界全球价值链参与度。可以看到，无论是从生产视角测量，还是从贸易视角测量，2007—2020 年期间，世界全球价值链的发展趋势是相同的。也就是说，无论用哪种分解方法，都不影响对全球价值链发展态势的分析。但是，需要注意的是，两种方法得到的全球价值链参与度的绝对值有着显著差别。贸易视角下测算的全球价值链参与度要高于生产视角下测算的全球价值链参与度。具体而言，2007 年贸易视角下的世界全球价值链参与度是 45.3%，即 45.3% 的全球贸易属于全球价值链贸易；2009

年，该比例下降到 42.3%；2020 年，该比例为 44.4%。比较之下，可以发现，2007—2020 年期间，贸易视角下的全球价值链参与度一直在 40% 以上，而生产视角下的参与度一直在 12% 以上。换言之，全球至少 40% 的贸易活动属于全球价值链贸易，至少 12% 的生产活动属于全球价值链生产范畴。

图 3-4　2007—2020 年基于生产视角分解方法的世界全球价值链参与度

资料来源：亚洲开发银行（ADB）数据库。

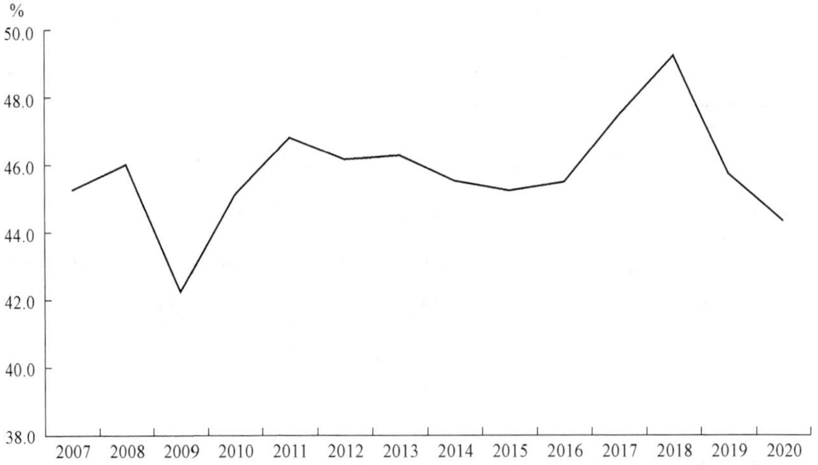

图 3-5　2007—2020 年基于贸易视角的分解方法的世界全球价值链参与度

资料来源：亚洲开发银行（ADB）数据库。

两种方法得到的结果的差异是正常的，因为两者的分解对象不同，一种是总出口，而另一种是范围更大的 GDP。然而，根据 Wang 等（2017a），生产视角下的全球价值链分解和测算方法要更为准确全面。具体而言，在贸易视角的测算方法中，在计算前向关联的参与度时，往往只考虑中间品出口的国内增加值中被进口国用于再出口的部分，即需要跨境至少两次。但是，实际上，跨境一次的生产活动也应属于全球价值链的活动。也就是说，中间品出口的国内增加值中，被进口国内部加工成最终品并被其国内消费的部分，也应属于全球价值链的前向参与。生产视角下的测算方法考虑了这一点。另外，在贸易视角的测算方法中，在计算后向关联的参与度时，一般仅考虑中间品进口中所隐含的国外增加值。但是，中间品进口中也可能隐含返回的国内增加值。例如，中国生产某种中间品，并出口到日本，日本进一步加工成一种新的中间品并再出口到中国，那么在这批中间品进口中，实际上隐含了中国的国内增加值。这也属于全球价值链的跨境生产活动，因此也应计算在内。生产视角下的测算方法对此进行了改进。因此，生产视角下的测算更为全面，而且对于跨境一次和跨境多次的全球价值链活动进行了区分即简单价值链和复杂价值链。基于以上这些方面的考虑，本书在后续的全球价值链测算和分析中，主要采用 Wang 等（2017a）提出的生产视角的测算方法，而非贸易视角。

全球价值链测算方法的数据基础是跨国投入产出表（Multi-Regional Input-Output Table, MRIO）。目前，已有一些知名的国际组织和机构研究并发布了跨国投入产出表，如经济合作与发展组织（OECD）、亚洲开发银行（ADB）、世界投入产出数据库（WIOD）、Eora 全球供应链数据库和全球贸易分析项目（GTAP）等，可以用于计算全球价值链的参与度和位置等指标。不同跨国投入产出表覆盖的国家、行业的范围以及时间跨度不尽相同，本节主要采用 ADB 的跨国投入产出表及其全球价值链测算结果，这主要是考虑到在当前的投入产出表中，ADB 版本的数据期间最新，可以到 2019 和 2020 年，因此可以分析最近全球价值链的一些变化。而相比之下，WIOD 等版本较旧，比如 WIOD 的数据仅到 2014 年，难以反映最近的趋势，包括“一带一路”倡议提出以来价值链的发展。此外，在分析“一带一路”非洲国家的价值链情况时，本节采用 Eora 的数据，这主要是因为 Eora 的国家覆盖面较广，覆盖了全球 190 个国家和地区，其中包括非洲国家；而 ADB 的数据虽然较新，但是其国家覆盖面没有 Eora 广，不包括任何一个非洲国家，而非洲国家是“一带一路”倡议的重要参与者。因此，综合时间跨度和国家范围两方面的考量，本节主要采用 ADB 数据进行全球价值链的分析，同时也采用 Eora 数据对非洲国家进行分析。

ADB 的数据一共覆盖 35 个行业。ADB 进一步将其划分成 5 大类，即农业和采矿业、低技术制造业、中高技术制造业、商业服务业、个人和公共服务业。35 个行业和 5 大类行业分组的对照如表 3－1 所示。图 3－6 展示了这 5 类行业的全球价值链参与度。可以看到，基于生产视角的测算方法，农业和采矿业的全球价值链参与度较高，这主要是因为农业和采矿业向其他行业的生产提供很多原材料和初始产品。其次是中高技术制造业，2007—2020 年期间的参与度在 25% 以上。也就是说，在中高技术制造业的生产活动中，超过 1/4 都属于全球价值链生产活动。相较之下，低技术制造业的参与度相对较低，在 10% 左右，即 10% 左右的低技术制造业生产活动是全球价值链活动。此外，将两种服务业进行比较可以发现，商业服务业的参与度（12% 左右）明显高于个人和公共服务业（3% 左右）。这是因为，前者主要是生产性服务业，如交通运输和金融服务等，参与跨境生产的程度更高。

表 3－1　　亚洲开发银行（ADB）数据库所覆盖的行业范围

行业编号	行业名称	行业分组
C1	农林牧渔	农业和采矿业
C2	采矿	农业和采矿业
C3	食品、饮料和烟草	低技术制造业
C4	纺织	低技术制造业
C5	皮革、皮革制品和鞋类	低技术制造业
C6	木材和木材制品	低技术制造业
C7	造纸、纸制品、印刷和出版	低技术制造业
C8	焦炭、精炼石油和核燃料	中高技术制造业
C9	化学品	中高技术制造业
C10	橡胶和塑料	低技术制造业
C11	其他非金属矿物	中高技术制造业
C12	金属和金属制品	中高技术制造业
C13	机械	中高技术制造业
C14	电气和光学设备	中高技术制造业
C15	运输设备	中高技术制造业

续表

行业编号	行业名称	行业分组
C16	其他制造、回收	低技术制造业
C17	电力、燃气、水供应	低技术制造业
C18	建筑	低技术制造业
C19	汽车和摩托车的销售、维护和修理；燃料零售	商业服务业
C20	批发贸易，机动车和摩托车除外	商业服务业
C21	零售贸易，机动车和摩托车除外；家居用品维修	商业服务业
C22	住宿餐饮	商业服务业
C23	内陆运输	商业服务业
C24	水路运输	商业服务业
C25	航空运输	商业服务业
C26	其他辅助运输活动；旅行社的活动	商业服务业
C27	邮电	商业服务业
C28	金融服务	商业服务业
C29	房地产	商业服务业
C30	其他商业活动	商业服务业
C31	公共行政和国防；强制性社会保障	个人和公共服务业
C32	教育	个人和公共服务业
C33	卫生和社会工作	个人和公共服务业
C34	其他社会团体和个人服务	个人和公共服务业
C35	有雇佣人员的私人家庭服务（个体户）	个人和公共服务业

将中高技术制造业和低技术制造业进行细分，2020 年细分行业的全球价值链参与度如图 3-7 和图 3-8 所示。在中高技术制造业中，参与度从高到低依次为：金属和金属制品，化学品，电气和光学设备，焦炭、精炼石油和核燃料，机械，运输设备，其他非金属矿物。在低技术制造业中，参与度从高到低，依次为：橡胶和塑料，木材和木材制品，造纸、纸制品、印刷和出版，纺织，皮革、皮革制品和鞋类，食品、饮料和烟草。

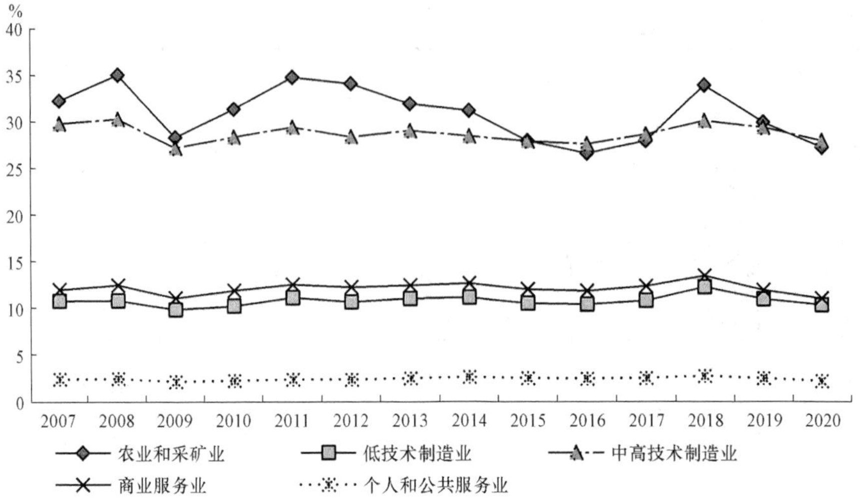

图 3－6　2007—2020 年基于生产视角分解方法的世界全球价值链参与度（五大类行业）

资料来源：亚洲开发银行（ADB）数据库。

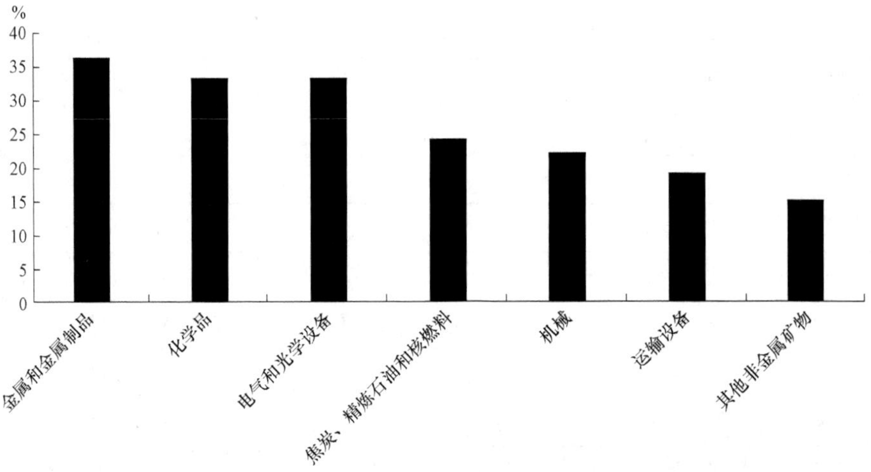

图 3－7　2020 年基于生产视角分解方法的世界全球价值链参与度（中高技术制造业）

资料来源：亚洲开发银行（ADB）数据库。

从覆盖范围来看，截至 2020 年，ADB 数据一共覆盖 63 个国家和地区，其中有一项“世界其他国家和地区”（rest of the world），包括了所有未被列出的国家和地区。在其余 62 个被单独列出的国家和地区中，有 39 个是与中国签署了共建“一带一路”合作协议的国家（即“一带一路”国家），如柬埔寨、印度尼西亚和土耳其等；有 20 个国家尚未签署相关合作协议（即非“一带一路”国家），如澳大利亚、印度、英国和美国等。具体的国家分组如表 3－2 所示。

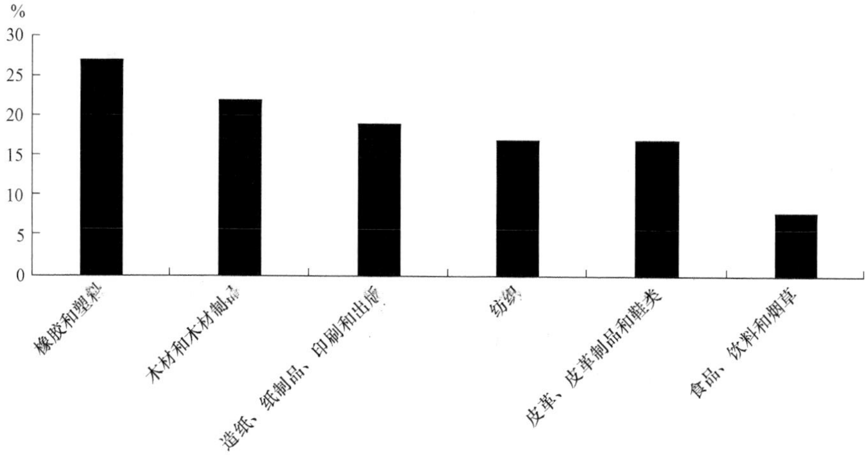

图 3－8　2020 年基于生产视角分解方法的世界全球价值链参与度（低技术制造业）

资料来源：亚洲开发银行（ADB）数据库。

表 3－2　亚洲开发银行（ADB）数据库所覆盖的“一带一路”国家和非“一带一路”国家

分类	国家名
“一带一路”国家（39 个）	奥地利、孟加拉国、文莱、保加利亚、柬埔寨、克罗地亚、塞浦路斯、捷克、爱沙尼亚、斐济、希腊、匈牙利、印度尼西亚、意大利、哈萨克斯坦、吉尔吉斯斯坦、老挝、拉脱维亚、立陶宛、卢森堡、马来西亚、马尔代夫、马耳他、蒙古国、尼泊尔、巴基斯坦、菲律宾、波兰、葡萄牙、韩国、罗马尼亚、俄罗斯、新加坡、斯洛伐克、斯洛文尼亚、斯里兰卡、泰国、土耳其、越南
非“一带一路”国家（20 个）	澳大利亚、比利时、不丹、巴西、加拿大、丹麦、芬兰、法国、德国、印度、爱尔兰、日本、墨西哥、荷兰、挪威、西班牙、瑞典、瑞士、英国、美国

注：“一带一路”国家指和中国签订了“一带一路”共建合作协议的国家。

图 3－9 展示了 2007—2020 年“一带一路”国家与非“一带一路”国家的平均参与度。可以看到，“一带一路”国家的参与度在 20% 以上，非“一带一路”国家的参与度为 16%～18%。“一带一路”国家的参与度明显高于其他国家。

两者的变动趋势较为相似。但是，在 2013 年“一带一路”倡议提出之后，到 2016 年，“一带一路”国家的参与度较为稳定，略有上升趋势，但非“一带一路”国家的参与度有下降态势。之后，2016—2018 年期间，两组国家的参与度都有所上升；2018—2020 年，两组国家的参与度均明显下降，这主要是受到贸易摩擦和疫情的影响。在后续的分析中，本书将聚焦于“一带一路”国家参与全球价值链的情况进行分析。

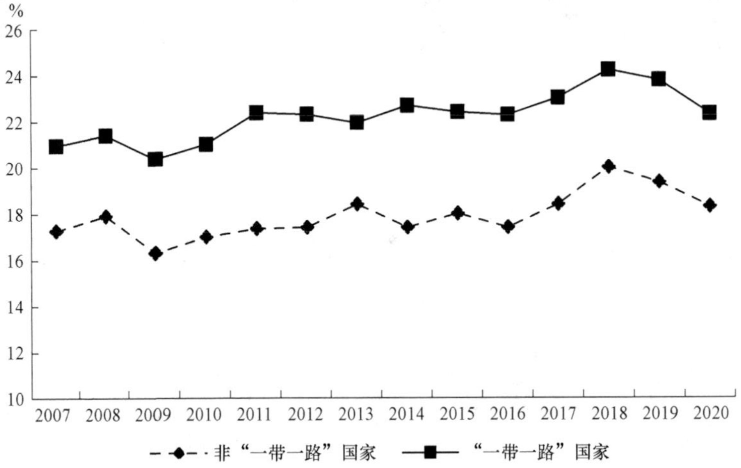

图 3-9　2007—2020 年基于生产视角分解方法的全球价值链参与度（“一带一路”国家与非“一带一路”国家）

资料来源：亚洲开发银行（ADB）数据库。

3.3.2　中国在全球价值链中的参与度和位置

使用 ADB 数据库以及基于生产视角的全球价值链测算方法，对中国整体的全球价值链参与度进行测算，结果如图 3-10 所示。可以看到，在国际金融危机期间，中国的全球价值链参与度明显下降。在经过一个短暂的回升期之后，自 2011 年开始，中国的全球价值链参与度呈下降趋势，从 2011 年的 11% 降至 2020 年的 7%。也就是说，到 2020 年，中国整体的生产活动（GDP）中，有 7% 属于全球价值链生产活动。虽然这个比例看起来较小，也在逐年下降，但是需要注意的是，由于中国的 GDP 增长很快，中国参与全球价值链的绝对规模是在不断扩大的。对于中国的 GDP 规模而言，7% 对应的已经是较大的绝对量了。另外，根据 Kee 和 Tang（2016）的研究，随着中国贸易投资自由化改革的不断推进，中国的国内中间品生产部门不断发展壮大，国内中间品的质量提高，价格也下降，很多国内生产企业选择用国内中间品替代了进口中间品，这在一定程度上导致了全球价值链参与度的下降。但这实际上是中国沿全球价值链升级的一个过程，也就是出口中隐含的国内增加值变多了，从贸易中的实际利得增加。此外，如果是用贸易视角的分解方法，2020 年中国的全球价值链参与度是 32%。换言之，在 2020 年中国的总出口中，32% 属于全球价值链贸易。

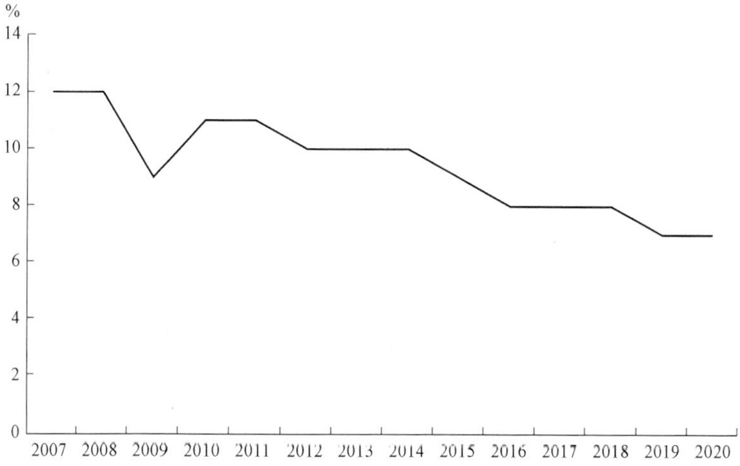

图 3 – 10　2007—2020 年基于生产视角分解方法的中国全球价值链参与度

资料来源：亚洲开发银行（ADB）数据库。

图 3 – 11 展示了基于生产视角的、分五类行业的中国全球价值链参与度。可以看到，在制造业中，中高技术制造业的参与度高于低技术制造业。在服务业中，商业服务业的参与度高于个人和公共服务业。2020 年，中国分行业的全球价值链参与度从高到低，依次为中高技术制造业（12%）、农业和采矿业（9%）、低技术制造业（7%）和商业服务业（7%）、个人和公共服务业（2%）。

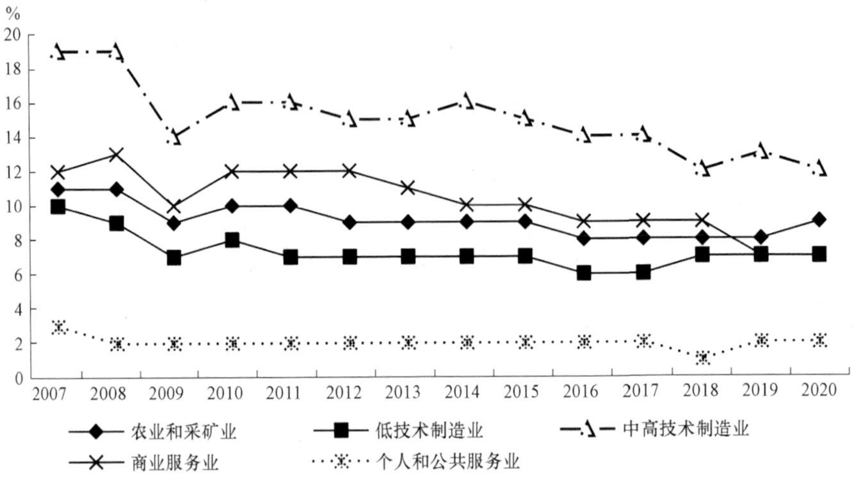

图 3-11　2007—2020 年基于生产视角分解方法的中国全球价值链参与度（五类行业）

资料来源：亚洲开发银行（ADB）数据库。

图 3-12 展示了 2000 年、2010 年和 2020 年中国 35 个行业[①]的全球价值链参与度。将 2010 年的情况与 2000 年相比，发现在 35 个行业中，绝大部分行业的参与度在 2000—2010 年期间都提高了。这说明，在此期间，随着中国加入 WTO，大多数行业都融入了全球生产。然而，将 2020 年的情况与 2010 年相比，在这个十年中，除了少数行业（如电气和光学设备）的参与度得到提升之外，其他大多数行业的参与度都下降了。如上文所述，这与国内生产企业使用更多国内中间品来替代进口中间品有关，也与全球价值链升级过程有关。

除了全球价值链参与度之外，国家或行业在全球价值链上的位置（即位于上游还是下游）也能反映其全球价值链状况。Wang 等（2017）提出了一种度量全球价值链位置的方法，是在测算全球价值链长度的基础上，将全球价值链的前向长度（即到最终消费的距离）除以后向长度（即到原材料的距离）。如果该比例升高，说明该国或该行业向上游移动；如果该比例下降，则说明其向下游移动。图 3-13 展示了中国的全球价值链位置指标在 2007—2020 年期间的情况。可以看到，2012 年之后，中国沿全球价值链向上游移

① ADB 数据库覆盖 35 个行业，具体行业名称如表 3-1 所示。

动。这说明，在价值链上，中国越来越多地承担了价值供应者的角色，而非使用者。换言之，中国越来越多地为其他国家提供增加值，而非使用其他国家的增加值。

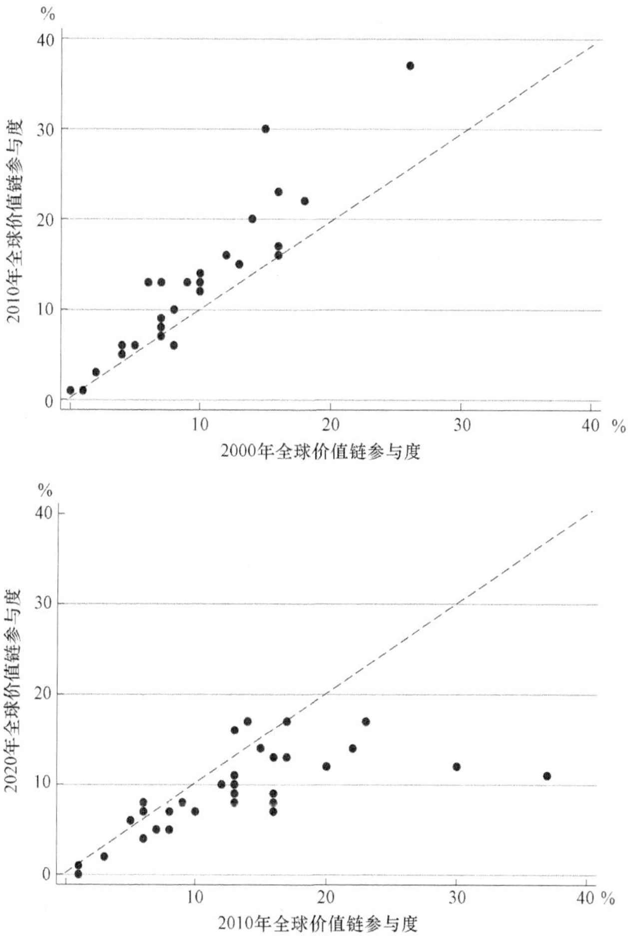

图 3－12　2000 年、2010 年和 2020 年中国的全球价值链参与度（35 个行业）

注：图中的点表示行业。

资料来源：亚洲开发银行（ADB）数据库。

这在一定程度上反映了中国价值链的升级。具体而言，在参与价值链的初期，中国对加工贸易的依赖较强，对从其他国家进口的零部件（也就是其他国家的增加值）的依赖程度也相对较高，中国当时在价值链上主要承担一些低增加值的加工组装活动，距离最终消费较近，主要处于下游的位置。随着加工贸易的转型升级，以及中国中间品生产部门的发展，中国逐渐向上游移动，更多地为其他国家提供零部件等中间品，与最初单纯的加工组装相比，这些零部件的生产会创造更多的增加值。因此，从中国近年的位置变化来看，中国逐步在沿全球价值链升级，这也与中国近年的政策导向相符。中国政府多次提倡要在全球价值链上实现升级。例如，2016 年，中国商务部和国家发展改革委等 7 部门联合发布了《关于加强国际合作提高我国产业全球价值链地位的指导意见》，明确指出要提高中国产业全球价值链地位，并提出了包括产业基金支持政策、财税政策、人才政策、贸易投资便利化政策、金融政策、创新政策等在内的一揽子政策支持框架。

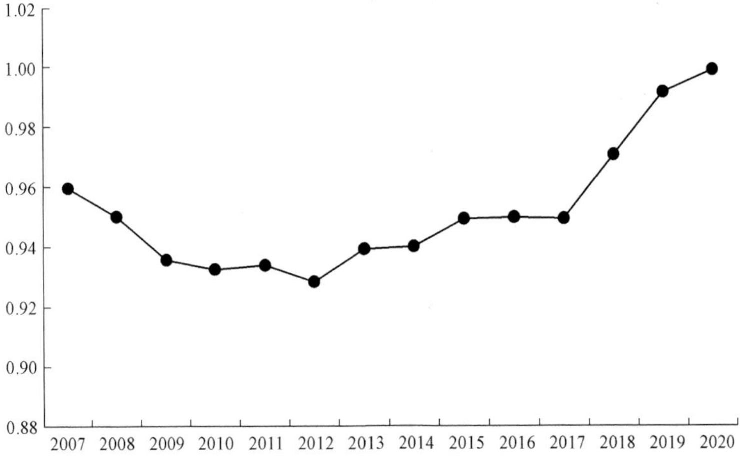

图 3－13　2007—2020 年中国在全球价值链上的位置

资料来源：亚洲开发银行（ADB）数据库。

图 3－14 展示了 2000 年、2010 年和 2020 年中国 35 个行业的全球价值链位置。对 2000 年和 2010 年的全球价值链位置进行比较，发现 2010 年大约 1/3 的行业的全球价值链位置提升（即向上游移动，如食品、饮料和烟草以及金属制品行业），其余行业的全球价值链位置或者基本不变（如木材和木材制品行业），或者下降（即向下游移动，如纺织和机械）。然而，对 2010 年与 2020 年的全球

价值链位置进行比较，发现大部分行业的位置提升（如化学品、橡胶塑料、电气和光学设备），只有少数行业的位置下移（如机械、其他非金属矿物）。这说明，在过去的十年中，大多数行业都沿全球价值链向上游移动，越来越多地成为价值链上的价值供应者而非价值使用者。

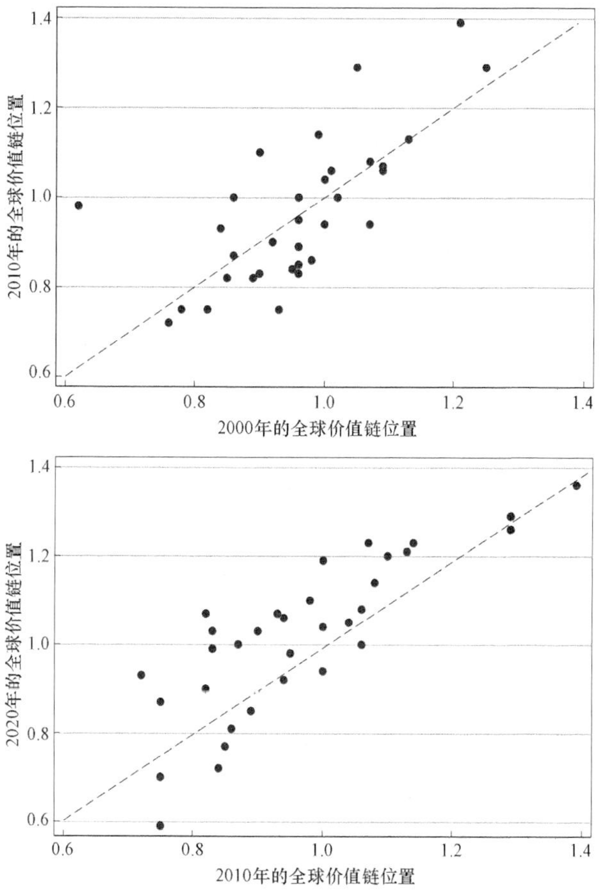

图 3－14　2000 年、2010 年和 2020 年中国 35 个行业在全球价值链上的位置

资料来源：亚洲开发银行（ADB）数据库。

《全球价值链发展报告（2017）》指出，零部件的国际贸易显示，中国已经和美国、德国一起成为全球价值链上的三大生产中心。也有研究指出，这三大中心分别引领着“亚洲工厂”、“北美工厂”和“欧洲工厂”的价值链参与。由此可见，经过过去几十年的对外开放，中国在全球价值链上的参与程度不断加深，地位也逐步提高，已成为价值链上的重要一环。

此外，对外经济贸易大学和联合国工业发展组织联合主编的《全球价值链与工业发展：来自中国、东南亚和南亚的经验》也发现，近年来，中国在其他亚洲经济体参与全球价值链的过程中起到了积极的推动作用。具体而言，一些加工装配的活动从中国转移到了周边工资成本较低的国家，如越南和印度。这种转移不仅发生在低技术密集度的行业（如纺织），也发生在高技术密集度的行业（如计算机、电子和光学产品）。近年来，无论是纺织业，还是计算机、电子和光学产品制造业，印度和越南从中国进口越来越多的中间品，然后进行加工装配，再向世界各国出口最终产品。

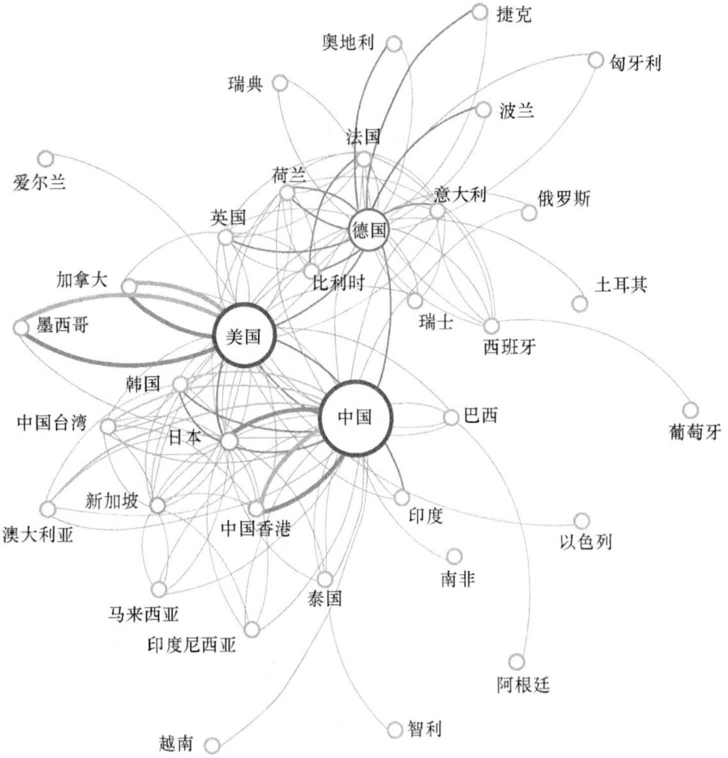

图 3-15　全球价值链的三大生产中心

资料来源：《全球价值链发展报告（2017）》。

3.3.3 “一带一路”国家融入全球价值链的概况

根据上文分析，在 ADB 数据库覆盖的国家中，平均而言，“一带一路”国家的全球价值链参与度要高于非“一带一路”国家。本节将对不同区域的“一带一路”国家参与全球价值链的情况展开具体分析，涵盖亚洲、欧洲和非洲。虽然 ADB 数据库的数据最新可以到 2020 年，但是其覆盖的“一带一路”国家主要分布在亚洲和欧洲（见表 3-3），由于非洲地区很多国家也是“一带一路”倡议的重要参与者，我们将采用覆盖非洲的 Eora 数据库①来分析非洲的全球价值链参与情况。

表 3-3 亚洲开发银行（ADB）数据库的“一带一路”国家及其所处区域

区域	国家
亚洲	孟加拉国、文莱、柬埔寨、印度尼西亚、马来西亚、蒙古国、尼泊尔、巴基斯坦、菲律宾、韩国、新加坡、斯里兰卡、泰国、越南、马尔代夫、老挝、哈萨克斯坦、吉尔吉斯斯坦
欧洲	奥地利、保加利亚、克罗地亚、塞浦路斯、捷克、爱沙尼亚、希腊、匈牙利、意大利、拉脱维亚、立陶宛、卢森堡、马耳他、波兰、葡萄牙、罗马尼亚、俄罗斯、斯洛伐克、斯洛文尼亚、土耳其
其他地区	斐济

1. 亚洲地区的“一带一路”国家

从 ADB 数据库所覆盖的亚洲和欧洲“一带一路”国家的平均情况来看，在国际金融危机之前，亚洲“一带一路”国家平均的全球价值链参与度高于欧洲“一带一路”国家。在国际金融危机之后，亚洲“一带一路”国家的全球价值链参与度较为平稳，略有下降。2010 年其参与度为 21%，而 2020 年为 20%。而在此期间，欧洲“一带一路”国家的平均全球价值链参与度呈上升趋势，直到 2018 年中美贸易摩擦之后开始下降。2010 年，欧洲“一带一路”国家的平均参与度为 21%，到 2020 年升至 25%（见图 3-16）。

① 截至本书写作时，公开可得的 Eora 跨国投入产出表的最新数据是 2015 年。

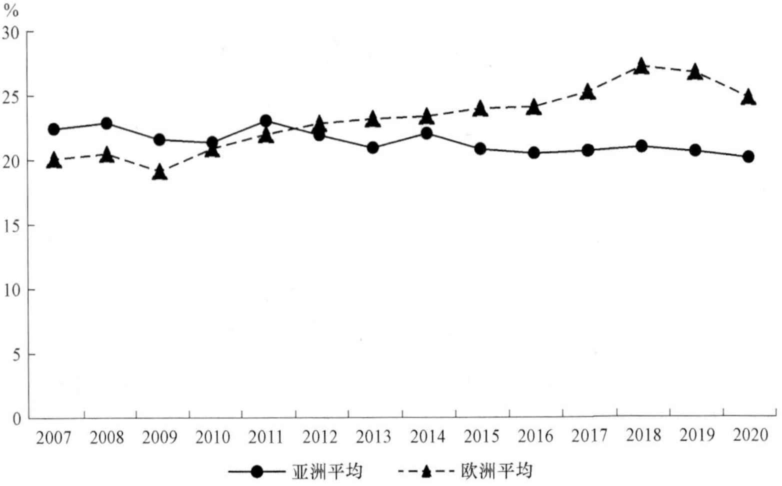

图 3－16　2007—2020 年亚洲和欧洲的“一带一路”国家的全球价值链参与度

资料来源：亚洲开发银行（ADB）数据库。

从五大类行业来看，亚洲的“一带一路”国家参与全球价值链的行业按照参与度从高到低依次为中高技术制造业、农业和采矿业、商业服务业、低技术制造业、个人和公共服务业。2020 年，这五大类行业的参与度分别为 34%、33%、16%、11% 和 3%（见图 3－17）。换言之，在制造业中，在中高技术制造业的生产活动中，属于全球价值链的生产活动更多，而在低技术制造业的生产活动中，跨境生产的部分相对较少。在服务业中，商业服务业（如金融和交通运输）参与全球价值链的程度要高于个人和公共服务业（如教育和国防）。

在亚洲的“一带一路”国家中，除了上述五类行业参与全球价值链的程度存在差异之外，不同国家参与全球价值链的情况也有所不同。我们将这些国家划分为东亚、东南亚、南亚和中亚地区，并计算不同地区的“一带一路”国家参与全球价值链的平均程度，结果如图 3－18 所示。可以看到，2007—2020 年期间，东南亚“一带一路”国家的平均参与度较为稳定，且保持在较高的水平；南亚“一带一路”国家的参与度也较为稳定，但其水平较低，低于亚洲其他三个地区；东亚“一带一路”国家的参与度在波动中呈上升趋势；而中亚“一带一路”国家的参与度呈下降趋势。2020 年，东亚、东南亚、中亚和南亚的“一带一路”国家的平均全球价值链参与度分别为 29%、25%、19%、8%。此外，值得注意的是，与 2019 年相比，2020 年东亚和东南亚地区“一带一路”国家的参与度基本不变，甚至有所上升；但是，中亚和南亚“一带一路”国家的参与度明显下降。这说明，在新冠疫情期间，东亚和东南亚“一带一路”国家的全球价值链参与度呈现了较强的弹性和稳健性；平均而言，并未受到新冠疫情的严重冲击。而中亚和南亚的全球价值链参与度受到了新冠疫情的负面影响。

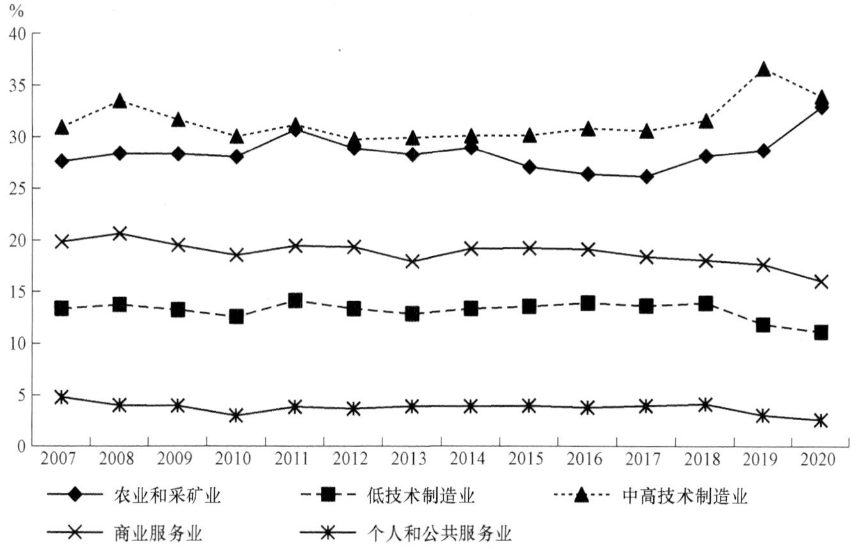

图3-17 2007—2020年亚洲“一带一路”国家的全球价值链参与度（五类行业）

资料来源：亚洲开发银行（ADB）数据库。

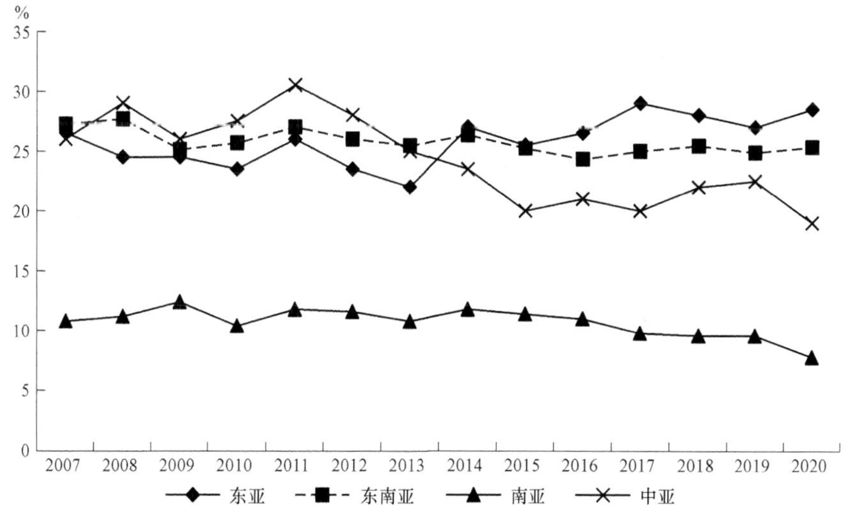

图3-18 2007—2020年亚洲“一带一路”国家的全球价值链参与度

资料来源：亚洲开发银行（ADB）数据库。

（1）东亚的“一带一路”国家

下面将对不同地区的不同国家、不同行业的全球价值链参与情况展开具体分析。图 3－19 展示了东亚的“一带一路”国家在 2010 年和 2020 年的全球价值链参与度。ADB 数据库覆盖蒙古国和韩国这两个东亚的“一带一路”国家。可以看到，在过去的十余年中，即便有疫情的影响，蒙古国的全球价值链参与度仍然大幅增加，从 2010 年的 29% 升至 2020 年的 38%；而韩国的全球价值链参与度也略有提升，从 18% 升至 19%。

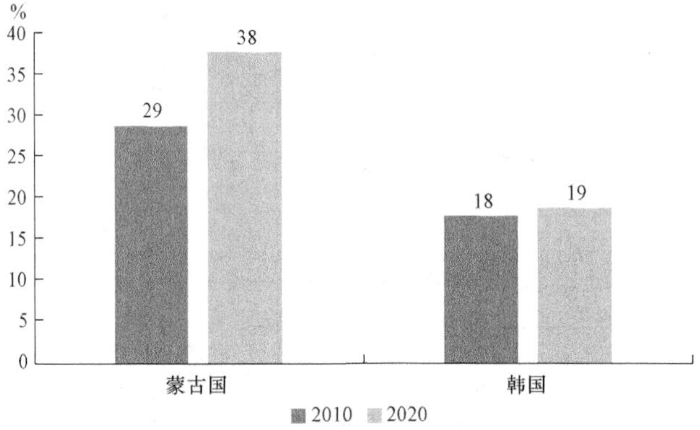

图 3－19　2010 年和 2020 年东亚“一带一路”国家的全球价值链参与度

资料来源：亚洲开发银行（ADB）数据库。

考虑到制造业是参与全球价值链的重点行业（尤其是中高技术制造业），下面聚焦于制造业的细分行业进行分析。表 3－4 展示了东亚“一带一路”国家细分制造业的全球价值链参与度情况。可以看到，在东亚地区，参与全球价值链程度最深的五个行业分别为金属和金属制品，焦炭、精炼石油和核燃料，化学品，电气和光学设备，皮革、皮革制品和鞋类，2020 年这五个行业的参与度分别达到了 69%、49%、46%、38%、36%。其中，金属和金属制品的参与度最高，大约 70%的生产活动都属于全球价值链活动。而参与程度最低的后五个行业分别是运输设备，造纸、纸制品、印刷和出版，纺织，木材和木材制品，食品、饮料和烟草，2020 年这五个行业的参与度分别为 22%、20%、19%、17%、7%。其中，食品、饮料和烟草的价值链参与度最低，2020 年只有 7% 的生产活动涉及跨境生产。此外，在 2010—2020 年期间，大部分制造业的全球价值链参与度都有所提升，如金属和金属制品（提高了 23 个百分点）；少数制造业，如纺织，木材和木材制品，其全球价值链参与度下降。

表 3-4 东亚“一带一路”国家的制造业全球价值链参与度

制造业行业	2010 年参与度	2020 年参与度
金属和金属制品	46%	69%
焦炭、精炼石油和核燃料	41%	49%
化学品	40%	46%
电气和光学设备	27%	38%
皮革、皮革制品和鞋类	25%	36%
橡胶和塑料	36%	35%
机械	20%	27%
其他非金属矿物	24%	26%
其他	21%	25%
运输设备	15%	22%
造纸、纸制品、印刷和出版	16%	20%
纺织	25%	19%
木材和木材制品	19%	17%
食品、饮料和烟草	5%	7%

资料来源：亚洲开发银行（ADB）数据库。

（2）东南亚的“一带一路”国家

图 3-20 展示了东南亚“一带一路”国家的全球价值链参与度。ADB 数据库覆盖了文莱、新加坡、马来西亚、老挝、柬埔寨、越南、泰国、印度尼西亚和菲律宾这 9 个东南亚“一带一路”国家。可以看到，在过去的十年中，不同国家呈现出不同的全球价值链参与度和变化。具体而言，2020 年，按照全球价值链参与度从高到低进行排序，依次为文莱（45%）、新加坡（42%）、马来西亚（31%）、老挝（24%）、柬埔寨（23%）、越南（22%）、泰国（20%）、印度尼西亚（11%）、菲律宾（10%）。也就是说，在所有行业的生产活动中，文莱的全球价值链生产活动份额最高，大约 45% 的生产涉及跨境；而菲律宾对全球价值链的依赖度相对较低，只有 10% 的生产活动属于全球价值链活动。与此同时，

2010—2020 年，一些国家的全球价值链参与度下降，这主要是受到近年来贸易摩擦和新冠疫情的影响，如文莱的参与度从 55% 下降至 45%，印度尼西亚的参与度从 16% 降至 11%；一些国家的参与度基本保持不变，如越南和泰国；也有一些国家的参与度有所提升，如老挝的参与度从 2010 年的 16% 升至 2020 年的 24%，柬埔寨的参与度从 11% 升至 23%。由此可见，在东南亚“一带一路”国家中，不同国家融入全球价值链的程度存在差异，而且其变化也有所不同。

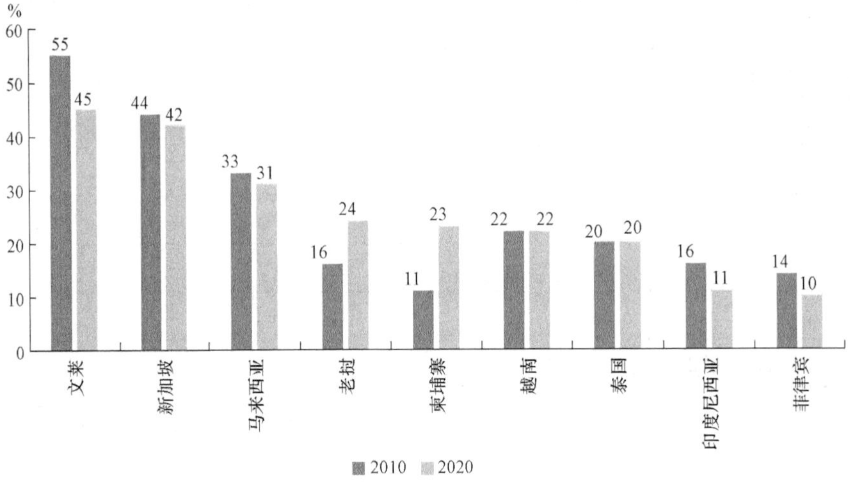

图 3-20　2010 年和 2020 年东南亚“一带一路”国家的全球价值链参与度

资料来源：亚洲开发银行（ADB）数据库。

表 3-5 展示了东南亚“一带一路”国家制造业细分行业的全球价值链参与度。从 2020 年的情况来看，参与全球价值链程度最高的五个行业分别为金属和金属制品（67%）、化学品（60%）、木材和木材制品（58%）、电气和光学设备（45%）、机械（41%）；而参与度最低的五个行业分别为运输设备（20%），其他（17%），皮革、皮革制品和鞋类（16%），纺织（15%），食品、饮料和烟草（13%）。与表 3-4 东亚的情况相比，可以看到，东南亚“一带一路”国家参与全球价值链的重点行业与东亚存在差异。例如，东南亚地区木材和木材制品以及机械行业参与全球价值链的程度较高，排名前五；但东亚地区这两个行业的参与度较低，并不是融入全球价值链的主要行业。

表 3-5　　东南亚“一带一路”国家的制造业全球价值链参与度

制造业行业	2010 年参与度	2020 年参与度
金属和金属制品	30%	67%
化学品	42%	60%
木材和木材制品	30%	58%
电气和光学设备	33%	45%
机械	19%	41%
焦炭、精炼石油和核燃料	39%	40%
造纸、纸制品、印刷和出版	35%	40%
橡胶和塑料	36%	36%
其他非金属矿物	23%	22%
运输设备	15%	20%
其他	15%	17%
皮革、皮革制品和鞋类	9%	16%
纺织	14%	15%
食品、饮料和烟草	16%	13%

资料来源：亚洲开发银行（ADB）数据库。

此外，从 2010 年到 2020 年的变化来看，除了少数行业的参与度略有下降（非金属矿物与食品、饮料和烟草）或者不变（橡胶和塑料）之外，其他大多数行业的参与度都明显提升。例如，金属和金属制品行业的参与度提高了 37 个百分点，机械行业的参与度提升了 22 个百分点。换言之，对于东南亚的“一带一路”国家而言，在过去的十年中，大部分制造业行业都越来越多地融入了全球价值链的生产活动中。

（3）南亚的“一带一路”国家

图 3-21 展示了南亚“一带一路”国家的全球价值链参与度。ADB 数据库覆盖了马尔代夫、尼泊尔、巴基斯坦、斯里兰卡和孟加拉国这五个南亚的“一带一路”国家。从 2020 年的情况来看，按照全球价值链参与度从高到低依次为马尔代夫（25%）、尼泊尔（4%）、巴基斯坦（4%）、斯里兰卡（4%）和孟加拉国（2%）。其中，马尔代夫的全球价值链参与度较高，可能是因为它主要依靠

旅游业和船运业等外向型经济产业和服务业，整体经济对进出口的依赖度较高。将其余的南亚“一带一路”国家与东亚和东南亚进行比较，可以发现南亚国家的全球价值链参与度还处于较低的水平。2020 年，对于尼泊尔、巴基斯坦和斯里兰卡而言，在其所有行业的生产活动中，仅有 4% 涉及跨境生产，属于全球价值链范畴；而对于孟加拉国而言，只有 2% 的生产活动是全球价值链活动。此外，在 2010—2020 年期间，除了尼泊尔的全球价值链参与度保持不变以外，其他国家（即马尔代夫、巴基斯坦、斯里兰卡、孟加拉国）的全球价值链参与度均下降。

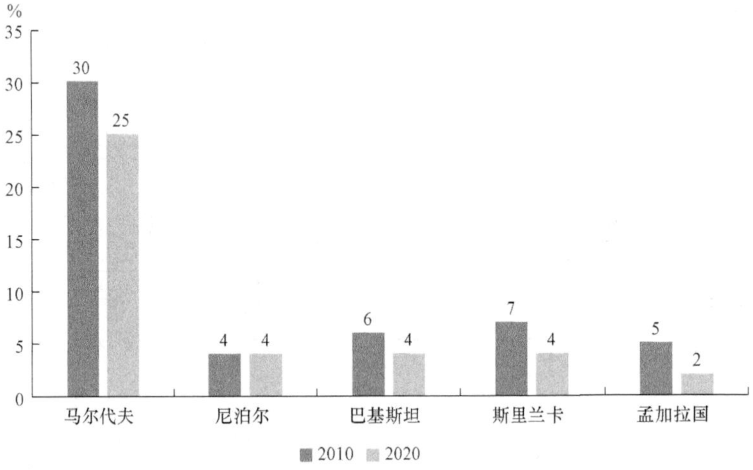

图 3－21　2010 年和 2020 年南亚“一带一路”国家的全球价值链参与度

资料来源：亚洲开发银行（ADB）数据库。

从制造业细分行业来看，表 3－6 展示了上述南亚“一带一路”国家制造业的全球价值链参与度。2020 年，参与度排名前五的行业依次为金属和金属制品（26%），纺织（17%），皮革、皮革制品和鞋类（16%），橡胶和塑料（15%），电气和光学设备（12%）；而参与度最低的五个行业分别为化学品（7%），焦炭、精炼石油和核燃料（7%），食品、饮料和烟草（7%），木材和木材制品（4%），其他非金属矿物（4%）。通过南亚、东亚、东南亚的比较可以发现，不同地区的“一带一路”国家有着不同的全球价值链重点行业。而且，对于南亚的“一带一路”国家而言，在 2010—2020 年期间，除了少数行业的全球价值链参与度提升之外（如金属和金属制品，皮革、皮革制品和鞋类），其他大部分行业的参与度都有所下降（如纺织，焦炭、精炼石油和核燃料）。

表3-6　　南亚“一带一路”国家的制造业全球价值链参与度

制造业行业	2010年参与度	2020年参与度
金属和金属制品	6%	26%
纺织	22%	17%
皮革、皮革制品和鞋类	9%	16%
橡胶和塑料	12%	15%
电气和光学设备	5%	12%
机械	2%	12%
造纸、纸制品、印刷和出版	12%	10%
其他	10%	9%
运输设备	7%	9%
化学品	7%	7%
焦炭、精炼石油和核燃料	14%	7%
食品、饮料和烟草	10%	7%
木材和木材制品	10%	4%
其他非金属矿物	7%	4%

资料来源：亚洲开发银行（ADB）数据库。

（4）中亚的“一带一路”国家

图3-22展示了中亚地区“一带一路”国家参与全球价值链的情况。ADB数据库覆盖哈萨克斯坦和吉尔吉斯斯坦这两个中亚“一带一路”国家。其中，哈萨克斯坦的全球价值链参与度高于吉尔吉斯斯坦。具体而言，2020年，哈萨克斯坦的参与度是24%，而吉尔吉斯斯坦的参与度是14%。但是，在2010—2020年期间，这两个国家的参与度都有所下降，其中哈萨克斯坦的参与度下降了12个百分点，而吉尔吉斯斯坦下降了5个百分点。

从制造业的细分行业来看，表3-7展示了上述两个中亚国家的行业参与度。

按照参与度从高到低进行排序，前五名行业依次为化学品（62%），皮革、皮革制品和鞋类（57%），焦炭、精炼石油和核燃料（55%），金属和金属制品（54%），运输设备（33%）；后五名行业为木材和木材制品（17%），纺织（15%），电气和光学设备（6%），食品、饮料和烟草（6%），其他（5%）。从参与度的变化来看，化学品，运输设备，其他非金属矿物，橡胶和塑料，皮革、皮革制品和鞋类等行业的参与度在2010—2020年期间大幅提升，分别提高了35个、24个、19个、18个、17 个百分点；而金属和金属制品以及纺织经历了参与度下降的过程，分别下降了10个和5个百分点。

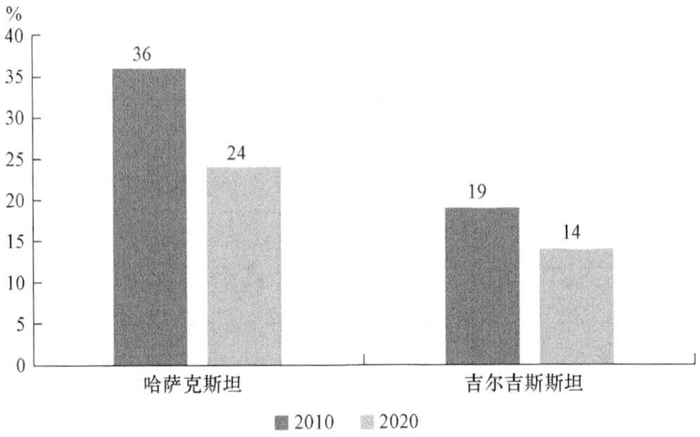

图 3－22　2010 年和 2020 年中亚“一带一路”国家的全球价值链参与度

资料来源：亚洲开发银行（ADB）数据库。

表 3－7　　中亚“一带一路”国家的制造业全球价值链参与度

制造业行业	2010 年参与度	2020 年参与度
化学品	27%	62%
皮革、皮革制品和鞋类	40%	57%
焦炭、精炼石油和核燃料	44%	55%
金属和金属制品	64%	54%
运输设备	9%	33%
橡胶和塑料	13%	31%
其他非金属矿物	9%	28%
机械	21%	24%

续表

制造业行业	2010 年参与度	2020 年参与度
造纸、纸制品、印刷和出版	17%	23%
木材和木材制品	9%	17%
纺织	20%	15%
电气和光学设备	6%	6%
食品、饮料和烟草	5%	6%
其他	7%	5%

资料来源：亚洲开发银行（ADB）数据库。

2. 欧洲地区的“一带一路”国家

对于欧洲的“一带一路”国家，首先对其行业融入全球价值链的程度进行分析。图 3-23 展示了五类行业的参与度。按照参与度从高到低，依次为中高技术制造业、农业和采矿业、商业服务业、低技术制造业、个人和公共服务业；2020 年这五类行业的参与度分别为 48%、38%、26%、25% 和 6%。与亚洲“一带一路”国家的情况相似，欧洲的“一带一路”国家也是中高技术制造业的全球价值链参与度要高于低技术制造业，商业服务业的参与度高于个人和公共服务业。

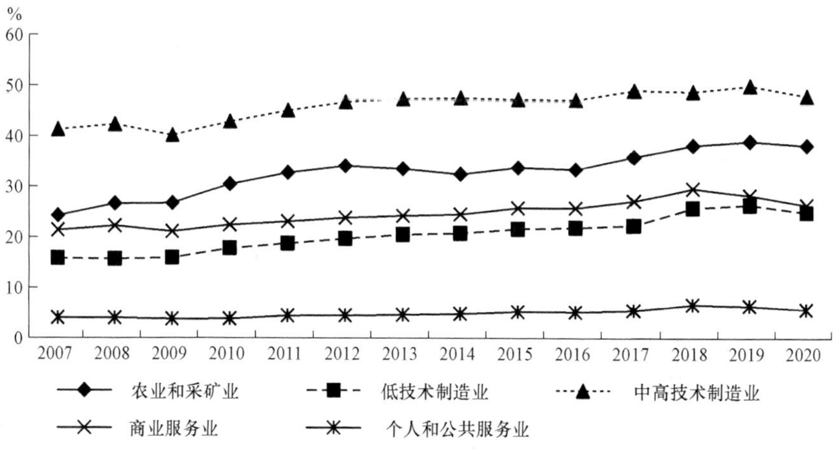

图 3-23 2007—2020 年欧洲“一带一路”国家的全球价值链参与度（五类行业）

资料来源：亚洲开发银行（ADB）数据库。

可以进一步将欧洲的“一带一路”国家划分为东欧和西欧①。图 3－24 展示了东欧和西欧“一带一路”国家平均全球价值链参与度。可以看到，在国际金融危机之前，东欧和西欧“一带一路”国家的全球价值链参与度并无显著差异；在国际金融危机之后，东欧的参与度呈上升趋势，而且高于西欧的参与度。近两年来，受到全球贸易保护主义和新冠疫情的影响，东欧和西欧的参与度都开始下降，而且两者水平相近。本节后续将对这两个地区“一带一路”国家及其行业的全球价值链参与情况展开具体分析。

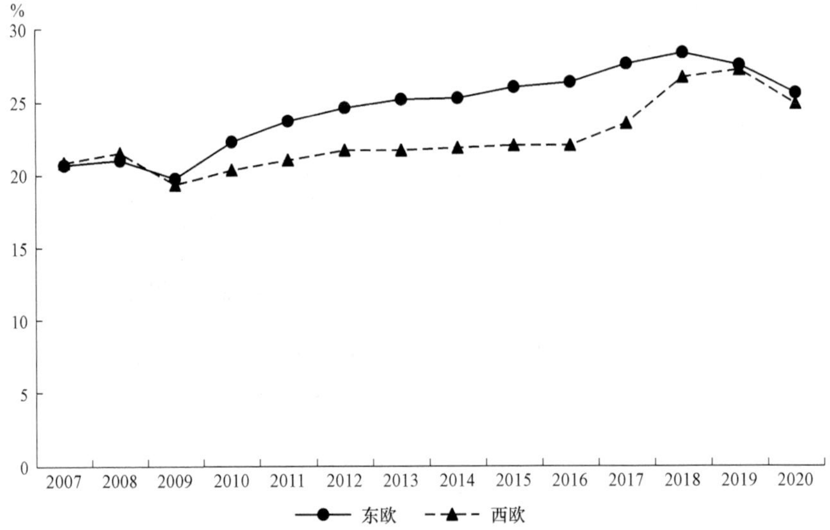

图 3－24　2007—2020 年东欧和西欧“一带一路”国家的全球价值链参与度

资料来源：亚洲开发银行（ADB）数据库。

（1）东欧的“一带一路”国家

在 ADB 数据库覆盖的欧洲“一带一路”国家中，东欧国家包括保加利亚、克罗地亚、捷克、爱沙尼亚、匈牙利、拉脱维亚、立陶宛、波兰、罗马尼亚、俄罗斯、斯洛伐克、斯洛文尼亚。图 3－25 展示了这些国家的全球价值链参与度。按照 2020 年参与度从高到低进行排序，依次为斯洛文尼亚（34%）、立陶宛（31%）、拉脱维亚（31%）、匈牙利（27%）、爱沙尼亚（27%）、保加利亚（26%）、

① 欧洲广义上分为东欧和西欧。具体国家划分参见联合国网站：https://www.un.org/dgacm/en/content/regional-groups。

捷克（26%）、斯洛伐克（24%）、克罗地亚（21%）、波兰（21%）、俄罗斯（21%）、罗马尼亚（18%）。在 2010—2020 年期间，上述国家中的大部分全球价值链参与度有所提升，例如斯洛文尼亚的参与度提高了 12 个百分点，波兰的参与度提高了 3 个百分点。只有少数国家的参与度下降，即爱沙尼亚和俄罗斯，分别下降了 1 个百分点和 3 个百分点。也就是说，尽管受到贸易摩擦和新冠疫情的影响，但大部分东欧“一带一路”国家 2020 年参与全球价值链的程度高于十年前。

表 3－8 展示了上述东欧国家的制造业分行业的全球价值链参与度。按照 2020 年的参与度从高到低进行排序，参与度最高的五个行业依次为木材和木材制品（68%）、橡胶和塑料（66%）、金属和金属制品（64%）、化学品（58%）、其他非金属矿物（53%）；参与度最低的五个行业是其他（33%），运输设备（31%），纺织（30%），皮革、皮革制品和鞋类（24%），食品、饮料和烟草（16%）。将 2010 年和 2020 年的行业参与度进行比较，可以发现，大多数行业的参与度都有所提升，例如木材和木材制品的参与度在 2010—2020 年期间提高了 11 个百分点，其他非金属矿物的参与度提高了 13 个百分点。在这些制造业行业中，只有运输设备这一个行业的参与度下降了 6 个百分点。

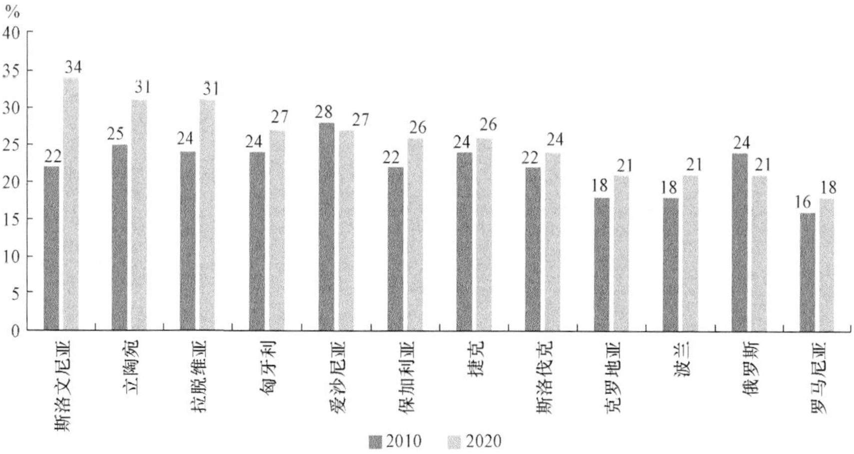

图 3－25　2010 年和 2020 年东欧“一带一路”国家的全球价值链参与度

资料来源：亚洲开发银行（ADB）数据库。

表 3-8　　东欧“一带一路”国家的制造业全球价值链参与度

制造业行业	2010 年参与度	2020 年参与度
木材和木材制品	57%	68%
橡胶和塑料	54%	66%
金属和金属制品	60%	64%
化学品	49%	58%
其他非金属矿物	40%	53%
造纸、纸制品、印刷和出版	39%	52%
电气和光学设备	39%	49%
焦炭、精炼石油和核燃料	——	44%
机械	37%	39%
其他	22%	33%
运输设备	37%	31%
纺织	24%	30%
皮革、皮革制品和鞋类	16%	24%
食品、饮料和烟草	8%	16%

资料来源：亚洲开发银行（ADB）数据库。

（2）西欧的“一带一路”国家

在 ADB 数据库覆盖的欧洲“一带一路”国家中，西欧国家包括奥地利、希腊、意大利、卢森堡、马耳他和葡萄牙。图 3-26 展示了这些国家的全球价值链参与度。按照 2020 年参与度从高到低排序依次为卢森堡（50%）、马耳他（36%）、奥地利（23%）、葡萄牙（15%）、希腊（13%）、意大利（12%）。其中，卢森堡的全球价值链参与度最高，一半的生产活动都涉及跨境生产；意大利的参与度最低，只有 12% 的生产活动属于全球价值链活动。将 2010 年和 2020 年的参与度进行比较，可以发现上述所有西欧国家的参与度都得到了提高。例如，卢森堡的参与度提高了 5 个百分点，意大利的参与度提高了 2 个百分点。也就是说，在过去的十年中，尽管全球价值链的发展有所波动，但从整体来看，西欧“一带一路”国家都越来越多地融入全球价值链生产。

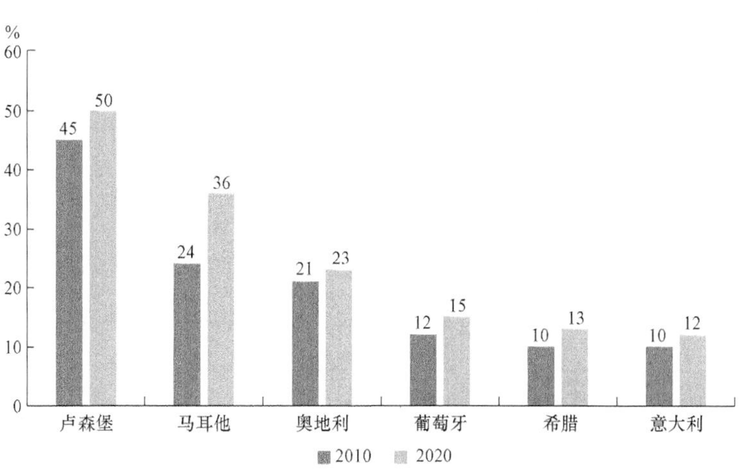

图 3－26 2010 年和 2020 年西欧“一带一路”国家的全球价值链参与度

资料来源：亚洲开发银行（ADB）数据库。

表 3－9 展示了上述西欧国家的制造业分行业参与全球价值链的情况。按照 2020 年行业参与度从高到低进行排序，参与度最高的前五名是橡胶和塑料（66%）、金属和金属制品（59%）、化学品（58%）、电气和光学设备（58%）、木材和木材制品（52%）；参与度最低的后五名是机械（31%），皮革、皮革制品和鞋类（26%），运输设备（23%），其他（20%），食品、饮料和烟草（9%）。将表 3－9 与表 3－8 进行比较，可以发现，东欧和西欧的全球价值链重点行业存在一些差异。例如，电气和光学设备是西欧“一带一路”国家参与全球价值链的主要行业，但其在东欧的重要程度有所下降。然而，东欧和西欧的全球价值链行业分布也有相同之处。例如，木材和木材制品、橡胶和塑料、金属和金属制品、化学品在东欧和西欧都是全球价值链重点行业。

表 3－9 西欧“一带一路”国家的制造业全球价值链参与度

制造业行业	2010 年参与度	2020 年参与度
橡胶和塑料	58%	66%
金属和金属制品	51%	59%
化学品	44%	58%
电气和光学设备	45%	58%
木材和木材制品	41%	52%

续表

制造业行业	2010年参与度	2020年参与度
造纸、纸制品、印刷和出版	44%	52%
纺织	30%	45%
其他非金属矿物	36%	42%
焦碳、精炼石油和核燃料	38%	40%
机械	32%	31%
皮革、皮革制品和鞋类	30%	26%
运输设备	32%	23%
其他	17%	20%
食品、饮料和烟草	6%	9%

资料来源：亚洲开发银行（ADB）数据库。

3. 非洲地区的“一带一路”国家

如上文所述，对于非洲地区，我们采用 Eora 数据库进行分析。在本书写作时，虽然 Eora 数据库的最新数据仅到 2015 年，但其国家覆盖面较广，覆盖大多数非洲国家和地区。该数据库覆盖的非洲“一带一路”国家如表 3-10 所示。

表 3-10　　Eora 数据库覆盖的非洲“一带一路”国家

非洲“一带一路”国家	苏丹、南非、塞内加尔、塞拉利昂、索马里、喀麦隆、南苏丹、塞舌尔、几内亚、加纳、赞比亚、加蓬、纳米比亚、毛里塔尼亚、安哥拉、吉布提、埃塞俄比亚、肯尼亚、尼日利亚、乍得、刚果（布）、津巴布韦、阿尔及利亚、坦桑尼亚、布隆迪、佛得角、乌干达、冈比亚、多哥、卢旺达、摩洛哥、马达加斯加、突尼斯、利比亚、埃及、莫桑比克、科特迪瓦

图 3-27 展示了非洲“一带一路”国家的全球价值链参与度。可以看到，在国际金融危机之后，这些国家的参与度有所提升，但之后又下降。2015 年，平均而言，参与度为 26%。也就是说，在非洲的“一带一路”国家的生产活动中，大约 1/4 属于跨境生产，即全球价值链活动。考虑到非洲地区的经济发展水平以及国家之间较大的发展差异，这一参与度水平已经不低了。

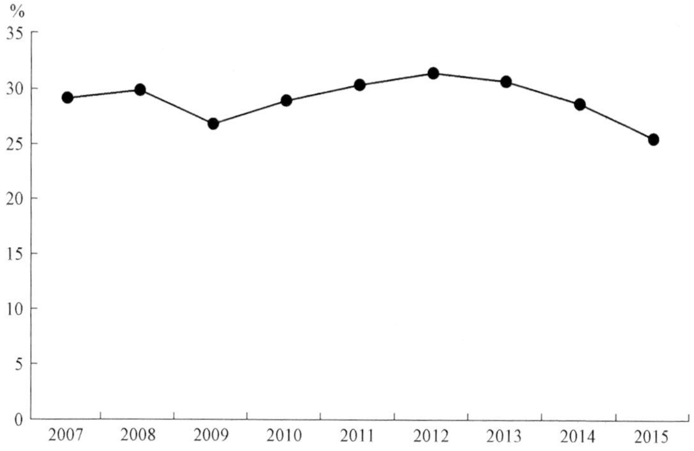

图 3－27　2007—2015 年非洲“一带一路”国家的全球价值链参与度

资料来源：Eora 数据库。

根据联合国的分类，非洲可以进一步划分为北非、西非、东非、中非、南非五个地区①。下面将分别考察这五个地区“一带一路”国家的全球价值链参与情况。

图 3－28 展示了北非“一带一路”国家的全球价值链参与度。可以看到，在北非地区，利比亚、突尼斯和阿尔及利亚的全球价值链参与度较高，30% 以上的生产活动属于全球价值链活动。在摩洛哥，23% 的生产活动涉及跨境生产。在埃及，12% 的生产活动是全球价值链活动。而苏丹的全球价值链参与度较低，2015 年仅为 5%。在 2010—2015 年期间，整体来看，上述北非国家的价值链参与度变化不大。

图 3－29 展示了西非“一带一路”国家的全球价值链参与度。其中，毛里塔尼亚、多哥、几内亚、佛得角的参与度较高，30% 以上的生产活动属于全球价值链范畴；其次是科特迪瓦和塞拉利昂，20% 以上的生产活动是全球价值链活动；最后是塞内加尔、加纳和尼日利亚，全球价值链参与度在 15% 和 20% 之间。在 2010—2015 年期间，除了塞内加尔的参与度略有提升之外，其他国家的参与度或者不变或者下降。

① 具体的划分和国家，参见：https://www.worldatlas.com/geography/regions-of-africa.html。

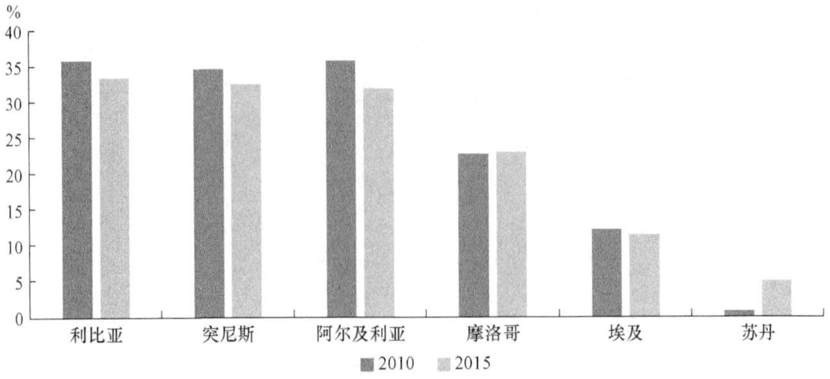

图 3－28　2010 年和 2015 年北非“一带一路”国家的全球价值链参与度

资料来源：Eora 数据库。

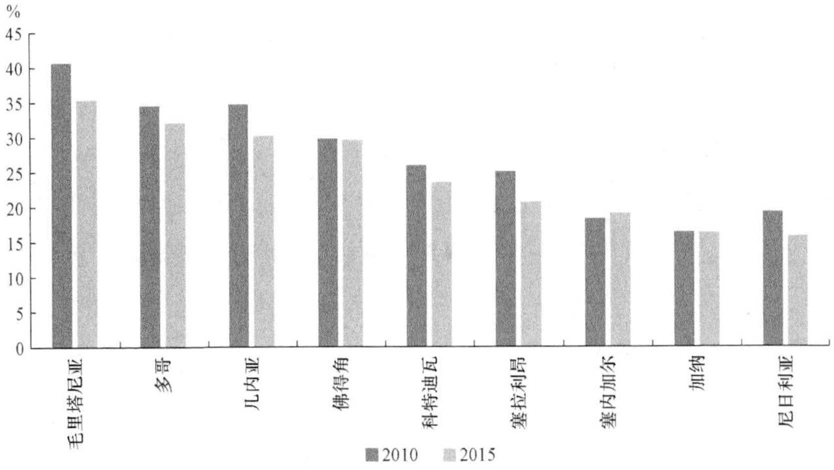

图 3－29　2010 年和 2015 年西非“一带一路”国家的全球价值链参与度

资料来源：Eora 数据库。

图 3－30 展示了中非“一带一路”国家的全球价值链参与度。除了乍得的参与度低于 20% 以外，其他国家［刚果（布）、加蓬、安哥拉和喀麦隆］的参与度均在 20% 以上。换言之，在这些国家的生产活动中，有至少 20% 涉及跨境生产。

图 3－31 展示了东非“一带一路”国家的全球价值链参与度。其中，埃塞俄比亚的参与度最高，2015 年为 64%；其次是坦桑尼亚和塞舌尔，有一半以上的生产活动是跨境生产；然后是吉布提、马达加斯加、津巴布韦、赞比亚、

肯尼亚，参与度在20%至30%之间；接着是布隆迪、卢旺达、乌干达、莫桑比克、索马里，参与度在10%至20%之间；参与度最低的是南苏丹，2015年仅为6%。

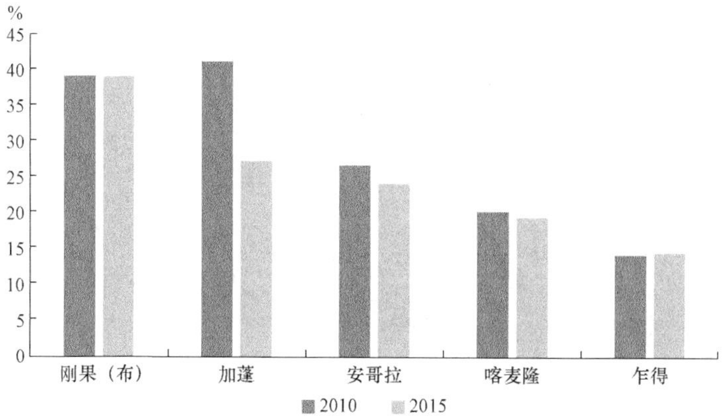

图3-30　2010年和2015年中非“一带一路”国家的全球价值链参与度

资料来源：Eora数据库。

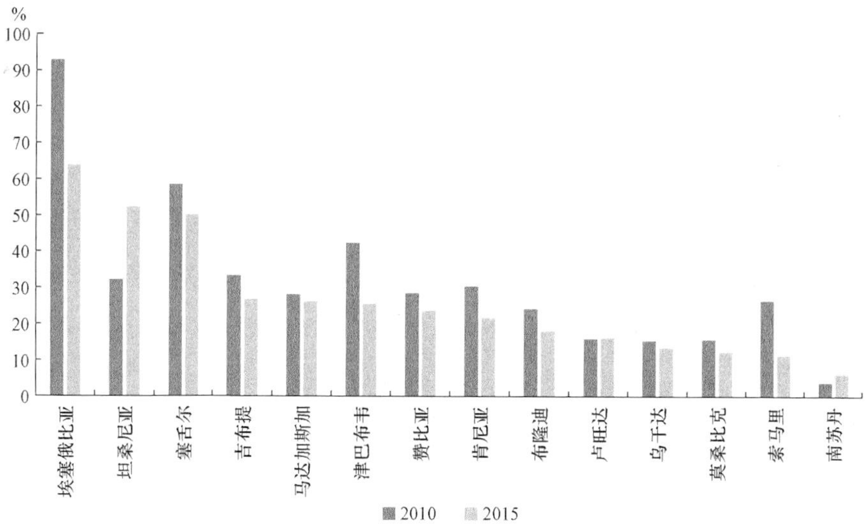

图3-31　2010年和2015年东非“一带一路”国家的全球价值链参与度

资料来源：Eora数据库。

图3-32展示了南非地区“一带一路”国家的全球价值链参与度，包括南非和纳米比亚两个国家。可以看到，南非的全球价值链参与度高于纳米比亚。2015年，南非的参与度是38%，而纳米比亚的参与度是29%。

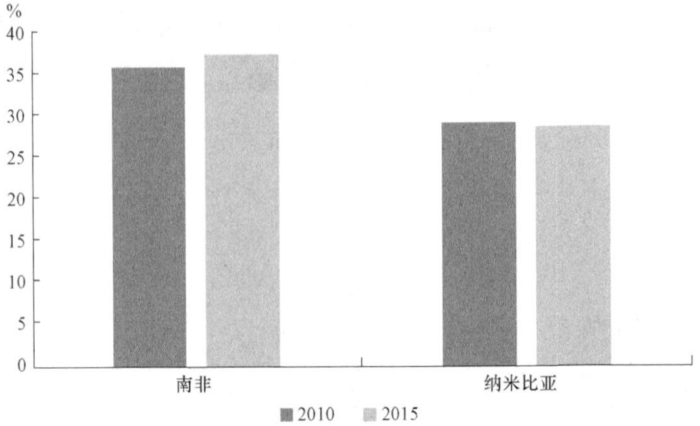

图 3-32　2010 年和 2015 年南非“一带一路”国家的全球价值链参与度

资料来源：Eora 数据库。

通过上述分析可以发现，不同的非洲“一带一路”国家，其全球价值链参与程度存在明显差异。即便是非洲内部经济发展水平较高的国家之间，全球价值链参与度也有较大区别。例如，2015 年非洲内部 GDP 排名前列的“一带一路”国家为尼日利亚、南非、埃及、阿尔及利亚、安哥拉、摩洛哥、肯尼亚、埃塞俄比亚、苏丹、加纳、坦桑尼亚，而它们在 2015 年的全球价值链参与度依次为 16%、38%、12%、32%、24%、23%、22%、64%、5%、16%、52%。另外，受到数据的限制，我们无法观察到非洲的一些基础设施项目建成之后相关国家全球价值链参与度的变化，如 2018 年开始运营的、连接埃塞俄比亚和吉布提的亚吉铁路对这两个国家全球价值链参与度的影响。但是，考虑到基础设施项目的联通作用，对相关国家的参与度应有促进作用。关于这一点，我们将在下一章展开分析。

第 4 章

"一带一路"基础设施与全球价值链

4.1 全球价值链发展的影响因素

4.1.1 基础设施

基础设施的改善有助于促进贸易和经济增长。基础设施条件的不断完善有助于降低一国内陆地区到边境港口的运输成本，减少运输时间，降低贸易成本，进而增强产品在国际市场上的竞争力。具体来看，基础设施对企业出口成本的影响可以分为两个方面：一方面，基础设施可以降低企业出口的固定成本，各项基础设施的完善减少了出口过程中的运输成本和通信成本，也降低了风险和不确定性，从而促进更多企业选择出口，这通常是一国出口企业数目的增加，也称为企业出口扩展边际的变化；另一方面，基础设施可以减少出口企业的可变成本，减少企业的库存以及相关成本，在固定成本给定的情况下，可以增加企业的出口规模，这也称为企业出口集约边际的变化（盛丹等，2011）。企业的扩展边际和集约边际的变化，会影响企业的全球价值链参与水平，进而影响一国的全球价值链融入情况。

基础设施条件既包括国家之间的基础设施连通条件，也包括一国内部的基础设施情况。前者影响国家之间的连通性，后者影响国内的连通性。两者均会影响全球价值链的参与。亚洲基础设施投资银行（AIIB）在 2021 年发布的《可持续的全球价值链》报告中指出，基础设施的水平在很大程度上影响着一国在全球价值链上的参与度；而且，越复杂的产品和行业，在融入全球价值链的时候，越需要较为完善的基础设施，因为这些产品和行业往往需要多次运输不同的中间品和原材料来进行生产；另外，国内交通网络的完善，有助于缩小一国内部参与全球价值链的区域不平衡程度，例如，中国高速公路网络的快速构建以及中欧班列运营带来的辐射作用，帮助了中西部地区参与全球价值链，减少了中国东部和中西部之间的不均等。

从国家之间的连通性来看，张中元（2019）经过实证检验，发现基础设施的互联互通水平促进了各国在全球价值链中的前向垂直专业化参与率以及垂直专业化深度。但是，基础设施并不是影响全球价值链参与度的唯一要素，贸易伙伴之间的技术差距和制度质量差距等因素，会影响物流质量和双边联通变量对全球价值链参与度的边际影响。卢潇潇和梁颖（2020）基于“一带一路”的框架，分析发现基础设施建设可以促进一国产生“打破现有分工格局、向价值链高位攀升”的诉求，而中国在基础设施领域有较为明显的比较优势和市场潜力，“一带一路”沿线国家也有潜在的基础设施建设的需求，中国与沿线国家加强基础设施建设合作，有助于推动全球价值链的重构。戴翔和宋婕（2021）发现，“一带一路”倡议中的设施联通，与政策沟通、贸易畅通和资金融通一起，显著促进了沿线国家全球价值链的分工，有优化全球价值链的效应。

从国内的连通性来看，白重恩和冀东星（2018）实证检验了中国1998—2007年大规模建设的国道主干线对出口的影响，他们使用基于地理特征构建的施工成本最低的公路网络，作为实际国道主干线的工具变量，解决了实证研究的内生性问题。他们的研究结果显示，与国道主干线连接的地区以及与国道主干线距离近的地区，有更高的出口增长率。同时，黄玖立和徐旻鸿（2012）发现，中国境内的运输成本显著制约了地区出口贸易，尤其是制约了出口产品的数目。对此，他们建议，减免公路通行费用等降低境内运输成本的措施有助于改善中国内陆地区的出口模式，进而从整体上改善中国的出口结构。盛丹等（2011）也认为，中国的基础设施建设对中国贸易增长的影响主要体现在扩展边际而不是集约边际上；而且，对内资企业的影响更大。由此可见，改善中国的基础设施，包括提升基础设施的可得性、提高基础设施的质量、降低交通运输和沟通的成本，有助于促进中国的出口贸易和全球价值链发展。其他国家的情况也是类似的。例如，Cosar 和 Demir（2016）发现，土耳其在 2003—2012 年的公路建设，降低了内陆地区和边境口岸的运输成本，促进了出口增长。

值得一提的是，为促进中国与欧洲的贸易往来，从 2011 年开始，重庆率先启动了中欧班列的建设。此后，多个城市（如成都、苏州、郑州、西安和东莞等）均开通了中欧班列。这极大地促进了中欧班列城市及其周边地区的贸易。例如，在开设中欧班列之前，重庆的企业需要将货物先运输到东部的港口城市，再向西运到欧洲，相当于先向东再向西，存在路线的迂回。中欧班列开通之后，重庆生产的笔记本电脑等产品，可以直接向西运往欧洲，而且铁路运输的时间相较于海运时间更短，更具时效性。在政府补贴的情况下，铁路运输的成本也可承受。周学仁和张越（2021）利用中欧班列的相关数据和中国城市层面的进出口数据，采用双重差分法，实证检验了中欧班列开通的贸易效应，发现开通城市的进口和出口均显著增长，补贴激励和市场引力是影响的中间机制。而且，在没有班列补贴的情况下，班列开通数量的增加仍可促进开通城市的贸易增长，这为 2018 年之后的补贴退坡效应提供了参考。此外，中西部城市开通中欧班列受到的影响更大，这可能是因为，不同于东部城市邻近港口有先天基础设施优势，中西部城市的基础设施情况相对较差，而中欧班列的开通为其提供了一个新渠道，有助于促进中国整体贸易的平衡发展。由于其中大量的贸易品是中间品，这对全球价值链的均衡发展、对中西部地区融入全球价值链也有重要意义。张祥建等（2019）发现，中欧班列显著促进了中国内陆地区的贸易增长，中欧班列的开通，不仅降低了运输成本等贸易成本，也提高了相关地区的内外资吸引力，并具有产业结构优化调整的效应。韦东明和顾乃华（2021）也发现，中欧班列对周边地区的经济高质量发展有正向辐射作用，这种作用在中西部地区尤为明显。

基础设施质量的升级，如铁路提速等，也会促进全球价值链发展。例如，唐宜红等（2019）发现，中国开通了高铁的城市，企业出口提高了 12.7%，主要是通过降低固定贸易成本而促进了企业出口，而且更多的是促进了企业出口的扩展边际，而非集约边际。同时，高铁开通对资本或技术密集型行业、时间敏感性产品、东部城市和高铁直达港口城市的出口促进作用更大。而且，高铁不仅影响了高铁站所在的地区，也影响了其周边城镇，对企业出口的影响范围大概是在高铁站周边 30 千米。韩峰和史桐奇（2021）发现，高铁开通对中国制造业企业的出口国内增加值率有显著的提升作用，即促进了国内企业沿全球价值链的升级。这种积极影响，主要是通过高铁开通带来的劳动力和中间品等要素市场的便利性而发挥作用，具体而言，高铁开通增强了劳动力跨地区的流动和优化配置，提高了企业可获得的国内中间品的种类，降低了企业获得中间品的价格等。

另外，在数字化时代，新型基础设施的建设，也在很大程度上影响了全球价值链的融入和发展。2018 年 12 月，中央经济工作会议在确定 2019 年重点工作任务时提出，“加强人工智能、工业互联网、物联网等新型基础设施建设”（以下简称“新基建”），这是新基建首次出现在中央层面的会议中。2019 年 7 月，中共中央政治局召开会议，提出要“加快推进信息网络等新型基础设施建设”。2020 年 1 月，国务院常务会议在确定促进制造业稳增长的措施时，提出“大力发展先进制造业，出台信息网络等新型基础设施投资支持政策，推进智能、绿色制造”。2020 年 4 月，国家发展改革委首次明确了新基建的范围，即包括信息基础设施、融合基础设施和创新基础设施三类①。“十四五”规划在“建设现代化基础设施体系”这一章中，专门提出加快新型基础设施一节。新基建的发展有助于促进中国沿全球价值链升级。郭菊娥等（2021）指出，中国长期处于价值链的中低端，而可持续投资以及多方参与的新基建有助于中国沿微笑曲线攀升，提高在价值链中创造以及获取的增加值。邱雪情等（2021）认为，在“一带一路”倡议下，不仅传统基础设施建设会影响全球价值链的地位，新基建也会产生一定的积极影响。

从“一带一路”的框架来看，实际上，中国在提出“一带一路”倡议时，就高度重视信息基础设施互联互通，提出打造信息丝绸之路和网上信息之路等主张，和新基建的概念有很高的契合度。例如，2015 年，中国发布《推动共建丝绸之路经济带和 21 世纪海上丝绸之路的愿景与行动》，提出要“共同推进跨

① http://www.xinhuanet.com/fortune/2020－04/26/c_1125908061.htm.

境光缆等通信干线网络建设，提高国际通信互联互通水平，畅通信息丝绸之路”。2016 年，中国颁布《国家信息化发展战略纲要》，提出“围绕‘一带一路’建设，加强网络互联、促进信息互通，加快构建网络空间命运共同体”，“推进‘一带一路’建设信息化发展，统筹规划海底光缆和跨境陆地光缆建设，提高国际互联互通水平，打造网上丝绸之路”。在“一带一路”的建设工程中，已经有不少新基建项目，促进了当地经济和产业的转型升级，以更好地融入全球价值链。表 4－1 展示了部分“一带一路”新基建项目。目前，5G 网络、特高压、城际高铁、城市轨道交通和大数据中心是“一带一路”新基建的主要优势领域，而新能源汽车充电桩、人工智能、工业互联网等相对发展较弱（郭朝先和徐枫，2020）。专栏 4－1 介绍了其中一个新基建项目——巴西美丽山二期特高压直流输电项目的情况，高效、稳定的电力供应是企业生产、参与全球价值链生产的一个重要前提保障。

表 4－1　“一带一路”新基建项目

新基建领域	建设概况	具体情况
5G	华为公司 5G 基站遍布“一带一路”沿线地区	在俄罗斯、韩国、泰国、马来西亚、菲律宾、中东等，其中韩国高达 1 万个
特高压（±800 千伏及以上的直流电和 1 000 千伏及以上的交流电）	巴西美丽山特高压直流输电项目	2015 年由中国国家电网公司开始兴建，是中国海外首条特高压直流输电项目，也是美洲第一条特高压直流输电线，2017 年底运营
	巴西美丽山二期特高压直流输电项目	2015 年国家电网公司中标，中国海外首个独立中标的特高压输电工程，实现了特高压输电技术、标准、电工装备、工程总承包和运行管理一体化“走出去”，成为国家电网推进“一带一路”建设的重要实践
	英国设得兰柔性直流输电工程项目	2017 年国家电网公司中标，标志着中国柔性直流输电技术走出国门，进军欧洲高端市场
	中国国家电网公司在“一带一路”沿线地区已经计划建设的项目	俄罗斯叶尔科夫齐—河北霸州±800 千伏特高压直流工程，哈萨克斯坦埃基巴斯图兹—南阳±1 100 千伏特高压直流工程等，未来将实现中亚 5 国、蒙古国、俄罗斯电网相连
	中国西电公司特高压输电产品嫁接国外项目	关键设备大量出口，引领国际标准

续表

新基建领域		建设概况	具体情况
城际高铁和城市轨道交通	云轨项目	巴西萨尔瓦多云轨项目	2020 年中国比亚迪公司与巴西巴伊亚州交通运营公司 CTB 签署整体设计方案合约，为萨尔瓦多建造全球首条跨海云轨
	城市轨道交通项目	巴西圣保罗轨道交通 17 号线项目	2020 年比亚迪携创新云轨方案中标圣保罗轨道交通黄金线
		印度艾哈迈达巴德地铁 1 期项目	2018 年中国方大集团中标
		中国香港、印度、马来西亚地铁屏蔽门项目	2018 年方大集团中标
		印度尼西亚雅加达城市轻轨 EPC 项目	2018 年中国电建市政集团中标
		以色列特拉维夫轻轨红线铺轨及机电系统的设计、供货和施工总包项目	2018 年中铁隧道集团和中铁电气化局联合中标
		缅甸仰光环城铁路升级改造工程项目	2018 年中国水利水电第十工程局有限公司与当地公司联合中标
		伊朗加兹温有轨电车项目	2018 年中国北方国际合作股份有限公司中标
		哈萨克斯坦首都阿斯塔纳轻轨项目	2015 年中铁二局集团有限公司、中铁亚欧建设投资有限公司和当地轻轨公司联合 EPC（设计、施工、总包）
		沙特阿拉伯麦加轻轨项目	中国铁建股份有限公司 EPC
		越南河内轻轨项目	2011 年中国中铁六局集团有限公司承建，2018 年试运行
		巴基斯坦拉合尔轨道交通橙线项目	2015 年中国北方国际合作股份有限公司、广州地铁与当地 DW 公司联合承建，2019 年底试运行
	高铁项目	印度尼西亚雅万高铁	2015 年中国铁路总公司联合当地企业共同中标
		俄罗斯莫喀高铁	2015 年中铁二院工程集团有限责任公司联合当地企业共同中标

续表

新基建领域	建设概况	具体情况
新能源汽车充电桩	北京瑞和智电科技股份有限公司建有海外充电桩	在海外市场上约有 1 000～2 000 个充电桩，覆盖“一带一路”的东南亚和澳大利亚、欧美等地，但主要市场已经转向国内（国外充电桩市场较为成熟，国内主流充电桩厂家都在进行欧标、美标、日标设备的研发和认证）
大数据中心	阿里巴巴海外大数据中心	在中国香港、印度、印度尼西亚、马来西亚、阿联酋、美国和欧洲等地建立了 17 个大数据中心
	腾讯海外大数据中心	在中国香港、新加坡、俄罗斯、韩国、印度、加拿大、美国和欧洲等地建立了大数据中心，扩展腾讯云服务和人工智能业务
	联合建设新加坡大数据中心	北京德利迅达科技有限公司、中国电信国际有限公司和Global Switch公司三家联合建设海外大数据中心
人工智能	深圳赛为智能股份有限公司的吉尔吉斯斯坦智慧城市海外项目	与吉尔吉斯斯坦信息技术和通信局共同建设吉尔吉斯斯坦智慧城市项目（第二阶段安全城市项目）是赛为智能 AI＋城市治理核心技术在国外市场的外延
	北京旷视科技有限公司海外 AI 项目	旷视科技为巴基斯坦卡洛特水电站提供 AI 安全管理
	深圳英威腾电气股份有限公司缅甸 AI 项目	英威腾电气在新基建领域中的“微模块数据中心解决方案”在“一带一路”沿线国家缅甸落地，为公共安全智能化布局贡献科技力量，是英威腾模块化数据中心解决方案在公共安全行业的应用
工业互联网	依托 COSMOPlat 平台，在韩国建设的“中韩东北亚房车生态智慧产业园”	COSMOPlat 是海尔集团工业互联网平台（中国工业互联网平台的跨国合作仅是个案合作，不涉及整体平台的海外市场扩展）
	以工业互联网为载体建设的中国—白俄罗斯工业园	利用互联网大数据技术实现设计、建造、运营管理

资料来源：郭朝先和徐枫（2020）。

专栏 4－1

巴西美丽山二期特高压直流输电项目

2019 年 10 月，巴西矿产能源部与中国国家电网公司签署了巴西美丽山特高压直流送出二期工程项目的运行许可，标志着该能源项目正式投入商业运行。该项目工程北起亚马孙河流域的美丽山水电站，跨越巴西 5 个州 81 个城市，至东南部的里约热内卢市，全长 2 539 千米，是世界上输送距离最长的±800 千伏直流输电工程。项目将巴西北部的清洁水电源源不断地输送至东南部负荷中心，为巴西打造了一条“电力高速公路”，为巴西经济社会发展提供了不竭的能源动力，有效解决了巴西北部亚马孙河流域清洁水电外送和消纳难题，惠及 2 200 万人口，相当于巴西总人口的 10%。项目线路沿途新建、修复了超过 1 970 千米的道路和 350 座桥梁，对途经的历史遗迹进行保护，救助 60 种濒危植物，异地恢复 1 100 公顷植被，环境保护总投入超 3 000 万雷亚尔（约合 5 110 万元人民币）。项目还向亚马孙地区沿线居民捐献了 760 批防治疟疾专用物资，帮助亚马孙地区贫困居民建设了现代化养鸡场和果汁厂等，长期赞助贫民窟马累乐团，受惠学生累计超 6 000 名，以实实在在的行动造福巴西人民。

资料来源：① 国家电网有限公司.“美丽山”的美丽传奇——国家电网服务“一带一路”建设的“金字名片”[EB/OL].(2019－11－21)[2023－09－09]. http://www.sasac.gov.cn/n2588025/n2588124/c12754153/content.html.

② 人民日报社代表团. 让一带一路故事更精彩（出访归来）——阿根廷、巴西访问感怀[EB/OL].(2019－11－08)[2023－09－09]. http://world.people.com.cn/n1/2019/1108/c1002-31443846.html.

4.1.2　其他影响因素

除了基础设施之外，还有一系列其他因素影响全球价值链的发展，如贸易相关因素、投资、制度质量、产业基础与劳动者技能等。下面将对这些因素进行介绍。

1. 贸易相关因素

贸易自由化在很大程度上推动了全球价值链的发展。关税的大幅下降以及其他形式贸易壁垒的不断减少，大大降低了贸易的成本，尤其是中间品反复跨境的成本。图 4-1 展示了 1990—2017 年的世界平均关税率，可以看到，在此期间，关税大幅下降。1990 年世界平均关税率是 15%，而 2017 年仅为 5% 左右。而且，这种关税水平的下降是普遍的，并不是由少数几个国家推动。不同经济发展水平的国家都或多或少地降低了关税。例如，根据世界银行的统计，在 1990 年至 2017 年期间，世界高收入国家的平均关税率从 8.37% 降至 3.85%；而中低收入水平的国家，其平均关税率从 33.3% 降至 6.84%，下降了大约 26.5 个百分点。其中，中国在 2001 年 12 月加入 WTO 之后，关税水平也显著下降。图 4-2 展示了中国 1996—2020 年的平均关税率，可以看到，在加入 WTO 之前，1996 年至 2001 年期间，中国的关税处于较高的水平；在正式加入 WTO 的第一年，即 2002 年，关税率从前一年的 15.39% 降至 12.15%，之后持续下降，到 2020 年中国的平均关税率仅为 5.32%。

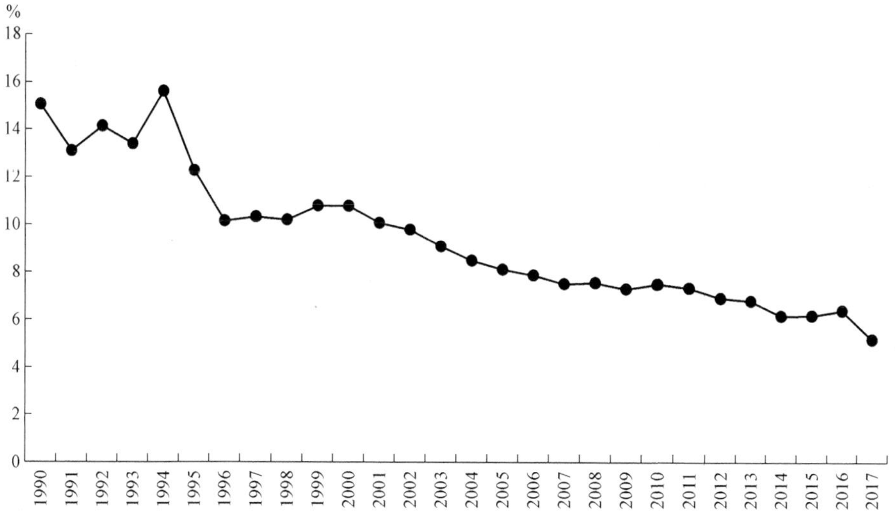

图 4-1　1990—2017 年世界平均关税率

资料来源：世界银行数据库。

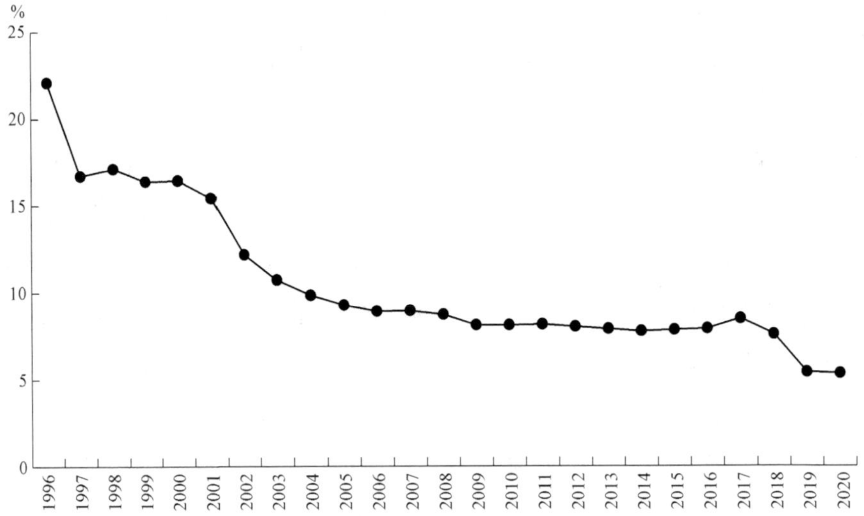

图 4－2　1996—2020 年中国平均关税率

注：2012—2013 年的数据缺失，作者采用插值法推算。

资料来源：世界银行数据库。

关税率的下降，尤其是中间品关税率的下降，促进了各国参与全球价值链上的跨境生产。在全球价值链中，由于中间品往往跨境多次，关税会被重复征收，关税的成本效应将会被放大。刘斌等（2015）发现，中间品关税减让有利于中国企业参与全球价值链，而且有利于提升中国企业在全球价值链中的分工地位。徐博等（2021）发现，中间品关税减让可以延长一般贸易企业的前向和后向价值链的生产长度。中国加入 WTO 之后，关税水平大幅下降，一般贸易企业的前向和后向价值链生产长度相对加工贸易企业显著延长。

区域贸易协定（Regional Trade Agreements, RTA），往往包含两国或多国之间的关税减让条款，因此有利于相关国家参与全球价值链。早期的区域贸易协定也在一定程度上促进了全球价值链的兴起。例如，1965 年的《美加汽车贸易协定》、1987 年的《美加自由贸易协定》以及 1993 年的《北美自由贸易协定》促进了北美区域价值链的创建。欧盟形成的关税同盟也促进了欧洲价值链的发展。图 4－3 展示了 1990—2021 年世界范围内区域贸易协定累计生效的数量。1990 年，全世界累计生效的区域贸易协定仅有 22 个；而到 2021 年，累计有 354

个区域贸易协定生效。可以看到，区域贸易协定的快速增长与关税的大幅下降以及全球价值链的迅速发展几乎在同时期发生。这也印证了它们之间的相互联系。

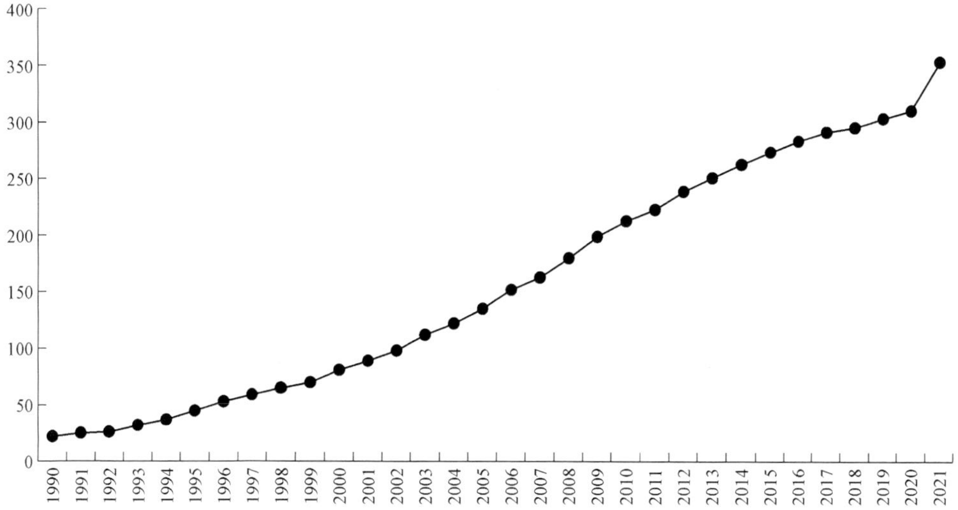

图 4－3　1990—2021 年区域贸易协定（RTA）累计生效的数量

资料来源：WTO 数据库。

区域贸易协定的大量签订并不仅限于北美或者欧洲的国家，其他地区也或多或少地签订了区域贸易协定，以促进区域贸易和价值链的发展。图 4－4 展示了不同区域通报的区域贸易协定的累计生效数量。可以看到，截至 2021 年底，欧洲累计生效的区域贸易协定通报最多，为 158 个；其次是东亚地区，有 101 个；中亚和西亚地区分别签订了 35 个和 24 个；南美洲和北美洲分别签订了 71 个和 50 个；非洲签订了 47 个。近年来，中国也在积极参与区域贸易协定。截至 2022 年 9 月，中国已与 26 个国家和地区签署了 19 个自贸协定，自贸伙伴覆盖亚洲、大洋洲、拉丁美洲、欧洲和非洲。在亚洲内部，中国的区域贸易协定数量低于新加坡（27）、韩国（20）、日本（18）、印度（17）等国家，但高于马来西亚和越南（15）、泰国（14）、菲律宾（11）、老挝（9）、柬埔寨（7）等国家。

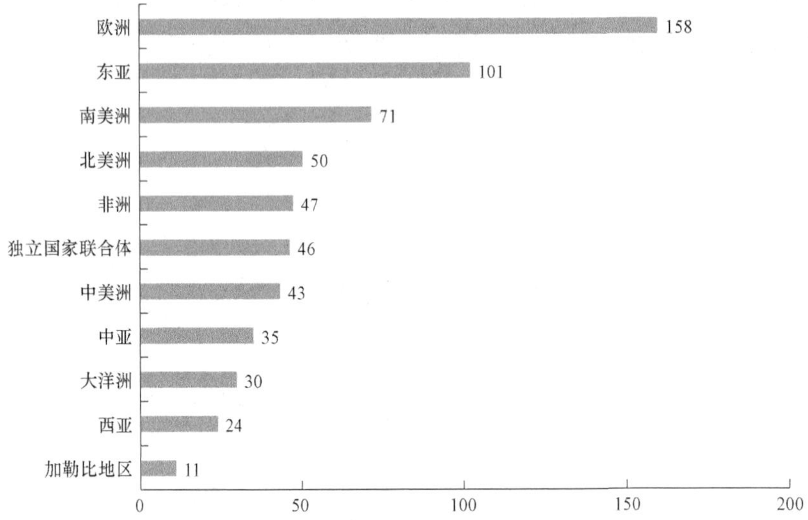

图 4-4　各区域的区域贸易协定（RTA）的通报的累计生效数量

注：由于 WTO 要求将涉及产品贸易自由化和服务贸易自由化的区域贸易协定分开做出通报，而一个协定往往包含两个方面的贸易自由化，所以通报的数量大于区域贸易协定的数量。

资料来源：WTO 数据库。

值得注意的是，在亚洲，关税制度接近自由贸易模式的新加坡签订了最多的自由贸易协定。这是因为，这些协定的内容往往超越了关税制度，涉及诸多其他内容。实际上，随着全球价值链的不断发展和深化，区域贸易协定的内容也在不断变化。早期的贸易协定主要是关税政策的条款。但近年来，区域贸易协定的内容越来越广泛，除了关税政策以外，也将其他影响产品和服务贸易以及投资的条款纳入其中。这些协定往往包含一些边境后措施，如市场竞争、政府采购、知识产权保护和人员流动等政策领域。越来越多的区域贸易协定覆盖了比较多的政策领域。例如，根据世界银行的统计，在世界范围内，在 2010 年签订的 12 个区域贸易协定中，有 5 个协定包含了超过 20 个政策领域，6 个协定包含了 10～20 个政策领域，仅有 1 个协定包含了不到 10 个政策领域。在 2015 年签订的 19 个区域贸易协定中，有 9 个协定包含了超过 20 个政策领域，4 个协定覆盖了 10～20 个政策领域，6 个协定包含了不到 10 个政策领域。在 2018 年签订的 3 个区域贸易协定中，2 个协定覆盖了 20 个以上的政策领域，其余 1 个协定的政策领域为 10～20 个。世界银行的研究发现，相比于覆盖政策领域较少的区域贸易协定，覆盖政策领域较多的区域贸易协定更有利于增加贸易、促进外商投资并提高全球价值链参与度。平均而言，覆盖政策领域较多的区域贸易协定，对产品贸易、服务贸易、全球价值链参与度的正向影响要高出35%、15%、10%[①]。

不同于北美和欧洲，在 2000 年之前，亚洲缺乏有效的区域贸易协定。但这种情况在 2000 年之后发生了变化。亚洲签订了许多区域贸易协定，东盟（ASEAN）的区域合作在不断加深，亚洲国家也在积极参与跨区域的大型区域贸易协定的谈判，如《全面与进步跨太平洋伙伴关系协定》（CPTPP）和《区域全面经济伙伴关系协定》（RCEP），专栏 4－2 对这两个大型区域贸易协定的主要内容进行了比较。在 2018 年 3 月签署时，CPTPP 的成员包括澳大利亚、文莱、加拿大、智利、日本、马来西亚、墨西哥、新西兰、秘鲁、新加坡和越南。2020 年 11 月，10 个东盟成员国（文莱、柬埔寨、印度尼西亚、老挝、马来西亚、缅甸、菲律宾、新加坡、泰国和越南）及 5 个自由贸易协定伙伴（澳大利亚、中国、日本、新西兰和韩国）签订了 RCEP，并且已经于 2022 年 1 月 1 日正式生效。RCEP 15 个成员国的总人口、经济体量、贸易总额占全球总量的约 30%，这意味着全球约三分之一的经济体量形成了一体化大市场，这将有利于提振区域贸易投资信心，加强区域产业链联系。RCEP 的内容较为全面，包括 20 个章节，既有货物贸易、服务贸易和投资等内容，也有贸易便利化、知识产权、政府采购和电子商务等规则性的内容。其中，服务贸易和投资的开放水平显著高于原有的“10＋1”中国—东盟自由贸易协定，而且 RCEP 纳入高水平的知识产权和电子商务章节，适应了数字经济时代的需求。可以看到，RCEP 的内容远远超过了传统的、以削减关税为目的的贸易协定的内容。[②]

① 世界银行. Regional Trade Agreements［EB/OL］.（2018－04－05）［2023－09－09］. https://www.worldbank.org/en/topic/regional-integration/brief/regional-trade-agreements.

② 付志刚. 自由贸易之胜地区繁荣之机［EB/OL］.（2020－11－17）［2023－09－09］. https://news.gmw.cn/2020－11/17/content_34373489.htm.

专栏 4-2

RCEP 与 CPTPP 的比较

RCEP 与 CPTPP 是世界上两个规模较大的区域贸易协定。其中，RCEP 是规模最大的，经济总量和贸易总量约占全球的 30%；而 CPTPP 的经济总量约占全球的 13%，贸易总量约占全球的 15%。在这两个贸易协定的成员国中，有 7 个是重合的。也就是说，有 7 个国家同时参与了 RCEP 和 CPTPP，即澳大利亚、新西兰、文莱、新加坡、马来西亚、越南、日本。中国目前是 RCEP 的成员国，也已经正式提出加入 CPTPP 的申请。

除了参与成员的差异，这两个贸易协定在内容上也存在较大区别。具体而言，与 RCEP 相比，CPTPP 纳入了更多的政策领域，提出了更高的规则标准。例如，CPTPP 覆盖了知识产权保护、环境标准、劳工标准、国企改革等领域。而 RCEP 因包括了经济发展水平相对较低的国家，在内容上除了高质量的规则以外，也更注重包容性。已有研究对两个贸易协定的文本进行分析，发现其文本相似度为 49.25%。也就是说，两个协定有大约一半的内容是相似的，而其余内容则存在较大差异。

同时，相较于 RCEP，CPTPP 对服务业的开放做出了更高的承诺。CPTPP 对所有行业（包括服务业）都采用负面清单的开放管理模式，要求各成员国除了负面清单上的限制或禁止开放领域之外，对其他领域应全面开放。而 RCEP 对非服务业（农业、林业、渔业、采矿业、制造业）采取负面清单模式，对服务业采取正面清单和负面清单相结合的模式。其中，对于服务业，日本、韩国、澳大利亚、新加坡、文莱、马来西亚、印度尼西亚这 7 个 RCEP 成员国采取负面清单；而中国等 8 个 RCEP 成员国采取正面清单，并于 RCEP 正式生效 6 年之内转为负面清单。另外，CPTPP 对数字贸易和电子商务等也做出了较为明确的规定。

此外，从贸易协定最基本的关税条款来看，CPTPP 的自由化水平也高于 RCEP。RCEP 规定，产品贸易零关税的覆盖率在 90% 以上，分为立刻降至零和分十年降至零两种方式，并保持一定的农产品配额。而 CPTPP 实行 99% 的零关税、零补贴和零壁垒。

资料来源：余淼杰和蒋海威（2021），韩剑和许亚云（2021）。

区域贸易协定包括双边协定和多边协定，两者各有利弊。双边协定的好处是，只涉及两个国家，便于协商、谈判和实施；缺点是往往具有局限性，协定的条款仅适用于两国，而很多边境后措施（如知识产权保护和营商环境改善等）实际上不仅有利于协定签署方，也对其他不参与协定的国家有益。另外，如果一国签订了过多的双边贸易协定，可能导致标准和规则的激增，给贸易企业带来不便，也不利于全球价值链上更为广泛的合作。国际贸易学家们提出的“意大利面碗”现象正说明了这一点。这个现象是，过多的协定产生了太多不同的规则，如关税和原产地规则等，而这些规则就像是碗里的意大利面条，一根根搅在一起，剪不断，理还乱。相比之下，多边协定（如 RCEP 和 CPTPP 等）的适用范围较广，同一套规则和标准可以应用于多个国家，能够产生共同的网络效应，使跨境生产和贸易合作更为便利。但与此同时，由于涉及多个国家，而每个国家都有自己的兴趣和利益诉求，多边协定达成一致往往需要经历多次谈判和较长的时间。例如，RCEP 从 2013 年 5 月的首轮谈判到 2020 年 11 月的正式签署，一共经历了 8 年 31 轮谈判，其间还有多次部长级会议和领导人会议。

除了贸易协定之外，中国还签订了一系列的多边和双边国际交通运输协定，如《上海合作组织成员国政府间国际道路运输便利化协定》《大湄公河次区域便利货物及人员跨境运输协定》《中国—东盟海运协定》等，以推动交通运输的便利化。2016 年 12 月，交通运输部等八部门联合发布《关于贯彻落实“一带一路”倡议 加快推进国际道路运输便利化的意见》，推动交通运输互联互通法规和体系的对接，增进“软联通”。截至 2021 年 12 月，中国已与 19 个国家签署了 22 项国际道路运输便利化协定，与 66 个国家和地区签署了 70 个双边和区域海运协定，与 100 个国家签订了双边政府间航空运输协定，与其中 54 个国家保持定期客货运通航，与东盟、欧盟签订区域性航空运输协定，与 22 个国家签署邮政合作文件。[①]

2. 外商投资和对外投资

投资是影响全球价值链参与和升级的重要因素，这既包括吸引外商投资（FDI），也包括对外投资（OFDI）。这主要与跨国公司（MNE）在全球价值链上的主导角色和作用有关。根据 OECD 的数据库和世界银行的研究，2016 年，全球的跨国公司及其子公司占据了全球出口的三分之二，全球进口的一半以上；而且，跨国公司在知识密集型制造业的表现尤为突出，占据了 90% 的出口[②]。

从 FDI 的视角来看，一国吸引跨国公司来本国投资，可以帮助本地企业与跨国公司建立上下游的产业联系，使本地企业获得更多样化的、质量更高的中间品，也使本地企业从跨国公司获得经验和技术的外溢，进而推动本地企业规模扩大、效率提高、融入全球价值链的程度提高。对于发展中国家，这一点尤为重要。具体而言，在发展中国家，有很多中小型企业，其生产率较低，生产规模较小，缺乏直接出口的能力。而通过与在本国投资运营的跨国公司建立合作关系，例如为跨国公司提供中间品或其他服务，这些中小企业可以间接地参与出口，即成为全球价值链的间接参与者。然后，在积累了一定的资本、技术和经验之后，这些中小企业可能进一步成长为直接出口商，即成为价值链的直接参与者，并从参与中获得更多好处。例如，Qiang 等（2021）发现，在哥斯达黎加，本地企业在成为跨国公司本地供应商的四年之后，其销售额增长 20%，雇用的人数增长 26%，生产率提高 9%；在印度，与跨国公司共建合资企业的本地企业，其直接出口的概率比其他本地企业高 30%。

从 OFDI 的视角来看，一国对外投资可以充分利用不同国家的资源禀赋和比较优势，进行更有效率的生产，这正是全球价值链兴起的一个重要驱动力。根据投资目的，OFDI 有不同类型。例如，在海外建立研发中心，主要

---

① 刘志强，陆娅楠．“一带一路”交通互联互通稳步推进（“一带一路”建设成就）[EB/OL].（2021－12－03）[2023-09-09]. http://finance.people.com.cn/n1/2021/1203/c1004-32298113.html.

② QIANG Z W, LIU Y, STEENBERGEN V. Foreign direct investment can help global value chain integration [EB/OL].（2021-05-13）[2023-09-09]. https://blogs.worldbank.org/psd/foreign-direct-investment-can-help-global-value-chain-integration.

是为了寻求技术研发合作，获得技术外溢；在海外建立制造工厂，可能是为了获得当地相对便宜的生产要素，如劳动力和原材料，也可能是为了打入当地较大的国内市场。从这一点来看，投资的不同类型不仅会影响对全球价值链的参与程度，也会影响在全球价值链上的地位。根据微笑曲线，前端研发环节和后端销售服务环节的增加值较高，而中间生产制造环节的增加值较低，因此，研发类投资、寻求市场型投资和寻求生产要素型投资所带来的增加值收益是不同的。

近年来，中国一直积极推进外资领域的开放，外资的负面清单不断缩减。在2017年的全国版外资负面清单上，有63项限制或禁止类领域；而到2020年仅有33项。同时，OECD发布的FDI限制指数的数据也显示，中国的FDI限制程度逐年下降，限制指数从1997年的0.6降至2019年的0.3以下。这说明，中国的FDI开放度在不断提升。2020年，中国超过美国成为全球第一大引资国。另外，中国的OFDI也在不断增加，越来越多的中国企业走出去，成长为跨国企业。FDI和OFDI的快速发展促进了中国融入全球价值链并升级。罗伟和吕越（2019）发现，外资凭借与跨国企业全球价值链网络的天然联系，强化了中国融入全球价值链的深度和复杂度。刘斌等（2015）发现，OFDI可以提高企业在全球价值链上的分工地位，促进企业的产品升级和功能升级；投资流向不同国家带来不同的影响，流向发达国家的投资有利于企业产品升级，而流向发展中国家更有利于企业功能升级。唐宜红和张鹏杨（2017）发现FDI对中国出口的国内增加值有正向影响，即有助于中国沿全球价值链升级。另外，姚战琪和夏杰长（2018）发现，中国对“一带一路”沿线国家的投资（OFDI）可以显著提升这些国家在全球价值链上的地位。此外，邵朝对等（2021）也发现，中国大规模放松外资管制，促进外资流入，推动了国内企业的绿色技术进步，并且改善了国内企业的管理效率，进而显著降低了国内企业的污染排放强度，同时也有助于推动低污染的国内企业进入市场。

3. 制度质量

《全球价值链发展报告（2017）》指出，制度质量是影响全球价值链参与的重要因素。制度质量影响着企业的交易成本，进而影响其跨境生产和贸易活动。

一方面，现实中可能存在“套牢问题”。也就是说，如果投入品需要专用性投资，而且合同履行缺乏相应保障，当投资完毕时，投入品已经生产出来，此时投入品的买方就有动机与投入品的生产商就合同履行内容进行重新谈判，而生产商处于劣势，因为已经生产出来的投入品用于转产其他产品的难度很大。与此同时，如果某种投入品的生产商对全球价值链至关重要而且处于垄断地位，即缺乏与之竞争的生产商，那么在缺乏履约保障的情况下，该生产商很有可能以延迟生产或供应为要挟，以获取更大的利益。因此，合同执行的制度保障对于投入品的买卖双方都十分重要。另一方面，除了合同执行以外，企业在生产运营中可能会面临很多其他问题，如整体政治环境的稳定性、政府办事的效率、对私有产权的保护、对知识产权的保护等。这些因素均会影响企业的正常运行及其对全球价值链的参与。

虽然制度质量更多的是国家或地区层面的因素，但其对不同行业的影响有所不同。例如，Nunn（2007）估计了10个合同密集度高和10个合同密集度低的制造业行业。合同密集度高的行业对合同执行和制度质量的敏感程度更高，因而受制度环境的影响更大。这些行业往往也是生产更为复杂的行业，需要多道生产加工程序，因此也需要多次履约。具体而言，Nunn（2007）提出的10个合同密集度高的行业为摄影设备制造、压缩机制造、实验室分析工具制造、发动机设备制造、电子元件制造、包装机械制造、图书出版、啤酒酿造、乐器制造、飞机发动机零件制造；10个合同密集度低的行业为家禽加工、面粉磨制、原油精炼、玉米磨制、铝板制造、铝生产、肥料制造、大米磨制、有色金属、烟草制造。

Ge等（2020）采用监管质量、政治稳定性、政府有效性、法治环境等指标测量了不同国家的制度质量。他们发现，“一带一路”国家的制度质量相对较差，弱于非“一带一路”国家。而提升上述几方面的制度质量有助于“一带一路”国家参与全球价值链，尤其是制度敏感性行业的参与。在此基础上，他们也采用了世界银行对中国企业的调查数据，发现更好的制度环境有利于中国企业参与全球价值链。另外，刘琳（2015）采用跨国的面板数据，发现制度质量和全球价值链存在交互作用，对出口品的技术复杂度有正向影响。《全球价值链发展报告（2017）》也指出，非洲国家的制度质量较差，尤其是法治水平存在较大的异质性，这在很大程度上阻碍了非洲国家融入全球价值链的进程。

制度可以进一步划分成正式制度和非正式制度。对外经济贸易大学和联合国工业发展组织联合主编的《全球价值链与工业发展：来自中国、东南亚和南亚的经验》指出，正式制度（如法治和监管）以及非正式制度（如信任和人际网络）均影响全球价值链的参与。其中，非正式制度的影响主要体现在两个方面。一方面，非正式制度可能在区域内部的国家之间更强（如地理位置相邻的国家或文化传统相近的国家），因此非正式制度可能会促进区域内价值链的发展。同时，政治关系友好的国家之间的信任程度可能更高，非正式制度的作用可能更大。另一方面，非正式制度的作用和正式制度之间可能具有替代性。例如，如果一国的法治水平较高，此时非正式制度的作用将减弱，因为合同可以通过法制手段来得到很好的执行。另外，在非正式制度作用有限的区域外价值链，一国可以通过加强正式制度来发挥作用。

此外，已有研究采用中国的数据分析了制度对中国参与全球价值链和在全球价值链中升级的影响。例如，戴翔和郑岚（2015）认为，在全球价值链的背景下，制度质量是一种重要的比较优势，尤其是价值链的高端环节，对制度质量的要求更为敏感。他们采用中国区域层面的面板数据，证实了制度质量的完善确实对中国攀升全球价值链有显著的正向影响。张杰和刘志彪（2008）分析了影响中国地方产业集群融入全球价值链的因素，认为在制度层面上存在一些约束，主要是社会信用体系和知识产权保护制度。王高阳和鞠欣（2021）总结了中国加入世界贸易组织以来的市场化改革，认为这些改革在构建政府与市场关系、发展非国有经济、健全要素市场和产品市场、培育市场中介组织、完善法律制度方面为中国参与全球价值链的分工体系提供了良好的制度环境。

4. 产业基础与劳动者技能

由于工业是融入全球价值链的重点行业，工业基础和能力决定着一国或地区参与全球价值链的程度。在对外经济贸易大学和联合国工业发展组织联合主编的《全球价值链与工业发展：来自中国、东南亚和南亚的经验》中，联合国工业发展组织将工业竞争力指数纳入实证分析，检验了工业能力对各国参与全球价值链的影响；结果发现，无论是从价值链的前向联系看还是从价值链的后向联系看，工业能力都显著影响全球价值链的参与度。

除了工业以外，服务业的发展也影响全球价值链参与度以及地位。这种影响不仅限于服务业自身的价值链，也体现在制造业及其他行业的价值链上。具体而言，第一，随着信息技术的发展，服务业的服务提供过程也能被分解为不同环节，而不同环节可以位于不同的国家或地区，例如海外提供的线上教育或线上医疗诊断等。服务业的发展直接影响着服务业价值链的形成和延伸。第二，服务业为其他行业的价值链提供必要的服务投入要素，如交通运输服务和信息技术服务。同时，处于微笑曲线两端的高增加值环节，几乎均为服务环节，如研发、设计、营销、售后服务等。因此，如果一国的服务业竞争力较强，可以在价值链上占据这些服务环节，那么该国在价值链上的地位相对较高，能从全球价值链的参与中获得更多好处。综上，不仅工业基础影响全球价值链的融入情况，服务业的发展程度也会产生一定的影响。

除了产业基础以外，劳动力的技能也十分重要。无论是工业还是服务业，其发展离不开人力资本。OECD 发布的《OECD 技能展望 2017：技能与全球价值链》指出，劳动力的受教育程度和技能水平对全球价值链的参与有正向影响。不同国家劳动力的技能数据来自 OECD 实施的国际成人技能调查（OECD Adult Skills Survey）。该调查主要关注三方面的能力：第一，认知技能，包括读、写、算数以及解决问题的能力；第二，任务技能，包括使用信息技术的能力，科学、技术、工程和数学方面（STEM）的能力，市场营销能力，会计核算能力，管理和沟通能力，以及自我管理能力；第三，主要是性格方面，即是否乐于学习。由于不同行业所需的技能组合不同，因此，一个国家劳动力的不同技能组合，影响着该国不同行业对全球价值链的参与。例如，较为简单的商业服务业（如零售、餐饮和交通运输）对市场营销和会计核算的技能要求较高，而对 STEM 的技能要求则相对较低；中高技术制造业（如计算机、电子和光学产品、汽车、化学品等）对 STEM 和信息技术的技能要求较高，而对市场营销的技能要求相对较低。因此，如果一国的劳动力具备较强的 STEM 技能、较弱的市场营销技能，那么该国主要可以通过中高技术制造业来参与全球价值链，而非较为简单的商业服务业。

4.2　基础设施改善促进“一带一路”国家参与全球价值链

基础设施影响一国与世界互联互通，也是影响其全球价值链参与度的关键因素。在本节中，我们对“一带一路”基础设施改善与融入全球价值链之间的关系进行实证分析。对于“一带一路”国家的基础设施建设，我们以全球可比的方式和指标进行衡量，衡量标准包括世界银行的物流绩效指数（LPI）评分、世界银行《全球营商环境报告》中的跨境贸易指数评分以及世界经济论坛（WEF）的交通基础设施可用性和质量的评分。本节先对这些基础设施指标与全球价值链参与度进行相关分析，之后进行计量分析，探讨“一带一路”国家基础设施的质量如何影响其融入全球价值链。

4.2.1　基础设施建设与全球价值链的相关关系

首先，采用物流绩效指数（LPI）作为衡量基础设施水平的指标。如第 2 章 2.1 节所述，一国的 LPI 得分越高，意味着该国的基础设施质量越好。为了将非洲的“一带一路”国家也纳入分析范围，我们采用 Eora 数据库来衡量全球价值链参与度。将各国的 LPI 指标与全球价值链参与度相匹配，之后去掉 LPI 得分最高的“一带一路”国家，如新加坡。这是因为这些国家的基础设施已经较为完善，未来进一步改善的空间较为有限，因此对全球价值链参与的潜在拉动作用预计也较小。我们重点关注基础设施尚不完善的国家。

图 4－5 展示了“一带一路”国家 LPI 指标与全球价值链前向和后向参与度的相关关系。无论从价值链的前向关联还是从后向关联来看，LPI 与全球价值链参与度均呈正相关关系。具体而言，“一带一路”国家的 LPI 与全球价值链前向参与度的相关系数为 0.325，并且相关性在 5% 显著性水平上显著；LPI 与全球价值链后向参与度的相关系数为 0.301，也在 5% 水平上显著。由此可见，物流绩效越好，全球价值链的前向和后向参与度越高。也就是说，不仅在前向上为其他国家提供的增加值变多，从后向上使用其他国家的增加值也变多。

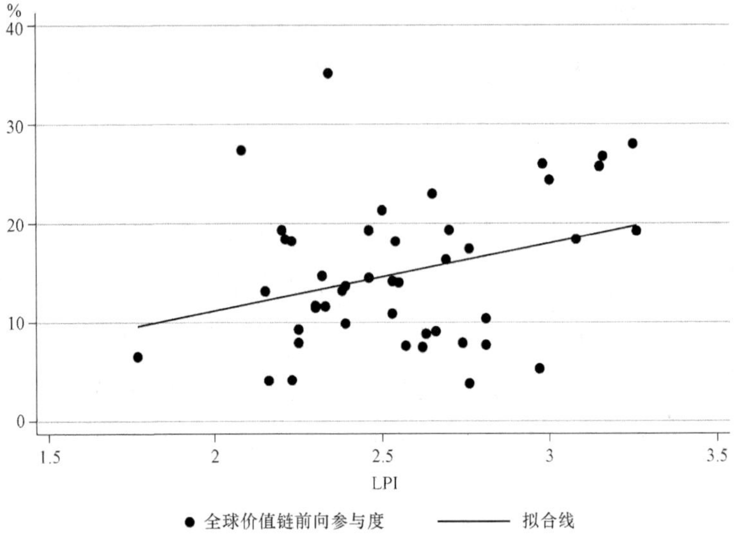

a. 前向参与度

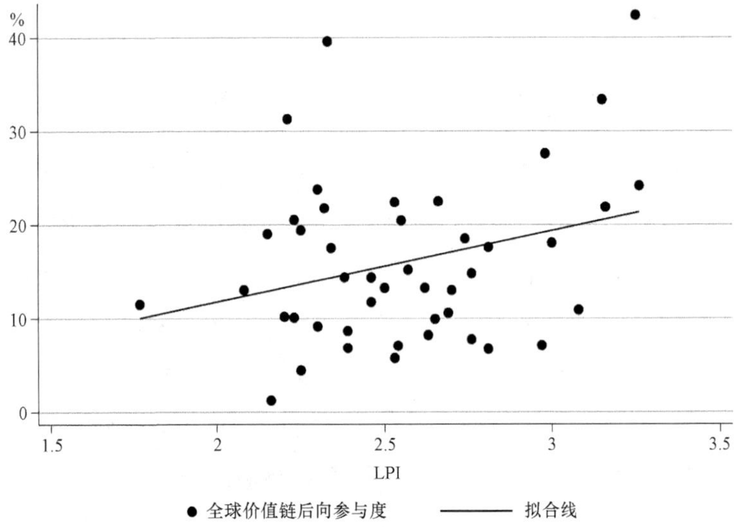

b. 后向参与度

图 4-5 “一带一路”国家的 LPI 与全球价值链参与度

注：图中的点表示“一带一路”国家。

资料来源：Eora 数据库和世界银行数据库。

其次，我们使用世界银行《全球营商环境报告》中的跨境贸易指数，作为衡量国家基础设施质量的指标。该指数的得分范围是 0～100，100 表示最佳情况。图 4-6 展示了“一带一路”国家跨境贸易指数得分与全球价值链前向和后向参与度之间的关系。可以看到，跨境贸易指数与前向和后向参与度都呈正相关关系。

其中，跨境贸易指数与全球价值链前向参与度的相关系数为 0.281，且在 5% 水平上显著；与后向参与度的相关系数为 0.427，且在 1%水平上显著。因此，“一带一路”国家的跨境贸易指数越高，其全球价值链参与度越高。而且，这种关系在价值链的前向关联和后向关联上都存在。

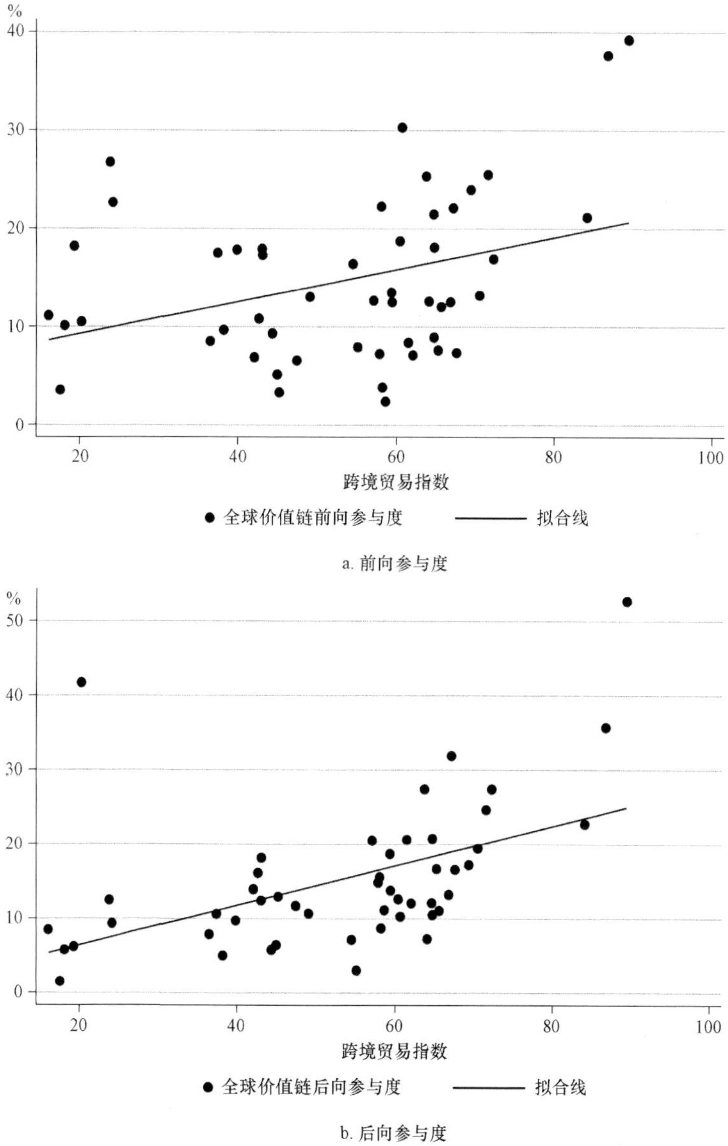

图 4－6 “一带一路”国家的跨境贸易指数与全球价值链参与度

注：图中的点表示“一带一路”国家。

资料来源：Eora 数据库和世界银行数据库。

最后，我们使用另一个基础设施的衡量指标，即世界经济论坛的交通基础设施指数。图 4－7 展示了“一带一路”国家交通基础设施指数与全球价值链参与度的相关性。可以看到，无论是前向关联还是后向关联，交通基础设施指数与全

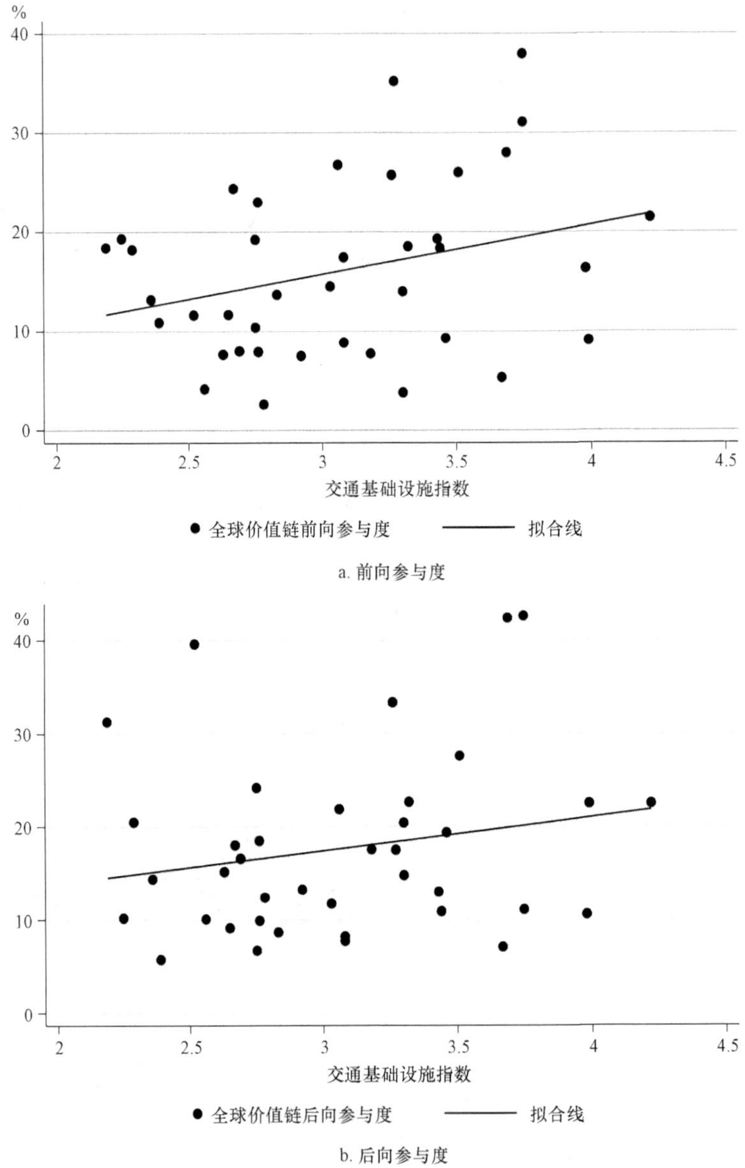

图 4－7 “一带一路”国家的交通基础设施指数与全球价值链参与度

注：图中的点表示“一带一路”国家。

资料来源：Eora 数据库和世界经济论坛。

球价值链的参与度均呈正相关关系。具体而言，该指数与前向参与度的相关系数为 0.298，在 10% 水平上显著；与后向参与度的相关系数为 0.194，但不显著。因此，“一带一路”国家交通基础设施的可用性和质量越高，其基于前向关联的价值链参与度越高。

综上所述，对于“一带一路”国家，无论采用何种基础设施的度量指标，基础设施水平均与全球价值链参与度呈正相关关系。而且，这种相关性不仅体现在价值链的前向联系上，也体现在后向关联上。也就是说，当基础设施较为完善时，一国不仅向价值链下游的合作伙伴提供更多增加值，也从价值链上游供应商处获得并使用更多增加值，其与价值链上下游的融合程度均增强。

4.2.2 基础设施对全球价值链参与度的影响评估

我们使用计量经济学模型来估计基础设施对全球价值链参与的影响。为了将非洲“一带一路”国家的情况也纳入分析范畴，我们使用 Eora 数据库来测算全球价值链参与度指标。关于基础设施，主要采用世界银行的 LPI 和跨境贸易指数这两个指标。没有采用世界经济论坛的交通基础设施指标，主要是因为它的数据期间比较短，目前仅有 2014 年和 2016 年的数据，限制了用于计量分析的样本数量。

在估计基础设施对全球价值链参与度的影响时，我们也控制了“一带一路”国家的其他社会经济因素，除了基础设施以外，这些社会经济因素也可能会影响这些国家的全球价值链参与。具体而言，我们控制了这些国家在样本初期的人口、人均 GDP、产业结构、合同执行的制度质量、所在区域和时间趋势。

估计结果显示，使用 LPI 作为基础设施的衡量指标时，在控制了其他变量影响的情况下，“一带一路”国家的 LPI 对全球价值链的前向和后向参与度均有显著正向的影响。具体而言，LPI 每提高 1%，全球价值链的前向参与度将增加 0.752%，后向参与度将增加 1.686%。同时，当使用跨境贸易指数作为基础设施的度量指标时，在控制了其他变量影响的情况下，“一带一路”国家的跨境贸易指数对全球价值链前向参与度的影响为正，但在统计上不显著，而对后向参与度有显著为正的影响。如果一国的跨境贸易指数上升 1%，其全球价值链后向参与度将增加 0.229%。具体的估计结果见本章附录 1 的附表 1–1。

由此可见，无论使用 LPI 还是跨境贸易指数来衡量基础设施水平，“一带一路”国家基础设施的改善均对其参与全球价值链有正向促进作用。这说明，中国实施或出资建设“一带一路”基础设施项目具有重要意义。这些项目所带来的当地基础设施情况的改善将促进当地对全球价值链的参与。由于全球价值链参与在拉动就业、刺激出口、促进经济增长、减少收入不平等等方面有积极影响，全球价值链参与度的提高将进一步对当地的社会经济产生深远影响。

而且，基础设施对全球价值链后向参与度的影响要大于前向参与度。这符合“一带一路”国家的经济发展状况、要素禀赋和技术水平。具体而言，基础设施的改善将为国外高质量零部件的进口提供便利，降低进口成本，因此在本国生产中所使用的国外中间品投入将增加，这意味着本国的后向参与度将提高。基础设施的改善也为本国中间品出口提供便利，进而提升前向参与度。但是，前向参与不仅受到包括基础设施在内的贸易便利化等方面的限制，更多的是受到技术水平的限制，即本国是否有能力为其他国家的生产提供符合要求的、高质量的零部件。“一带一路”国家大多是中低收入发展中国家，技术水平相对不高，这限制了前向参与度的提高。因此，基础设施对前向参与的影响小于其对后向参与的影响。

另外，估计结果表明，“一带一路”国家的其他社会经济变量对全球价值链参与的影响也与预期一致。较大的国内市场（这里以初始人口和经济水平为代表）通常意味着较低的全球价值链参与度，即全球价值链活动在整体生产经济活动中所占比重并不高。换言之，拥有庞大国内市场的国家并不高度依赖外部市场，这是因为其国内市场已经具备较好的中间品供应和吸收的能力。另外，农业在整体经济中的比重越高，全球价值链的参与度越低；工业份额越高，全球价值链的参与度越高。合同执行的制度质量对全球价值链的参与度有正向影响。

4.3 中国的基础设施投资与援助促进“一带一路”国家参与全球价值链

4.3.1 中国的基础设施投资对“一带一路”国家参与全球价值链的影响

根据中国商务部、国家统计局和国家外汇管理局联合发布的《2020 年度中国对外直接投资统计公报》中对“一带一路”沿线 63 个国家的投资统计，2020 年中国对“一带一路”国家的投资流量为 225.4 亿美元，同比增长 20.6%，占中国同期总的对外直接投资（OFDI）的 14.7%。2013—2020 年期间，中国对这些国家的累计直接投资达到 1 398.5 亿美元（见图 4–8）。

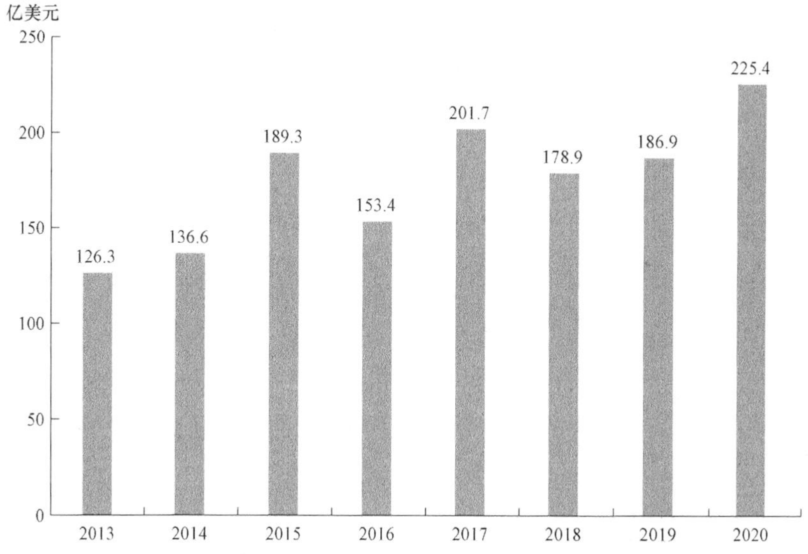

图 4–8 2013—2020 年中国对“一带一路”沿线国家的投资情况

资料来源：《2020 年度中国对外直接投资统计公报》。

在这些投资中，很多流向了基础设施领域，预计会对“一带一路”国家的全球价值链参与产生影响。然而，历年的《中国对外直接投资统计公报》只披露中国 OFDI 的国家流向，或者行业流向，并未同时披露国家—行业这个细分层面的投资。为了识别出中国 OFDI 中投向“一带一路”国家的基础设施领域和非基础设施领域的投资，我们在本节使用了中国全球投资追踪（China Global Investment Tracker，CGIT）数据库。该数据库由美国传统基金会和美国企业研究所联合发布，包含 2005 年以来中国各类企业对交通、能源、房地产等行业的大型对外投资交易及其最终流向国。我们利用该数据库的信息，计算出中国对“一带一路”沿线国家的对外直接投资存量，并将其细分为基础设施类和非基础设施类的投资。具体是将物流、交通和公共事业领域的投资视为基础设施类投资，而流向其他行业的投资则为非基础设施类投资。

在此基础上，我们构建计量经济学模型，估计中国对外投资对接受投资的“一带一路”国家全球价值链参与度的影响，并对基础设施类投资和非基础设施类投资的影响进行比较。在估计时，我们也控制了其他可能影响全球价值链参与度的经济社会变量，包括劳动力情况、产业结构、资源禀赋、关税以及国家固定效应和时间固定效应。另外，考虑到对外直接投资的时间滞后效应，我们对对外直接投资取滞后项，放入回归估计。

首先，不区分投资流向的领域，先估计中国整体的对外直接投资对“一带一路”国家全球价值链参与度的影响。估计结果显示，中国的对外直接投资对这些国家全球价值链前向参与度和后向参与度均有显著正向的影响。而且，无论取对外直接投资的滞后项，还是加入控制变量，估计结果没有明显变化。这说明，上述结果较为稳健可靠。具体而言，如果中国的对外直接投资增加 1%，那么接受这些投资的“一带一路”国家的全球价值链前向参与度将提高约 2 个百分点，全球价值链后向参与度将提高约 3 个百分点。也就是说，这些国家的全球价值链参与度将提高 5 个百分点。根据第 3 章的分析，平均来看，“一带一路”国家的全球价值链参与度为 20%～22%。那么，5 个百分点的变化已经是较大的影响了。具体的估计结果请见本章附录 2 的附表 2－1。

其次，将中国的对外直接投资进一步划分成基础设施类和非基础设施类。估计结果显示，两类投资都对接受投资的“一带一路”国家的全球价值链前向参与度和后向参与度产生积极的促进作用，基础设施类对外直接投资对全球价值链前向和后向参与度的影响要大于非基础设施类的对外直接投资，而且基础设施类对外直接投资的影响存在时间滞后效应。此外，两类投资对全球价值链后向参与度的影响均大于对全球价值链前向参与度的影响。具体的估计结果请见本章附录 2 的附表 2-2 和附表 2-3。

综上，中国对外直接投资对“一带一路”沿线国家全球价值链前后向参与度产生正面的促进作用，其中对全球价值链后向参与度的影响要大于前向参与度。在对中国对外直接投资进行分类之后，基础设施类对外直接投资对全球价值链的影响要大于非基础设施类对外直接投资，且基础设施类对外直接投资存在明显的滞后效应。上述结果从全球价值链的视角进一步验证了中国对“一带一路”国家进行大量基础设施投资的重要性。

4.3.2 中国的基础设施援助对“一带一路”国家参与全球价值链的影响

中国的对外援助，是在南南合作的框架下，向其他发展中国家提供力所能及的援助，支持并帮助发展中国家减少贫困、改善民生。根据中国国务院新闻办公室发布的《中国的对外援助（2014）》白皮书，亚洲和非洲是中国对外援助的主要地区，成套项目建设和物资援助是主要援助方式，技术合作和人力资源开发合作也在不断增长。援助资金分为无偿援助、无息贷款和优惠贷款三种方式。其中，无偿援助大约占援助总额的 36%，重点用于受援国的中小型社会福利项目（如医院等）、人力资源合作、技术合作、物资援助和紧急人道主义援助等；无息贷款主要是用于帮助受援国建设社会公共设施和民生项目，约占援助总额的 8%；而优惠贷款主要是帮助受援国建设有社会经济效益的生产型项目、大中型基础设施项目等，约占援助总额的 56%。由此可见，在中国的对外援助中，有相当一部分是流向基础设施领域的，而基础设施的改善将会提高受援国的全球价值链融入程度。另外，援助的对象主要是发展中国家，而“一带一路”国家大多为发展中国家，它们很有可能既接受了中国的对外直接投资，也接受了中国的对外援助。

为了评估中国的对外援助，尤其是基础设施类的对外援助对“一带一路”沿线受援国全球价值链参与的影响，我们需要了解中国对外援助的国家以及在受援国的援助领域。然而，官方统计并未公开披露中国对外援助的具体流向。因此，我们采用美国威廉玛丽学院的 AidData 数据库进行分析。该数据库包含

2000—2014 年期间约 5 000 个中国对外援助项目，有资金流向的领域和援助数额等相关信息。该数据库将中国对外援助分为官方发展援助（ODA）、其他官方援助或非官方发展援助（OOF）以及无法准确归类的援助三类。虽然该分类与中国的官方定义不同，但与 OECD 的定义相同，因此具有一定的说服力。根据王朝阳（2020）基于该数据库的统计，2000—2014 年期间，中国对“一带一路”沿线国家的援助总额达 1 131 亿美元，占中国对外援助总额的比例超过了 40%。

利用该数据库，我们先计算出 2000 年以来中国对“一带一路”沿线国家的对外援助存量，并将其细分为基础设施类援助和非基础设施类援助。具体是将其中的交通与仓储、其他社会基础设施和服务、通信、供水与卫生、一般环境保护等视为基础设施类援助，而诸如教育和医疗等流向其他领域的援助则视为非基础设施类援助。结果发现，中国对“一带一路”沿线国家的对外援助，以基础设施类援助为主，占比超过了 60%。这主要是帮助受援国提高基础设施水平，以实现其自主发展。

与上文对中国对外直接投资的影响评估相似，这里我们也构建计量经济学模型，对接受中国对外援助的“一带一路”国家的全球价值链参与度进行回归分析。估计结果显示，中国对外援助对“一带一路”国家的前向参与度有显著促进作用。具体而言，如果中国对外援助金额增加 1%，那么，接受援助的“一带一路”国家的前向参与度提升 0.7 个百分点。但是，中国对外援助对沿线国家全球价值链后向参与度的影响不显著。将对外援助细分成基础设施类和非基础设施类，结果发现：中国的基础设施类对外援助和非基础设施类对外援助，都对沿线国家的全球价值链前向参与度产生促进作用，而非基础设施类援助对后向参与度有显著正向的影响。具体估计结果见本章附录 2 的附表 2-4。

4.3.3 异质性分析与影响机制检验

考虑到中国对外直接投资和对外援助对“一带一路”沿线国家全球价值链参与度的影响可能存在国家异质性，特别是对于已经在不同程度上融入全球价值链的国家，其受到来自中国的投资和援助的影响可能存在差异，我们进行分位数回归，对异质性进行检验。

从中国对外直接投资对“一带一路”国家全球价值链参与度的影响来看，无论是前向参与度还是后向参与度，都是参与度位于 75% 分位点时受到的影响大于 25% 和 50% 分位点处的影响；而且，不同分位点处的影响都是显著的。这说明，无论某个“一带一路”国家的全球价值链参与度是高（75% 分位点）还是低（25% 分位点），其全球价值链的前向和后向参与度都会受到中国对外直接投资的正向影响，而且，在本来就已深度参与全球价值链生产分工的国家这种影响更大。

从中国对外援助对“一带一路”国家全球价值链参与度的影响来看，对于前向参与度，也是参与度处在高分位点的国家受到的影响更大；对于后向参与度，无论处于哪个分位点，对外援助的影响都不显著，这与上文结果一致。这说明，中国的对外援助对“一带一路”国家的全球价值链后向参与度没有显著的影响，但对于前向参与度较高的国家有进一步的深化参与的积极作用。具体估计结果见本章附录 2 的附表 2 – 5。

另外，为了进一步验证中国的对外直接投资和对外援助影响“一带一路”国家全球价值链参与度的机制，我们用 LPI 指标、专利申请数、研发支出占 GDP 比重、中学入学率作为机制变量，进行回归分析。其中，LPI 主要反映“一带一路”国家的基础设施情况；而专利申请数、研发支出占 GDP 比重和中学入学率主要考察创新技术和人力资本情况。由于基础设施、技术水平、人力资本水平都会影响全球价值链的参与，我们主要从这些方面来检验中国对外直接投资和对外援助发挥作用的渠道，即中国的对外直接投资和对外援助是否影响了“一带一路”国家的基础设施、技术水平和人力资本，进而进一步影响了其全球价值链参与度。具体估计结果见本章附录 2 的附表 2 – 6。

估计结果显示，中国基础设施类的对外投资和基础设施类的对外援助都对“一带一路”国家的 LPI 产生了积极影响，其中对外投资的影响大于对外援助，而非基础设施类的投资和非基础设施类的援助对 LPI 的影响并不显著。与此同时，结果发现，中国基础设施类的对外投资和对外援助对研发和人力资本的影响不显著；而非基础设施类的对外投资和对外援助均对研发和人力资本产生积极的影响。这说明，无论是对外投资还是对外援助，基础设施类和非基础设施类项目影响全球价值链参与度的机制是不同的。具体而言，中国基础设施类的对外投资和对外援助可以通过改善“一带一路”国家的基础设施条件来影响其参与全球价值链的程度。而教育、医疗、技术和人力资源的开发合作等非基础设施类的投资和援助项目可以提升“一带一路”国家的创新技术水平和人力资本水平，为融入全球生产提供技术和储备一定基础技能的劳动力，进而推动其参与全球价值链。

附录 1 “一带一路”国家的基础设施对全球价值链参与的影响

附表 1-1　　基础设施对全球价值链参与的影响评估

	被解释变量：GVCs 前向参与度	被解释变量：GVCs 后向参与度	被解释变量：GVCs 前向参与度	被解释变量：GVCs 后向参与度
LPI	0.752* （0.417）	1.686*** （0.472）		
跨境贸易指数			0.015 （0.044）	0.229*** （0.046）
初始人口	-0.105** （0.040）	-0.162*** （0.046）	-0.046** （0.018）	-0.110*** （0.019）
初始人均 GDP	-0.080 （0.089）	-0.557*** （0.100）	-0.004 （0.052）	-0.486*** （0.054）
初始农业增加值占 GDP 比重	-0.327** （0.160）	-0.925*** （0.182）	-0.247*** （0.070）	-0.536*** （0.072）
初始工业增加值占 GDP 比重	0.327* （0.189）	0.439** （0.214）	0.339*** （0.084）	-0.062 （0.086）
合同执行指标	0.125 （0.204）	1.137*** （0.231）	0.119 （0.122）	1.161*** （0.125）
区域控制变量	Y	Y	Y	Y
年份控制变量	Y	Y	Y	Y
观测值	165	165	518	518
调整后 R^2	0.406	0.455	0.419	0.428

注：括号中是稳健性标准误。***、**、*分别代表 1%、5%和 10% 的显著性水平。基础设施指标和参与度等指标，均取对数。Y 表示控制相关变量。

附录 2　中国对外直接投资和对外援助对“一带一路”国家参与全球价值链的影响

附表 2-1　　中国对外直接投资对“一带一路”国家全球价值链参与度的影响

	被解释变量：前向参与度			被解释变量：后向参与度		
	（1）	（2）	（3）	（4）	（5）	（6）
OFDI 对数	2.138** （0.877）	1.984** （0.868）	2.094** （0.925）	1.436* （0.795）	2.751*** （0.628）	2.798*** （0.722）
制造业占比		-0.041 （0.285）	0.083 （0.307）		-0.145 （0.200）	-0.092 （0.222）
自然资源禀赋		0.065 （0.041）	0.063 （0.040）		-0.250*** （0.027）	-0.243*** （0.029）
劳动力参与率		0.513*** （0.092）	0.464*** （0.078）		0.674*** （0.061）	0.647*** （0.058）
关税		-1.366*** （0.293）	-1.574*** （0.287）		-1.200*** （0.230）	-1.265*** （0.258）
国家控制变量	Y	Y	Y	Y	Y	Y
年份控制变量	Y	Y	Y	Y	Y	Y
观测值	160	136	117	160	136	117
调整后 R^2	0.078	0.542	0.631	0.044	0.646	0.702

注：括号内为稳健性标准误。***、**、*分别表示 1%、5% 和 10% 显著性水平。第 1 列和第 4 列只控制国家和时间固定效应，对外直接投资滞后一期；第 2 列和第 5 列加入控制变量；第 3 列和第 6 列将对外直接投资滞后两期。Y 表示控制相关变量。

附表 2-2　　中国基础设施类和非基础设施类对外直接投资对“一带一路”国家前向参与度的影响

	被解释变量：前向参与度					
	（1）	（2）	（3）	（4）	（5）	（6）
基础设施类 OFDI 对数	2.223*** （0.712）		2.057 （1.273）	2.645*** （0.759）		3.247** （1.313）
非基础设施类 OFDI 对数		1.561* （0.830）	0.203 （1.414）		1.595* （0.924）	-0.731 （1.498）

续表

	被解释变量：前向参与度					
	（1）	（2）	（3）	（4）	（5）	（6）
制造业占比	−0.007 （0.282）	−0.084 （0.275）	−0.015 （0.257）	0.094 （0.295）	0.053 （0.302）	0.103 （0.278）
自然资源禀赋	0.107** （0.043）	0.058 （0.040）	0.102** （0.044）	0.110** （0.042）	0.055 （0.039）	0.127*** （0.034）
劳动力参与率	0.516*** （0.087）	0.494*** （0.089）	0.518*** （0.091）	0.468*** （0.074）	0.453*** （0.080）	0.463*** （0.077）
关税	−1.370*** （0.295）	−1.401*** （0.298）	−1.366*** （0.299）	−1.630 （0.283）	−1.591*** （0.298）	−1.677*** （0.307）
国家控制变量	Y	Y	Y	Y	Y	Y
时间控制变量	Y	Y	Y	Y	Y	Y
观测值	136	136	136	117	117	117
调整后 R^2	0.553	0.536	0.553	0.655	0.622	0.657

注：括号内为稳健性标准误。***、**、*分别表示 1%、5%和 10% 显著性水平。第 1 列到第 3 列为对外投资滞后一期的估计结果。第 4 列到第 6 列为对外投资滞后两期的估计结果。Y 表示控制相关变量。

附表 2−3　　中国基础设施类和非基础设施类对外直接投资对“一带一路”国家后向参与度的影响

	被解释变量：后向参与度					
	（1）	（2）	（3）	（4）	（5）	（6）
基础设施类 OFDI 对数	2.912*** （0.532）		2.608*** （0.746）	2.862*** （0.682）		2.209* （1.143）
非基础设施类 OFDI 对数		2.092*** （0.595）	0.370 （0.821）		2.375*** （0.694）	0.793 （1.141）
制造业占比	−0.100 （0.199）	−0.203 （0.196）	−0.115 （0.183）	−0.087 （0.214 4）	−0.131 （0.221）	−0.097 （0.209）
自然资源禀赋	−0.193*** （0.031）	−0.258*** （0.026）	−0.202*** （0.026）	−0.189*** （0.034）	−0.257*** （0.027）	−0.208*** （0.030）

续表

	被解释变量：后向参与度					
	（1）	（2）	（3）	（4）	（5）	（6）
劳动力参与率	0.672*** （0.063）	0.646*** （0.061）	0.676*** （0.063）	0.640*** （0.065）	0.639*** （0.057）	0.646*** （0.062）
关税	−1.216*** （0.234）	−1.253*** （0.240）	−1.209*** （0.233）	−1.372*** （0.266）	−1.263*** （0.261）	−1.321*** （0.271）
国家控制变量	Y	Y	Y	Y	Y	Y
年份控制变量	Y	Y	Y	Y	Y	Y
观测值	136	136	136	117	117	117
调整后 R^2	0.662	0.625	0.663	0.712	0.694	0.715

注：括号内为稳健性标准误。***、**、*分别表示 1%、5% 和 10% 显著性水平。第 1 列到第 3 列为对外投资滞后一期的估计结果。第 4 列到第 6 列为对外投资滞后两期的估计结果。Y 表示控制相关变量。

附表 2-4　中国对外援助对“一带一路”国家全球价值链参与度的影响

	被解释变量：前向参与度				被解释变量：后向参与度			
	（1）	（2）	（3）	（4）	（1）	（2）	（3）	（4）
对外援助对数	0.726** （0.261）				0.101 （0.157）			
基础设施类对外援助对数		0.664* （0.350）		0.104 （0.145）		0.071 （0.164）		−0.136 （0.130）
非基础设施类对外援助对数			0.911*** （0.186）	0.840*** （0.170）			0.217 （0.151）	0.310** （0.107）
制造业占比	−0.175 （0.341）	−0.146 （0.340）	−0.298 （0.383）	−0.291 （0.379）	0.551** （0.218）	0.546** （0.219）	0.589** （0.222）	0.599** （0.227）
自然资源禀赋	−0.019 （0.151）	−0.035 （0.145）	−0.060 （0.120）	−0.058 （0.124）	−0.181 （0.130）	−0.184 （0.128）	−0.188 （0.130）	−0.192 （0.130）
劳动力参与率	−0.556 （0.576）	−0.551 （0.550）	−0.661 （0.589）	−0.647 （0.594）	1.560** （0.579）	1.560** （0.583）	1.580** （0.561）	1.590** （0.571）
关税	0.199 （0.140）	−0.205 （0.143）	−0.220* （0.110）	−0.218* （0.114）	−0.390* （0.208）	−0.389* （0.208）	−0.387* （0.215）	−0.385* （0.219）

续表

	被解释变量：前向参与度				被解释变量：后向参与度			
	（1）	（2）	（3）	（4）	（1）	（2）	（3）	（4）
国家控制变量	Y	Y	Y	Y	Y	Y	Y	Y
年份控制变量	Y	Y	Y	Y	Y	Y	Y	Y
观测值	61	61	61	61	61	61	61	61
调整后 R^2	0.337	0.298	0.425	0.416	0.335	0.333	0.348	0.338

注：括号内为稳健性标准误。***、**、*分别表示 1%、5%和 10% 显著性水平。第 1 列到第 3 列为对外投资滞后一期的估计结果。第 4 列到第 6 列为对外投资滞后两期的估计结果。Y 表示控制相关变量。

附表 2-5　　分位数回归结果

	被解释变量：前向参与度			被解释变量：后向参与度		
	q25	**q50**	**q75**	**q25**	**q50**	**q75**
OFDI 的对数	1.856*** （0.599）	2.454*** （0.878）	3.437** （1.709）	3.442*** （0.731）	3.414*** （0.469）	3.501** （1.574）
对外援助的对数	0.679*** （0.261）	0.717*** （0.277）	0.787 （0.579）	0.162 （0.266）	0.099 （0.179）	0.037 （0.224）

注：括号内为稳健性标准误。***、**、*分别表示 1%、5% 和 10% 显著性水平。q25、q50、q75 分别表示 25%、50% 和 75% 分位点。

附表 2-6　　对外投资和对外援助影响全球价值链参与度的机制检验

	被解释变量：基础设施		被解释变量：研发和人力资本		
	LPI	**LPI**	专利申请数	研发支出占 **GDP** 比重	中学入学率
	（1）	（2）	（3）	（4）	（5）
基础设施 OFDI 对数	0.038 7* （0.022 5）		−0.170 9 （0.1322）	−0.097 6 （0.086 8）	
非基础设施 OFDI 对数	−0.027 9 （0.025 5）		0.505 7*** （0.138 8）	0.344 6*** （0.089 6）	
基础设施类对外援助对数		0.017 2* （0.008 60）			0.004 76 （0.002 97）
非基础设施类对外援助对数		0.007 14 （0.006 17）			0.012 8** （0.005 54）

续表

	被解释变量：基础设施		被解释变量：研发和人力资本		
	LPI	**LPI**	专利申请数	研发支出占 **GDP** 比重	中学入学率
	(1)	**(2)**	**(3)**	**(4)**	**(5)**
人均 GDP	−0.005 7 (0.044 0)	0.604** (0.261)	1.104 3*** (0.158 2)	0.459 0** (0.192 8)	−0.070 4 (0.234)
制造业占比	0.169 1 (0.205 5)	0.007 07 (0.005 60)			
城镇化水平	0.498 7** (0.229 4)	0.068 0** (0.030 6)			
服务业发展			−6.112 8** (3.206 5)	4.713 5 (3.105 3)	−0.002 95 (0.004 01)
教育水平			0.066 4 (0.139 6)	0.371 6*** (0.115 4)	0.045 9** (0.019 0)
调整后 R^2	0.492	0.557	0.817	0.869	0.238
观测值	62	50	89	57	42

注：括号内为稳健性标准误。***、**、*分别表示 1%、5% 和 10% 显著性水平。

第 5 章

交通运输服务与全球价值链：以中国“营改增”为例

5.1 中国“营改增”与交通运输服务

基础设施影响一国参与全球价值链的程度和位置，这既包括硬性基础设施条件，如铁路和公路的密度等，也包括软性基础设施水平，即交通运输服务的质量。在融入全球价值链的过程中，两者缺一不可。一方面，在常用的衡量基础设施的指标体系中，往往会纳入交通运输服务和物流体系的相关指标。例如，世界银行的物流绩效指数（LPI）包括子指标物流服务质量、海关效率、国际航空运输的容易度等，这均与一国的交通运输服务相关。另一方面，在“一带一路”的建设中，不仅有硬性基础设施的互联互通项目，如铁路和公路的建设等，也有运输服务的国际化，包括提升国内企业的国际运输服务竞争力和运输便利化等内容。然而，与中国货物贸易大国的地位相比，中国运输服务网络的地位并不相称，网络的影响力需要提升；对此，应发展高端运输服务，提升与全球交通枢纽的连通性，打造国际知名运输企业品牌，全面提升物流绩效水平（王玲等，2021）。2019 年，中共中央、国务院发布了《交通强国建设纲要》，提出到 2035 年要基本建成交通强国，到 21 世纪中叶，要建成世界前列的交通强国，并在运输服务等方面提出了具体的要求和任务。

对于交通运输服务的提升，除了在科技进步、人才培养、国际合作等方面做出努力以外，还可以通过减轻交通运输服务企业的税负来促进企业发展，进而提高服务的供应和质量。一方面，减轻税负相当于降低企业提供服务的成本，企业能够留存更多利润，这会激励企业提供更多的服务。另一方面，减轻税负也会减少企业面临的融资约束，使企业有更多资金可以用于投资、研发等活动，进而提升服务的质量。因此，减轻交通运输企业税负的政策有助于促进交通运输服务行业的发展。鉴于交通运输在全球价值链发展中的重要作用，这将进一步提高中国在全球价值链上的参与度。

除了普适性的结构性减税政策以外，近年来影响中国交通运输企业税负的一个重要政策是“营改增”，即“营业税改征增值税”改革，也称为“增值税扩围”改革。在改革之前，交通运输业以及其他服务行业适用营业税，即对营业额征税；而制造业行业适用增值税，即仅对增值额征税。在改革之后，营业税取消，交通运输业及其他服务业也征收增值税。但这个改革的过程是渐进的，而交通运输业是最先进行改革试点的行业之一。具体而言，2011 年，财政部、国家税务总局印发了《营业税改征增值税试点方案》。2012 年 1 月 1 日，上海最先对交通运输业和部分现代服务业进行了“营改增”改革。其中，交通运输业包括陆路运输服务、水路运输服务、航空运输服务、管道运输服务，但不包括铁路运输服务；现代服务业包括研发和技术服务、信息技术服务、文化创意服务、物流辅助服务、有形动产租赁服务和鉴证咨询服务。之后，改革试点扩大到北京、江苏、安徽、福建、广东、天津、浙江、湖北，并于 2013 年 8 月 1 日扩至全国。从 2014 年开始，试点覆盖的服务业行业也在不断增加。铁路运输业、邮政业、电信业也被纳入改革。2016 年 5 月 1 日之后，营业税彻底被取消，所有的服务业行业都征收增值税。

作为最先试点的行业之一，交通运输业在“营改增”改革之后，税负下降。一方面，税基减小，税基从销售额变为增值额；另一方面，在服务业和制造业之间打通了增值税抵扣链条，交通运输业企业从其他服务业企业购买的服务（如研发和咨询等）可以获得增值税的进项抵扣，同时，从制造业企业购买的产品和设备也可以得到抵扣。因此，交通运输企业可享受税负下降带来的一系列好处，包括成本下降、利润增加、融资约束减轻、可用于投资和研发的资金增加等，进而从供给端提升交通运输服务的供给水平和质量。与此同时，其他行业的企业购买交通运输服务也可以进行增值税的进项抵扣，进而企业税负下降。因此，其他企业将运输服务外包给专业的交通运输企业的激励增强，这将增加交通运输服务的需求，进而从需求端拉动交通运输企业的发展。因此，“营改增”从供给端和需求端都促进了交通运输服务的提升。

虽然在理论上如此，但是，已有研究采用交通运输企业的实际数据有不同的发现。例如，王玉兰和李雅坤（2014）分析了在上海证券交易所上市的交通运输业企业的税负，发现在“营改增”之后，其税负不降反升。而李伟和李卫平（2016）也采用上市公司的数据，却发现“营改增”显著降低了交通运输业企业的税负，并明显提升了其盈利能力。邹筱（2016）分析了物流业上市公司的税负，发现“营改增”之后，物流企业的税负先升后降，政策在整体上促进了物流企业的发展。上述研究之所以会有不同的结论，主要是分析的样本时期和对象不同。税负不降反升的观点，主要是因为在改革之后，交通运输业的名义税率升高。2012 年，在“营改增”之后，对于增值税一般纳税人，交通运输业提供服务的税率是 11%；对于增值税小规模纳税人，税率是 3%。而在“营改增”之前，所有交通运输企业的营业税税率均为 3%。由此可见，在改革之后，小规模纳税人的税率未变，还是 3%，但一般纳税人的税率提高了。因此，有些研究认为，这将增加交通运输企业的税负。但是，需要注意的是，税负的大小既与税率的高低有关，也与税基的大小有关。在改革之后，税基变小了，交通运输业企业购买的服务、产品和设备可以得到进项抵扣，尤其是交通运输业企业使用的固定资产较多（如车辆等运输设备），那么获得的进项抵扣也较多。因此，税率的提高不一定会增加税负，这还取决于税基的变化。

考虑到上市公司较为特殊，不能反映行业的整体情况，赵静（2016）采用全国税收调查数据，分析了“营改增”对包括交通运输业在内的服务业的影响。经测算，在 2012 年，如果没有发生“营改增”，那么平均而言，一家交通运输企业应缴营业税 96 781 元；在“营改增”实施之后，这家企业应缴增值税是 40 700 元，相较于之前的营业税下降了 56 081 元，降幅达到 58%。因此，从平均水平来看，“营改增”并没有增加交通运输业企业的税负，反而使其税负大幅降低。进一步的实证分析发现，“营改增”增加了交通运输企业及其他相关服务企业的服务供给，主要表现为外购设备和原材料增加，雇用的人数增加，资本密集度提高，最终营业收入增加。从需求端来看，“营改增”提高了改革试点地区的制造业企业将服务外包给服务业企业的概率，而且其外购交通运输服务的费用增加了 12.9%。因此，无论从服务的供给端来看，还是从服务的需求端来看，“营改增”都促进了交通运输企业的发展，提升了服务的量和质。

5.2　中国“营改增”、出口与全球价值链升级

交通运输服务是连接全球价值链上不同环节的重要桥梁，对一国或地区融入全球价值链有重要影响。而很多出口活动，如中间品出口和加工贸易出口等，都属于全球价值链活动。因此，对“营改增”和出口的关系进行分析，可以为“营改增”对全球价值链参与的影响提供参考。

交通运输服务的改善有利于促进出口；而“营改增”推动了交通运输服务的发展。因此，“营改增”有利于出口，已有研究证实了这一点。例如，田彬彬和范子英（2017）发现，与非试点地区相比，“营改增”试点地区企业的出口强度显著提升。而且，与服务业关联度越高的制造业企业，其出口强度提升越多。彭飞和毛德凤（2018）也发现，“营改增”降低了企业的出口成本，增加了企业的出口收入和出口利润。除了增加出口的量之外，“营改增”也提升了出口的质。谢申祥等（2022）发现，“营改增”有利于促进出口质量升级。这主要是因为：一方面，“营改增”会促进制造业企业将交通运输服务及其他服务外包，即促进制造业和服务业的专业化分工，这将提升效率，促使企业深攻主业。另一方面，“营改增”有助于促进企业的规范经营。在“营改增”之前，企业可能从非正规经营的单位购买交通运输、咨询等服务；在“营改增”之后，由于非正规单位无法出具增值税发票，而企业外购服务需要获得增值税发票才能进行进项抵扣，所以企业会倾向于从正规的、可以出具发票的单位购买有质量保证的服务。从这一点来看，“营改增”有助于提升质量。此外，除了推动货物贸易的发展，“营改增”也有助于促进服务贸易出口（林小玲和唐荣，2022）。这一方面是因为“营改增”促进了交通运输企业和其他服务企业

的发展，另一方面是因为增值税有出口退税的政策，服务贸易出口也可享受相关退税。

从整体上看，“营改增”对交通运输服务，进而对出口，均有显著的促进作用。由于出口能在一定程度上反映一国或地区参与全球价值链的程度，可以说，“营改增”有助于促进中国参与全球价值链。在此基础上，我们进一步分析“营改增”对中国沿全球价值链升级的影响。需要说明的是，在全球价值链的分析框架中，全球价值链参与和全球价值链升级是两个迥然不同的概念，具有不同的内涵。全球价值链参与反映的是一国或地区融入全球价值链的程度，即在生产活动中有多少属于全球价值链生产和贸易活动；而全球价值链升级反映的是一国或地区在全球价值链上的位置移动，即从低增加值环节移动到高增加值环节，例如从微笑曲线底端的加工组装环节移动到两端的服务环节（研发、设计、售后、营销等）。参与全球价值链的程度加深不一定意味着沿全球价值链攀升；同样，沿全球价值链升级，也不代表参与度一定提高。长期以来，中国参与全球价值链的程度在不断加深，但大部分都是低增加值环节的加工组装活动，如苹果手机和电脑的组装，中国从全球价值链参与中获得的收益较为有限。对此，近年来，中国政府发布了一系列的政策文件和倡议，推动中国沿全球价值链向高端跃升，具体举措包括促进加工贸易转型升级、建立高新技术产业园区、发展先进制造业等。实际上，“营改增”作为近年来最为重要的税制改革之一，促进了交通运输服务业及其他生产性服务业的发展，增强了服务业与制造业的分工与融合，其实也有助于推动中国沿全球价值链攀升。

具体而言，“营改增”促进了专业化分工。陈钊和王旸（2016）发现，在“营改增”之后，越来越多的制造业企业将服务外包给服务业企业。企业“大而全”“小而全”的情况有所缓解，企业可以专心于主业。梁若冰和叶一帆（2016）采用福建省 20 521 家制造业企业和 7 389 家服务业企业的增值税发票数据，发现“营改增”促进企业与其上下游企业之间进行贸易，即促进了企业间贸易和分工。也就是说，“营改增”延长了国内价值链。范子英和彭飞（2017）也发现，对于与上游行业有较为紧密关系的企业，“营改增”有明显的减税效应和分工效应。同时，由于改革之后固定资产投资的税收可以作为进项税抵扣，企业增加了固定资产投资，提升了技术水平。

同时，“营改增”也促进了企业创新。一方面，改革之后，企业的税负减轻，融资约束放松，有更多的资金用于研发投入，包括新技术和新产品等。另一方面，研发服务是最先进行“营改增”改革的服务行业之一，这意味着，企业购买研发服务，可以对相应的税额进行进项抵扣，这相当于降低了企业购买研发服务的成本，将激励企业从外部的研发机构或其他企业购买更多的研发服务。因此，从这两点来看，“营改增”有创新效应。已有一些研究对此进行了实证检验，发现创新效应确实存在。例如，袁建国等（2018）发现“营改增”提高了企业研发投入的强度，激励企业开展创新。毛捷等（2020）也发现，“营改增”使得企业现金流得到改善，进而促进创新。王桂军和曹平（2018）发现，虽然“营改增”降低了制造业企业的自主创新意愿，但提高了其从外部引进技术的水平。

由于“营改增”有促进专业化分工和创新的作用，而两者均是影响生产率的重要因素，所以，“营改增”会提高生产率。“营改增”不仅提升了服务业企业的全要素生产率（谢获宝和惠丽丽，2021），也提高了制造业企业的生产率（李永友和严岑，2018）。而生产率的提升会使得企业的增加值收益提高，即促进全球价值链升级。虽然已有研究证实了“营改增”对专业化分工、创新和生产率的积极影响，但鲜有文献对“营改增”与全球价值链升级的关系进行实证检验。这可能是因为与全球价值链相关的量化核算方法发展较晚，直到最近几年，相关方法才逐渐成熟完善。

对此，我们采用 HS 6 位码产品层面的进出口贸易数据，估算了城市的出口国内增加值率（即国内增加值占出口的比例，也称为出口国内附加值率，英文简写 DVAR），并将其作为全球价值链升级的度量指标。这与已有研究的做法一致（如许家云和徐莹莹，2019）。我们利用“营改增”试点在不同地区推开的时间差异，采用双重差分法进行实证研究。研究样本的期间是 2010—2015 年。一方面，我们采用国际金融危机之后的数据，可以避免研究受到国际金融危机的干扰。在国际金融危机期间，全球价值链的发展受阻，如果用国际金融危机期间的数据，那么全球价值链相关指标的变动可能主要受到国际金融危机的影响，难以观测到其他因素对全球价值链的影响。另一方面，由于 2016 年营业税彻底被取消，全国各地都不再征收营业税这一税种，所以从 2016 年开始，不同城市之间在是否征收营业税上不再存在差异，那么双重差分法不再有处理组城市和对照组城市的划分，因此也不再适用。因此，分析的期间是 2010—2015 年。图 5-1 展示了在此期间中国各城市的出口国内增加值率。可以看到，一些城市处于 45 度线之上，说明 2015 年的出口国内增加值率大于 2010 年，实现了沿全球价值链的升级。

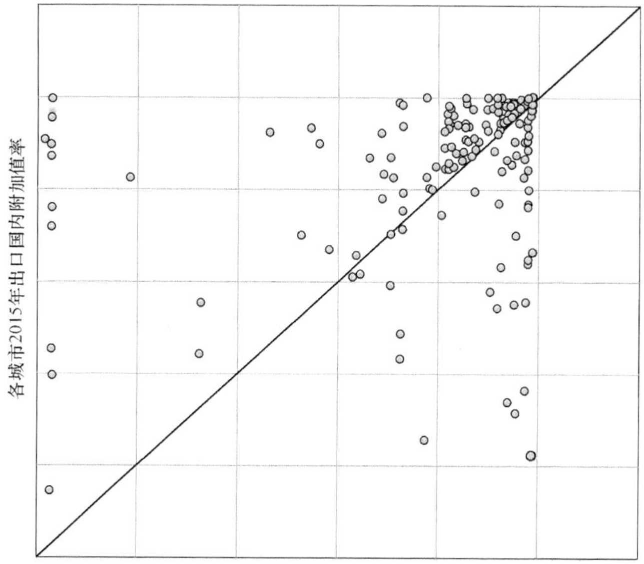

图 5-1　2010 年和 2015 年中国各城市出口国内附加值率

资料来源：作者计算。

双重差分法的实证结果表明，“营改增”确实会促进试点城市沿全球价值链升级。试点城市的出口国内增加值率在“营改增”之后提升了 3 个百分点。这种正向影响在控制了城市特征、城市固定效应和年份固定效应之后仍然存在，而且在将研究方法换成倾向得分匹配-双重差分法（PSM-DID）之后也仍有正向影响。因此，“营改增”促进全球价值链升级是一个较为稳健的结论。而且，我们也采用城市的专业化分工水平和创新专利数目进行了中介效应检验，结果发现，“营改增”确实提升了城市的专业化分工和创新水平，并进一步促进在全球价值链中地位的攀升。因此，推动交通运输服务和其他生产性服务业发展的

“营改增”这一税制改革确实有促进全球价值链升级的积极作用。从这一点来看，为了推动全球价值链发展，未来各国不仅应加强硬性基础设施的建设，促进地理上的互联互通，也应注重软性基础设施服务的发展，这对中国在全球价值链中的地位攀升有重要意义。而优化税制结构的改革可以作为其中一个政策工具。

第 6 章

基础设施与全球价值链发展的环境效应

6.1 “一带一路”基础设施建设对环境的直接影响

“一带一路”基础设施建设覆盖了较为广阔的地理范围，也涉及多类不同项目（如铁路、公路、发电厂等），可能会对环境产生较为复杂的影响。Losos 等（2019）和世界银行（2019）对“一带一路”基础设施项目的环境效应进行了分析，并将其分为直接影响和间接影响。其中，直接影响主要包括对非生物的影响（如对土壤、地形和水文的影响，空气污染）、对生态系统的影响（如栖息地）、对野生动物的影响（如生物多样性）等。直接影响与交通和能源等基础设施项目直接相关，而且往往易于识别和测量，如能源基础设施项目的温室气体排放量；而间接影响则主要是基础设施项目引起的交通运输成本和土地使用成本变化所产生的环境效应，往往更为复杂，影响也更为广泛。需要注意的是，“一带一路”基础设施建设对环境的影响不仅是在项目建设期间产生，也会在后续的项目运营阶段产生。基于 Losos 等（2019）和世界银行（2019）的研究，下面分别对直接环境影响和间接环境影响展开分析。

从“一带一路”基础设施的直接环境影响来看，首先是对土壤、地形和水文的影响。例如，在山区修建公路、桥梁或铁路，许多路线经过地势陡峭的地方，可能会带来水质变化、碎屑沉积和泥沙侵蚀等影响，进而可能会增加山体滑坡和洪水发生的风险，并影响住在山区或其下方的居民。另外，“一带一路”

基础设施项目可能会增加或减少污染，包括空气污染、水污染、噪声污染等。例如，修建使用清洁能源的发电厂来替代燃煤发电厂，将减少二氧化硫（SO_2）和其他温室气体排放。新的公路和铁路建成并运营之后，可能会增加空气污染和噪声污染。但不同交通运输方式产生的污染程度不同，交通运输方式的替换可能会减少污染。例如，在“一带一路”项目中，一些原本只能依靠公路运输的地方，新修了铁路，增加了铁路运输，这将减少污染。这是因为，铁路的运力和燃油效率高于公路运输。与卡车运输相比，传统货运铁路的燃油效率要高出 2～5 倍。又如，在铁路升级项目或高铁修建项目完成之后，货物从传统铁路运输转成高铁运输，也将减少污染物排放和噪声污染。这是因为，传统货运铁路主要依靠柴油等燃料，而高铁主要是电力驱动，而且高铁运输的速度更快，周围生物受噪声影响的时间更短。因此，用高铁运输来替代之前的公路运输和传统铁路运输，将减少空气污染和噪声污染。此外，基础设施项目引致的需求变化，如运输量增加等，也会对环境产生影响，这一点将在间接影响的部分进行讨论。

“一带一路”基础设施的直接环境影响，也包括其对生态系统的影响。例如，修建公路和铁路可能会损害周边的生态系统，如森林砍伐等。Geist 和 Lambin（2001）对现有文献中关于热带森林砍伐的影响因素进行了分析，在他们所研究的 152 个案例中，有 61% 的案例（93 个）表明公路的扩建是造成森林砍伐的直接原因，而在 11% 的案例（17 个）中，铁路的扩建是直接原因。同时，基础设施项目的建设可能会导致栖息地的碎片化。公路网和铁路网常常将大片栖息地分割成小块，导致景观剧烈变化，丧失支持健康生态系统、动植物种群和其他生态系统服务的能力。细碎的交通网、密集的小路对碎片化的影响较大。而“一带一路”基础设施项目大多是大型公路或铁路，从这一点来看，其对碎片化的影响较小。而且，通过用大型交通网替代细碎的交通网，可能会在一定程度上减少碎片化，有利于生态系统的恢复和保护。另外，公路和铁路的修建会改变栖息地的边缘地带，从而对物种的竞争与生存产生影响。公路和铁路沿线的风力、污染、光线、噪声的变化可能很微妙，可能会使物种竞争更有利于适应边缘地带生存的物种，而这些物种往往是非本地的、繁殖力更强的物种（如杂草），而当地的脆弱物种则受到不利影响。

基础设施项目也可能对野生动物产生直接影响。一方面，基础设施项目的建设可能破坏了野生动物的栖息地，影响了其生活。例如，高速公路的建设可能增加了野生动物与车辆相撞的概率；公路或铁路的围栏或其他屏障可能给野生动物的移动和迁徙造成了阻碍，影响其相关行为。另一方面，交通网的扩展，尤其是连接林区与边境的公路，增加了野生动物偷猎和非法交易的可能性，为野生动物的生存带来更严重的威胁。

6.2 “一带一路”基础设施建设对环境的间接影响

“一带一路”基础设施项目可能会通过影响运输成本、运输需求、土地使用成本等影响当地企业的生产决策和居民行为，进而对环境产生间接的影响。例如，交通路线往往会增加沿线地区的吸引力，可能促使人口向沿线地区流动，或者出现企业迁址的情况。这种变化也与交通基础设施的类型有关。例如，高铁的站点较少，往往设在大中城市，这可能会促使人口进一步向大中城市集中；而高速公路或普通铁路的出入口较多，因此人流也相对较为分散。这些间接影响可能会比直接影响持续的时间更长，影响更为深远。两个特别显著的间接影响是森林覆盖率和温室气体排放量的变化。

从森林覆盖率来看，第一，基础设施项目的建设，如公路的修建，开拓了新的居住区，人们可能会迁移到公路沿线居住，这可能会导致森林砍伐。第二，基础设施的改善、交通网络的扩张降低了运输成本和贸易成本，可能会增加国内贸易和对外贸易的需求，其中可能包括对农产品和林产品（如木材、木制家具等）的需求，这可能会导致森林砍伐。第三，基础设施项目可能增强了农村地区与城市的连通性，促进农业人口向城市流动，并进入城市的制造业和服务业企业就业，即促进城市化。从这一点来看，基础设施建设可能会减少经济对农业和林业的依赖，进而减少森林砍伐。第四，根据环境库茨涅兹曲线，环境与经济增长呈现倒 U 形关系。因此，基础设施带来的经济增长可能会使环境恶化（即森林覆盖率下降），但也可能使环境改善（即森林覆盖率提高），这取决于一国当前的经济发展阶段是处于环境库茨涅兹曲线拐点的左侧还是右侧。换言之，基础设施对环境的影响与当地的经济情况有关。

从温室气体排放来看，基础设施项目对森林砍伐的上述影响，会直接影响温室气体排放。砍伐森林，特别是在热带地区，是碳排放的一个重要来源。另外，基础设施项目可能会通过不同交通运输方式的替代、交通条件改善的引致需求，来影响温室气体排放。从理论上看，燃油效率高的交通方式能够减少能源消耗和温室气体排放。与传统铁路相比，高速铁路具有更高的能源效率和更低的每乘客或每吨货物的温室气体排放量，而传统铁路的效率高于货车和汽车，而货车和汽车的效率又高于航空运输。升级到更高效的运输方式，有助于减少温室气体排放。然而，在实际中，升级到更高效的方式，是否转化成温室气体排放的减少，是不确定的，取决于两种效应的相对大小。一是替代效应，即多少乘客或货物从航空运输、公路运输或传统铁路运输转移到高铁运输。二是引致需求效应，即基础设施的建设和改善产生了多少新的运输需求和新的交通量，进而产生了多少新的温室气体排放。最终的结果往往受交通运输的竞争模式、当地的经济情况、技术水平和能源结构等因素的影响。例如，D’Alfonso 等（2016）比较了高铁和航空运输对温室气体排放的影响，发现高铁的能效更高，但由于引致需求，新的铁路系统往往会增加能耗和温室气体排放。Chen 等（2016）对中国高铁进行了一项一般均衡研究，使用了过去 15 年高铁建设的数据，发现高铁的建设导致了交通运输需求的增加，从而使温室气体的排放变得更多了。由此可见，在考虑“一带一路”基础设施建设的环境影响时，不仅要考虑建设过程中的环境风险，也要考虑在运营之后对环境产生的间接影响，尤其是引致需求效应。此外，上文对环境库茨涅兹曲线的分析，也同样适用于温室气体排放。基础设施对温室气体排放的影响与当地的经济情况有关。

综上所述，“一带一路”的基础设施项目可能对环境产生直接和间接的影响。虽然可能存在一些不利的环境风险，但这些项目也可能对环境保护产生积极影响，如提高森林覆盖率和减少温室气体排放等。这不仅与基础设施项目本身有关，也取决于其他诸多因素，如当地的生态环境脆弱程度、经济发展阶段和城市化水平等。值得说明的是，由于“一带一路”基础设施项目一般都是大型项目，其具有小规模、局部项目所不具备的优势。一方面，大型项目的整体规划可以减少环境风险（如细碎交通网络的碎片化效应）；另一方面，这些大型项目往往有更为谨慎的前期项目可行性研究或影响评估研究，可在其中纳入环境因素，进而使得项目的环境风险更为可控。

6.3　全球价值链对环境的影响

各国参与全球价值链，由于分工地位不同，其环境受到的影响也不同。根据全球价值链的微笑曲线，发展中国家往往处于微笑曲线底端的生产环节，如加工组装等，所从事活动的附加值较低，且对环境的影响较大；发达国家一般占据微笑曲线前端的研发设计等环节，或者是后端的售后和服务环节，这些活动的附加值较高，且对环境的影响较小。如果将价值链上的各环节和所隐含的环境影响画图，将得到一条反转的微笑曲线（见图 6－1）。

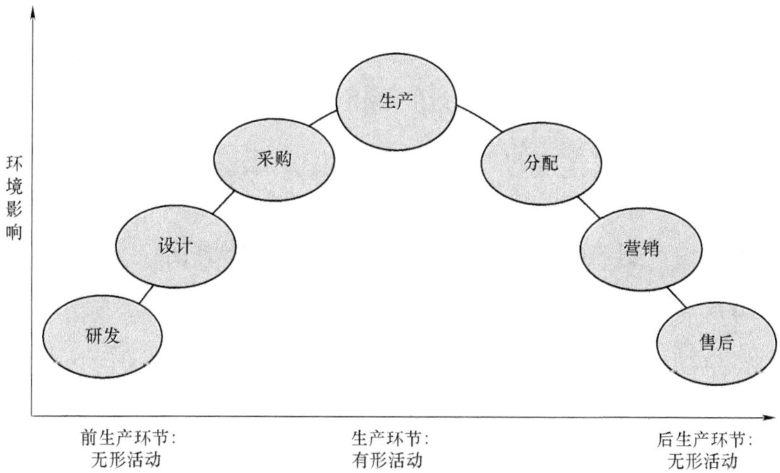

图 6－1　全球价值链分工的环境影响

资料来源：周亚敏（2019）。

不过，发展中国家参与全球价值链的环境效应，最终取决于几种效应的相对大小。第一，如上文所述，发展中国家可能通过劳动密集型行业的生产活动来参与全球价值链，这种分工可能会增加发展中国家的环境污染。第二，全球价值链参与的技术效应。参与全球价值链会产生规模经济、中间品多样性增加、产品质量和工艺改善等效应，带动企业和产业的技术进步，包括环保技术的进步，进而减少参与国的污染排放。第三，全球价值链的竞争效应。为了与发达国家的企业合作，进入发达国家市场，发展中国家的企业会尽量使产品满足发达国家较高的能源使用和环保标准，进而激励企业提高能源使用效率，增加环保投入，提高生产产品的清洁度。第四，全球价值链上的俘获效应。在价值链上，一般是发达国家的大型跨国公司占据主导地位，而发展中国家的企业可能面临“低端锁定”，造成发展中国家的技术进步陷入困境，而且很有可能被锁定在一些低附加值、高污染的全球价值链生产环节，使得污染增加。参与全球价值链之后，发展中国家的环境如何变化将取决于上述多种正向效应和负向效应的相对大小。

吕越和吕云龙（2019）实证研究了中国参与全球价值链对碳排放的影响，他们发现：从工业整体来看，参与全球价值链会显著减少工业行业的贸易隐含碳排放，而且外资流入并没有给中国的环境造成恶化效应，反而促进了环境的改善。但需要注意的是，这种改善效应主要来自全球价值链的前向参与，而后向参与则会提高行业的贸易碳排放。因此，全球价值链的参与方式，即究竟是增加值的提供者（前向）还是增加值的使用者（后向），将会影响一国参与全球价值链的环境效应。程中华和李廉水（2021）采用中国制造业行业的数据，发现制造业的全球价值链参与度和嵌入地位对制造业的绿色全要素生产率有正向影响，也就是说，制造业参与全球价值链有利于绿色增长；不过，提高参与度主要是通过提高技术效率和促进技术进步来提升制造业的绿色全要素生产率，而提高嵌入地位主要是通过促进技术进步和缩小技术差距来实现。张三峰和卜茂亮（2015）发现，通过全球价值链传递的国外非正式规制有利于中国企业环保行为的改善，出口到欧洲和北美有利于促进国内企业采纳较高的环境标准。殷宝庆等（2021）对 43 个“一带一路”沿线国家进行实证分析，发现这些国家与中国进行经贸往来、投资合作中的绿色技术溢出对东道国全球价值链的攀升有显著的促进作用，但这种作用的发挥需要以人力资本、交通基础设施、制度质量等相关支撑条件为前提；而且，对于这些“一带一路”国家而言，在参与“一带一路”建设、承接来自中国的绿色技术溢出、推动全球价值链位置提升的过程中，在交通基础设施等方面还有较大的改善空间。

第 7 章

“一带一路”绿色基础设施建设的政策与建议

7.1 “一带一路”国家的环境政策

环境保护的第一道防线是东道国的政策，中国承诺在所有“一带一路”项目中遵守东道国的标准和规范，因此原则上东道国的政策为每个基础设施项目提供了最低限度的环境保护。几乎每一个“一带一路”国家都有自己的环境政策，包括国家和地方层面的环境保护法律法规、政策、标准、战略等。了解这些政策，是在“一带一路”框架下进行绿色基础设施建设的前提。目前，在国际上，一些机构梳理了不同国家的环境政策和数据，并与公众分享。例如，绿色增长知识平台（Green Growth Knowledge Platform, GGKP）由全球绿色增长研究所（GGGI）、经合组织、联合国环境规划署、世界银行一起于 2012 年建立，旨在共享绿色增长的理论、实践、政策和数据，目前成员已有 67 个国际机构、组织和智库。

同时，中国政府积极搭建与“一带一路”沿线东道国的绿色合作平台。中国生态环境部与合作伙伴共同发起成立了“一带一路”绿色发展国际联盟（简称“绿色联盟”）。绿色联盟已有来自 40 余个国家的 150 多家合作伙伴，启动了生物多样性与生态系统、全球气候变化治理及绿色转型、绿色金融与投资、环境法律法规和标准等 10 个专题伙伴关系，目标是推动与共建国家的环境标准合作与对接，组织“一带一路”生态环境标准系列培训，引导企业在对外投资合作中规范环境保护行为。绿色联盟于 2019 年启动了《“一带一路”项目绿色发展指南》项目，正在推动制定“一带一路”项目分级分类指南，为共建国家及项目提供绿色解决方案。此外，生态环境部正在实施绿色丝路使者计划，实施应对气候变化南南合作计划，帮助非洲国家、小岛屿国家、最不发达国家等提高应对气候变化的能力，与塞舌尔、柬埔寨、老挝等国家合作共建低碳示范区。

2021 年，“一带一路”绿色发展国际联盟和一带一路环境技术交流与转移中心（深圳）启动了编写《“一带一路”环境政策法规标准蓝皮书》的研究项目，对“一带一路”不同区域典型国家的环境政策、法规、标准进行梳理和分析，并已经发布两份研究报告《“一带一路”环境政策法规标准蓝皮书（中东欧篇）》和《“一带一路”环境政策法规标准蓝皮书（东南亚篇）》。另外，亚布力中国企业家论坛开展了“‘一带一路’沿线国家生态环保立法、政策与中资企业环境风险防范”专题研究，并发布了报告《“一带一路”沿线国家的环境状况与主要问题》。根据绿色增长知识平台及上述相关研究报告的内容，本节选取一些典型的“一带一路”国家，对其环境政策进行分析。

7.1.1 非洲地区

虽然目前非洲地区的碳排放处于较低的水平，仅占全球排放总量的 4%，但是气候变化仍将是非洲地区面临的一个较为严重的挑战。一方面，非洲地区的工业化处于起飞阶段，未来工业的快速发展可能会带来更多的碳排放；另一方面，非洲地区的环境较为脆弱，经济相对较落后，缺乏应对气候变化的能力。目前，非洲地区已在一定程度上受到了气候变化的影响，如极端天气、干旱加剧、高温高湿环境滋生的虫害和疾病等。在此背景下，非洲地区长期关注气候变化问题，并实施相应政策。2006 年，时任联合国秘书长科菲·安南发起“内罗毕框架”，以促进非洲清洁能源发展。2007 年，第八届非盟首长会议首次将气候变化列为重要议题（王一晨，2021）。2008 年，近 50 个非洲国家的环境部长通过了关于气候变化的《阿尔及尔宣言》，要求改革和扩大清洁发展机制，使非洲国家从中受益，同时要求有关国际组织和发达国家向非洲转让技术，帮助非洲国家防治沙漠化，发展可再生能源，保护森林资源。2015 年，非盟提出了

《2063 年议程》，将提升应对气候变化、实现可持续发展的能力作为重要目标之一。2021 年，非盟启动了非洲绿色复苏行动计划（2021—2027），主要鼓励在四个优先领域采取行动，包括改善应对气候融资、支持向可再生能源的公正过渡、基于自然的解决方案和对生物多样性的关注、有弹性的农业以及绿色而富有活力的城市。此外，几乎所有非洲国家都参与了《联合国气候变化框架公约》，90% 以上的国家签署了应对气候变化的《巴黎协定》，超过 70% 应对气候变化的非洲国家将发展清洁能源和清洁农业列入应对气候变化的国家自主贡献行动。

从国家的层面来看，南非、尼日利亚、肯尼亚等在非洲地区排放温室气体量较大的国家，均先后出台了气候变化专门性的国家政策和行动方案。例如，肯尼亚是联合国环境署所在地，一直在非洲应对气候变化领域表现突出，发布了《应对气候变化的国家战略》和《应对气候变化国家行动计划》等政策文件。南非在 2004 年制定了《国家气候变化应对策略》，2011 年通过了《国家气候变化应对政策》，并在 2019 年正式实施了碳税法以控制温室气体排放（王一晨，2021）。另外，南非政府提出在 2030 年之前将煤电占比降到 48%，到 2050 年实现碳中和目标。尼日利亚联邦政府支持的国民光伏扶持计划，即“太阳能家用系统”，已经正式实施，旨在为偏远地区的缺电人口提供清洁电力，预计将有 2 500 万人口受益。同时，一些非洲国家，如尼日利亚、摩洛哥、南非、肯尼亚和加纳等，在发行绿色主权债券、推动绿色投资等方面做出了尝试。此外，中国和非洲也在环保问题上开展相关合作。2018 年，中非合作论坛北京峰会决定实施包括绿色发展在内的八大行动[①]。2020 年，中非环境合作中心启动，推出了“中非绿色使者计划”和“中非绿色创新计划”等旗舰项目，旨在加强生态环保能力建设和环境技术合作，共享绿色发展机遇（万宇，2021）。

7.1.2　中亚地区

中亚地区较为重视绿色经济和生态安全，推动能源、环境和经济协调发展。例如，2012 年，哈萨克斯坦提出了“绿色桥梁”倡议及全球能源环境战略，2013

① 八大行动包括产业促进、设施联通、贸易便利、绿色发展、能力建设、健康卫生、人文交流、和平安全。

年实施了向绿色经济过渡的行动纲要。2014 年，哈萨克斯坦时任总统纳扎尔巴耶夫在国情咨文中提出，“绿色经济是哈萨克斯坦通往未来发展必经之路”，强调哈萨克斯坦要向绿色经济过渡，加强绿色技术研发，开展绿色能源合作，促进绿色交通网络建设。①

乌兹别克斯坦重视环境保护，在 1998 年就制定了《1998—2005 年环境保护与合理利用自然资源的国家纲要》，2013 年通过了《2013—2017 年环保行动计划》，对改善全国的生态环境提出了一系列要求，并提出将环境可持续发展作为支柱行业，之后又发布了《2016—2020 年环境监测纲要》等环保政策文件②。

2012 年，吉尔吉斯斯坦成立了国家可持续发展委员会，并通过了《2013—2017 年可持续发展战略》，提出了可持续发展的思路。2013 年，制定了《2017 年前气候变化优先适应方向》，并针对水资源、农业、居民健康、紧急情况、林业资源和生物多样性等主要领域提出了应对措施。另外，吉尔吉斯斯坦也制定了《2015 年前国家林业计划》《2025 年前林业发展思路》《2024 年前保护生物多样性政策的优先发展方向》《2023 年前湿地保护优先战略》等政策文件，为森林、生物多样性和湿地等不同方面的环境保护提供了政策支持。③此外，其他中亚“一带一路”国家，例如塔吉克斯坦，发布了《2009—2019 年国家生态纲要》等政策文件，旨在合理利用自然资源，维持土地、森林、水资源和大气的最佳状况，保持生态平衡，保护珍稀和濒临灭绝的动植物群，改善居民健康状况等。④

7.1.3 东南亚地区

东南亚地区的“一带一路”国家均制定了环境保护政策。根据“一带一路”绿色发展国际联盟和一带一路环境技术交流与转移中心（深圳）联合发布的《“一

① 亚布力中国企业家论坛. “一带一路”沿线国家的环境状况与主要问题［EB/OL］.（2020-12-15）［2023-09-09］. https://www.thepaper.cn/newsDetail_forward_10406468.

②“一带一路”生态环保大数据服务平台. 乌兹别克斯坦环境战略与规划［EB/OL］.［2023-09-09］. https://www.greenbr.org.cn/cms_zcfg.cms_zcfg.do?m=yulan&p_id=402883c265e6a6220165eb6c47950013.

③“一带一路”生态环保大数据服务平台. 吉尔吉斯斯坦环境战略与规划［EB/OL］.［2023-09-09］. https://www.greenbr.org.cn/cms_zcfg.cms_zcfg.do?m=yulan&p_id=402883c265e6a6220165eb6a30f70011.

④“一带一路”生态环保大数据服务平台. 塔吉克斯坦环境战略与规划［EB/OL］.［2023-09-09］. https://www.greenbr.org.cn/cms_zcfg.cms_zcfg.do?m=yulan&p_id=402883c265e6a6220165eb6f42ed0015.

带一路"环境政策法规标准蓝皮书（东南亚篇）》，以下以新加坡、印度尼西亚、越南、泰国、老挝和马来西亚为例，说明东南亚地区"一带一路"国家环境政策的相关情况。

新加坡主要实施了《2015年新加坡可持续蓝图》《2030年新加坡绿色发展蓝图》《2020气候行动计划》《零废物总体规划》等环境政策文件。在2021年2月10日发布的《2030年新加坡绿色发展蓝图》中，在城市绿化、可持续生活和绿色经济等方面制定了明确目标，推动公共领域、企业和个人在未来10年朝永续发展的目标迈进。

印度尼西亚在1982年发布的《印度尼西亚国家五年计划》为环境管理和自然资源管理提出了主要原则，之后专门针对水、大气、森林、生物多样性等不同方面制定了专门的政策。2014年，为保护生态环境，印度尼西亚编制了《支持印度尼西亚可持续发展的绿色规划与财政战略 2015—2020》，其中提出了一套可持续的政策，以及如何根据中期财政支出框架和预算制度来实施这些政策，以确保在2033年之前，印度尼西亚可以成为高收入国家，同时尽力减少气候变化和自然资源退化造成的威胁。相关政策主要包括6个领域21个优先项目，具体如表7-1所示。

表7-1　《支持印度尼西亚可持续发展的绿色规划与财政战略2015—2020》的6大政策领域

政策领域	优先项目
林业、泥炭地和海洋资源	森林保护，泥炭地恢复，珊瑚礁和海洋资源保护；自然或生物多样性保护信托基金
农业	气候适应性作物，油棕种植改革和灌溉修复
能源与工业	能源效率，新能源和可再生能源，工业资源效率，能源和燃料定价，大规模能源项目，可持续采矿和企业社会责任
运输、城市和区域发展	公共交通，废物管理，气候防护基础设施，区域发展，城市和空间规划
教育与健康	绿色教育，气候变化敏感的有关卫生服务
其他优先支持领域	自然灾害保险，减灾管理，部际协调，治理能力建设

资料来源："一带一路"绿色发展国际联盟和一带一路环境技术交流与转移中心（深圳），《"一带一路"环境政策法规标准蓝皮书（东南亚篇）》，2021年12月。

2012年，越南发布了《2020年国家环境保护战略与2030年愿景》，其中提到了到2030年的愿景，即防止和遏制环境污染、资源耗竭和生物多样性退化，改善居住环境质量，积极应对气候变化，为实现国家繁荣和可持续发展创造低浪费、低碳绿色经济的基本条件。2012年，越南发布了《国家绿色增长战略》，以促进绿色生产。2015年，实施了《关于环保规划、战略环境评估、环境影响评估和环保计划的规定的议定书》，以及《环境保护法部分条款实施细则的规定的议定书》。2017年，实施了《关于环保领域行政违法处罚的规定的议定书》，明确规定所有企业都要安装污染控制和处理设备，对于非法排污进行处罚。同年，越南也发布了《2030年可持续发展议程国家行动计划》，提出了国家可持续发展的总体目标，提出了覆盖经济、环境和社会等各个领域的17项可持续发展目标和115项具体目标。此外，针对环境保护的不同领域，越南也制定了相应的环保政策文件，例如《气候变化战略》《2020年国家生物多样性战略和2030年愿景》《2030年减少砍伐和退化所致排放量计划》。

泰国关于环保的基本法律是《国家环境质量促进和保护法》。除此之外，泰国没有发布专门的国家环境战略与规划。泰国现有的与环境有关的战略，主要是在《泰国国民经济和社会发展第十二个五年规划（2017—2021）》之中，其主要思路是：通过高效管理地表水和地下水，确保水资源安全；创造良好的环境质量，减少污染，降低对人体健康和生态系统的影响；提高温室气体的减排效率，加强气候变化适应能力的环境目标。

与泰国的情况相似，老挝在其五年规划中也包含了环境保护的相关内容和政策措施。2020年，老挝发布了《第九个五年国家社会经济发展计划（2021—2025）》，其中制定了6个目标，第4个目标与环境保护有关，是创造更多的绿色空间，追求环保发展。另外，老挝通过了《2030年愿景》，力争到2030年实现可持续发展目标，在发展的过程中，保护生态环境，有效利用自然资源，推动工业向绿色环保的现代化转型，平衡经济发展与文化、社会和环境保护的关系。此外，老挝也制定了针对环境保护的专门政策，如《2016—2025年生物多样性行动规划》。

马来西亚的国家环境政策主要有三方面的目标。第一，为今世后代创造一个清洁、安全、优美、富有生产力的环境；第二，通过社会各阶层的有效参与，保护国家独特和多样的文化和自然遗产；第三，实现可持续的生活方式和生产消费模式。为实现这些目标，马来西亚采取了一系列的政策措施。例如，把环境保护纳入发展规划，在评估发展项目可行性时，必须考虑环境影响；建立自然保护区，保护生物多样性和生态系统；为混合动力和电动汽车提供税收优惠；部分地区限制发放塑料袋，以减少对塑料袋的使用。

7.1.4 中东欧地区

根据“一带一路”绿色发展国际联盟和一带一路环境技术交流与转移中心（深圳）联合发布的《“一带一路”环境政策法规标准蓝皮书（中东欧篇）》，以下以匈牙利、波兰、罗马尼亚、捷克、塞尔维亚为例，说明中东欧“一带一路”国家环境政策的相关情况。

匈牙利在 2008 年成立了国家可持续发展委员会，并于 2013 年通过了第二期国家可持续发展框架战略（2012—2024 年）。2015 年，匈牙利通过了《国家能源效率行动计划》《国家能源战略 2030》《国家可再生能源行动计划（2010—2020）》。另外，2018 年，匈牙利通过了《第二次国家气候变化战略（2018—2030）》，旨在在所有经济部门减缓温室气体排放、适应气候变化、提高公众对气候变化问题的意识。同时，作为配套政策，匈牙利发布了《国家脱碳路线图》《国家适应战略》《气候意识计划》。此外，2020 年，匈牙利首次发行了绿色债券。2021 年，匈牙利中央银行发布了关于绿色货币政策和改革措施的报告，将其作为绿色金融的政策手段。

在水资源政策和固体废物处理等方面，波兰主要是依照欧盟或中东欧国家联合体系的相关政策。例如，波兰依照欧盟的相关规定，采取填埋的方式，处理固体废物；也参与了中东欧国家的联合体系，建立了洪水监测和预报系统。在空气污染防治方面，波兰建立了一套政策体系，主要是严格执行空气污染防治相关法律法规，建立空气联合监测和治理机制，更新空气污染防治理念。此外，波兰也出台了针对森林保护和农业土壤保护的相关政策。

罗马尼亚在较为综合全面的环保法的基础上，还颁布了针对不同环保问题的专项法规，如污染控制、废物处理、水质量、空气质量和森林保护等。在加入欧盟之后，罗马尼亚也将欧盟的一些指令转化成国内的环保法规，如评估公共和私人项目对环境的影响、保护野生动植物、保护自然栖息地等。另外，罗马尼亚发布了《气候变化战略 2013—2020》，其中包括：减少温室气体排放，应对气候变化的影响，提供影响气候变化的数据和信息，审查不同部门（如工业、运输、农业、林业和城市）在气候变化方面的主要行动计划和关键措施，以及确定不同部门的具体目标。在 2015 年，罗马尼亚将这一战略延长到 2050 年。

2021 年，捷克批准了一项战略，旨在优先考虑减少有害物质和温室气体的排放，同时更为有效地利用水资源。该战略已经被纳入 2030 年国家环境政策。2030 年国家环境政策主要覆盖三个领域，即环境与健康、气候经济、自然与景观，并设定了十个战略目标。其中，对于第一个领域，即影响人类健康的环境，该政策旨在：确保水资源供应并改善水质，改善空气质量，减少接触危险化学品，减少噪声污染和光污染，提高社会对紧急情况和危机情况的准备、应变能力。对于第二个领域，即气候经济向低碳和循环经济过渡，该政策旨在：减少温室气体排放，引入循环经济，对原材料、产品和废物进行经济管理。对于第三个领域，即谨慎使用和保护自然和景观，该政策旨在：恢复景观的生态稳定性并对其进行可持续管理，在气候变化的压力下保护生物多样性。

塞尔维亚在国内环保法律法规及相关政策的基础上，积极参与区域的环境保护治理。例如，在水资源保护方面，塞尔维亚采取了多瑙河流域保护国际委员会的相关规定，塞尔维亚也是欧洲水资源协会的代表。在大气污染方面，塞尔维亚落实相关空气污染防治法律法规，并建立了空气联合监测和治理机制。此外，塞尔维亚也采取了一些保护农业土壤和森林的政策举措。

7.2 中国的环境政策

自 1972 年联合国人类环境会议开始，中国生态环境保护与治理之路至今已走过 50 多年。伴随着经济发展、社会进步以及公众环境意识的提高，中国确立了保护环境的基本国策，实施“五位一体”总体战略、可持续发展战略，探索走生态优先、绿色发展新路，建立形成了行政管制、经济激励、公众参与综合运用的环境政策体系（吴舜泽等，2020）。本节将选取中国国内的若干典型环境政策和战略，来回顾、分析中国的环境保护与环境治理之路。

7.2.1　环境保护法律法规

1973 年 8 月，第一次全国环境保护会议在北京召开，会议通过了《关于保护和改善环境的若干规定（试行草案）》，中国环境保护事业开始起步（王玉庆，2018）。这个阶段环境保护逐渐得到重视，国家开始运用法律法规等手段实施环境保护，先后出台了《工业“三废”排放试行标准》《中华人民共和国防止沿海水域污染暂行规定》等法规标准。经过前期努力，1979 年 9 月，第五届全国人民代表大会常务委员会第十一次会议原则通过了《中华人民共和国环境保护法（试行）》。《中华人民共和国环境保护法（试行）》是中国有史以来第一部保护环境的法律，它是环境保护的基本法，环境保护开始有法可依。《中华人民共和国环境保护法（试行）》依据宪法，针对中国的环境状况，规定了环境保护的对象、任务、方针和适用范围，规定了“谁污染谁治理”等原则，确定了环境影响评价、“三同时”、排污收费、限期治理、环境标准、环境监测等制度，明确了环境保护机构设置及职责。该法的内容全面、系统，是中国环境法走向体系化的一个重要标志。该法虽然是一部“试行法”，但其在法律效力上与其他法律没有差别，依然具有一体遵行的权威性。《中华人民共和国环境保护法（试行）》的颁布，是中国环境保护政策发展的里程碑事件。

而后，环境保护的地位有所提升，环境保护政策得到完善，政策体系初见雏形。比如，中华人民共和国第六届全国人大常务委员会第二十二次会议通过了《中华人民共和国大气污染防治法》，该法律是为保护和改善环境、防治大气污染、保障公众健康、推进生态文明建设、促进经济社会可持续发展制定的法律，自 1988 年 6 月 1 日起施行。表 7–2 是《中华人民共和国大气污染防治法》的立法沿革。根据该法的规定，对大气污染防治予以立法的目的包括三方面的内容：一是维护大气的清洁，防治大气污染；二是保护和改善生活环境和生态环境，保障人体健康；三是促进经济和社会的可持续发展。只有做好大气污染的防范与治理工作，才能够创造清洁、舒适的生活环境和良好的生态环境，才能够保障人体健康，维护公民健康工作和快乐生活的基本权利。由于人类生产和生活不可避免会对大气环境造成危害，因此，对大气污染防治立法正是谋求使经济发展与资源、环境相协调，以最终达到促进经济和社会可持续发展的目标。

表 7-2　　《中华人民共和国大气污染防治法》的立法沿革

时间	会议	沿革
1987 年 9 月 5 日	第六届全国人民代表大会常务委员会第二十二次会议	通过
1995 年 8 月 29 日	第八届全国人民代表大会常务委员会第十五次会议《关于修改〈中华人民共和国大气污染防治法〉的决定》	第一次修正
2000 年 4 月 29 日	第九届全国人民代表大会常务委员会第十五次会议	第一次修订
2015 年 8 月 29 日	第十二届全国人民代表大会常务委员会第十六次会议	第二次修订
2018 年 10 月 26 日	第十三届全国人民代表大会常务委员会第六次会议《关于修改〈中华人民共和国野生动物保护法〉等十五部法律的决定》	第二次修正

资料来源：作者根据中国人大网整理。

7.2.2　中国国民经济计划——五年规划

中华人民共和国国民经济和社会发展五年规划纲要（The Five-Year Plan），是中国国民经济计划的重要部分，主要是对国家重大建设项目、生产力分布和国民经济重要比例关系等作出规划，为国民经济发展远景规定目标和方向。每个五年规划中都会提出环境发展政策目标，积极推动绿色发展，提升生态系统质量和稳定性。从“十四五”规划开始，中国进入了以降碳为重点战略方向、推动减污降碳协同增效的关键时期。表 7-3 是最近四个五年规划提出的环境目标及其实际完成情况。可以看到，历次五年规划都超额完成了预定的环境政策目标。例如，在“十一五”期间，二氧化硫的减排目标是下降 10%，实际下降了 14.29%；在“十二五”期间，二氧化硫的减排目标是下降 8%，实际下降了 18%；在“十三五”期间，二氧化硫的减排目标是下降 15%，实际下降了 25.5%。单位 GDP 的二氧化碳排放强度在“十二五”和“十三五”期间均完成了预期目标。

表 7－3　　中国最近四个五年规划的环境目标及其实际完成情况

环境问题及指标		“十一五”规划（2006—2010）		“十二五”规划（2011—2015）		“十三五”规划（2016—2020）		“十四五”规划（2021—2025）
		目标	实际	目标	实际	目标	实际	目标
主要空气污染排放减少/%	SO_2	－10	－14.29	－8	－18	－15	－25.5	—
	COD	－10	－12.45	－8	－12.9	－10	－13.8	—
	NOx	0	—	－10	－18.6	－15	－19.7	—
	氨氮	—	—	－10	－13	－10	－15.0	—
每单位 GDP 的能源消耗强度/%		－20	－19.1	－16	－18.2	－15	—	－13.5
每单位 GDP 的二氧化碳排放强度/%		—	—	－17	－20	－18	－18.8	－18
非化石能源占一次能源消费比重/%		—	—	11.4	12	15	15.9	20
每单位工业增加值用水量/%		－30	－36.7	－30	－35	－20	—	—
每单位 GDP 的用水量/%		—	—	—	—	－23	—	—
总用水量/十亿立方米		—	—	—	—	＜670	—	—
空气质量	地级及以上城市年均优良天数比例/%	—	—	—	—	＞80	87	87.5
	细颗粒物（PM2.5）未达标地级及以上城市浓度平均下降比例/%	—	—	—	—	－18	－28.8	—

续表

环境问题及指标		“十一五”规划（2006—2010）		“十二五”规划（2011—2015）		“十三五”规划（2016—2020）		“十四五”规划（2021—2025）
		目标	实际	目标	实际	目标	实际	目标
地表水质量	地表水达到或好于Ⅲ类水体比例/%	—	—	—	—	＞70	83.4	85
	劣Ⅴ类断面比例/%	—	—	—	—	＜5	0.6	—

资料来源：作者根据“十一五”、“十二五”、“十三五”、“十四五”规划纲要整理，“—”表示无相关指标。

五年规划在中国具有重要地位，所提出的目标对公共部门具有重大影响力，环境目标政策一直以来也是五年规划当中的重要组成部分。坚持绿水青山就是金山银山理念，坚持尊重自然、顺应自然、保护自然，坚持节约优先、保护优先、自然恢复为主，实施可持续发展战略，完善生态文明领域统筹协调机制，构建生态文明体系，推动经济社会发展全面绿色转型，建设美丽中国。“十四五”规划不仅将绿色列为五大新发展理念中的重要一环，“十四五”规划纲要文件中还共有 50 次提到“绿色”，足见国家对绿色发展的高度重视。其中，第十一篇“推动绿色发展　促进人与自然和谐共生”提出了“十四五”期间的 8 项重要生态系统保护和修复工程（见专栏 7–1），以及 6 项环境保护和资源节约工程（见专栏 7–2），这是“十四五”期间绿色发展的重点工程。

专栏 7–1

“十四五”期间的重要生态系统保护和修复工程

1. 青藏高原生态屏障区

以三江源、祁连山、若尔盖、甘南黄河重要水源补给区等为重点，加强原生地带性植被、珍稀物种及其栖息地保护，新增沙化土地治理 100 万公顷、退化草原治理320万公顷，沙化土地封禁保护20万公顷。

2. 黄河重点生态区（含黄土高原生态屏障）

以黄土高原、秦岭、贺兰山等为重点，加强“三化”草场治理和水土流失综合治理，保护修复黄河三角洲等湿地，保护修复林草植被80万公顷，新增水土流失治理200万公顷、沙化土地治理80万公顷。

3. 长江重点生态区（含川滇生态屏障）

以横断山区、岩溶石漠化区、三峡库区、洞庭湖、鄱阳湖等为重点，开展森林质量精准提升、河湖湿地修复、石漠化综合治理等，加强珍稀濒危野生动植物保护恢复，完成营造林110万公顷，新增水土流失治理500万公顷、石漠化治理100万公顷。

4. 东北森林带

以大小兴安岭、长白山及三江平原、松嫩平原重要湿地等为重点，实施天然林保护修复，保护重点沼泽湿地和珍稀候鸟迁徙地，培育天然林后备资源70万公顷，新增退化草原治理30万公顷。

5. 北方防沙带

以内蒙古高原、河西走廊、塔里木河流域、京津冀地区等为重点，推进防护林体系建设及退化林修复、退化草原修复、京津风沙源治理等，完成营造林220万公顷，新增沙化土地治理750万公顷，退化草原治理270万公顷。

6. 南方丘陵山地带

以南岭山地、武夷山区、湘桂岩溶石漠化区等为重点，实施森林质量精准提升行动，推进水土流失和石漠化综合治理，加强河湖生态保护修复，保护濒危物种及其栖息地，营造防护林9万公顷，新增石漠化治理30万公顷。

7. 海岸带

以黄渤海、长三角、粤闽浙沿海、粤港澳大湾区、海南岛、北部湾等为重点，全面保护自然岸线，整治修复岸线长度400千米，滨海湿地2万公顷，营造防护林11万公顷。

8. 自然保护地及野生动植物保护

推进三江源、东北虎豹、大熊猫和海南热带雨林等国家公园建设，新整合设立秦岭、黄河口等国家公园。建设珍稀濒危野生动植物基因保存库、救护繁育场所，专项拯救48种极度濒危野生动物和50种极小种群植物。

资料来源：《中华人民共和国国民经济和社会发展第十四个五年规划和2035年远景目标纲要》。

专栏7-2

“十四五”期间的环境保护和资源节约工程

1. 大气污染物减排

实施8.5亿吨水泥熟料、4.6亿吨焦化产能和4 000台左右有色行业炉窑清洁生产改造，完成5.3亿吨钢铁产能超低排放改造，开展石化、化工、涂装、医药、包装印刷等重点行业挥发性有机物治理改造，推进大气污染防治重点区域散煤清零。

2. 水污染防治和水生态修复

巩固地级及以上城市黑臭水体治理成效，推进363个县级城市建成区1 500段黑臭水体综合治理。加强太湖、巢湖、滇池、丹江口水库、洱海、白洋淀、鄱阳湖、洞庭湖、查干湖、乌梁素海等重点湖库污染防治和生态修复，实施永定河、木兰溪等综合治理，加快华北地区及其他重点区域地下水超采综合治理和黄河河口综合治理。

3. 土壤污染防治与安全利用

在土壤污染面积较大的100个县推进农用地安全利用示范。以化工、有色金属行业为重点，实施100个土壤污染源头管控项目。

4. 城镇污水垃圾处理设施

新增和改造污水收集管网8万公里，新增污水处理能力2 000万立方米/日。加快垃圾焚烧设施建设，城市生活垃圾日清运量超过300吨地区实现原生垃圾零填埋，开展小型生活垃圾焚烧设施建设试点。

5. 医废危废处置和固废综合利用

补齐医疗废弃物处置设施短板，建设国家和6个区域性危废风险防控技术中心、20个区域性特殊危废集中处置中心。以尾矿和共伴生矿、煤矸石、粉煤灰、建筑垃圾等为重点，开展 100 个大宗固体废弃物综合利用示范。

6. 资源节约利用

实施重大节能低碳技术产业化示范工程，开展近零能耗建筑、近零碳排放、碳捕集利用与封存等重大项目示范。开展 60 个大中城市废旧物资循环利用体系建设。

资料来源：《中华人民共和国国民经济和社会发展第十四个五年规划和 2035 年远景目标纲要》。

7.2.3 “绿色税法”——排污费改为环保税

1979 年，中国开始试行排污收费制度。2003 年，政府发布了《排污费征收使用管理条例》和《排污费征收标准管理办法》，明确了各类主要污染物的排污费基础征收标准。2016 年 12 月 25 日，《中华人民共和国环境保护税法》经第十二届全国人民代表大会常务委员会第二十五次会议审议通过，于 2018 年 1 月 1 日正式实施。该法是贯彻习近平生态文明思想、落实绿色发展理念的重大战略举措，是中国现代环境治理体系的重要组成部分，也是中国第一部专门体现“绿色税制”的单行税法，它的出台和实施提高了中国税制的绿色化水平，加快了税制的绿色化改革进程。相应的，实施了近 40 年的排污费制度被废止，全面改征更有强制性和约束力的环境保护税。对大气污染物、水污染物、固体废物和噪声四类污染物，过去由环保部门征收排污费，现在改为由税务部门征收环保税。表 7-4 是《中华人民共和国环境保护税法》对这四类污染物的征税标准。

表 7-4 《中华人民共和国环境保护税法》征税标准

污染物类别	征税标准
大气污染物	1.2～12 元/每污染当量
水污染物	1.4～14 元/每污染当量
固体废物	5～1 000 元/吨
噪声	每月 350～11 200 元，按超标分贝数

资料来源：《中华人民共和国环境保护税法》。

从建立绿色税收体系的要求来看，中国长期以来缺少针对污染排放、损害生态环境行为的专门税种，这限制了税收对污染、损害环境行为的矫正力度，弱化了税收的生态环境保护作用。开征环境保护税，增加了政府保护环境的手段，有利于与其他保护生态环境的手段形成合力，发挥环境治理的协同效应，环境保护税立法也增强了社会的环境保护意识，强化了企业治污减排的责任。从排污费到环保税，绝不是简单的名称变化，而是从制度设计到具体执行的全方位转变。①

具体而言，第一，两者的法律地位不同。环境保护税依托于《中华人民共和国环境保护税法》，具有法律强制性保障，具有法律效力。而排污费是行政收费，缺乏法律依托，因而执行力相对较低。第二，两者的征收机构不同。环境保护税采取“企业申报、税务征收、环保协作、信息共享”的征管模式，也就是在税务部门和环保部门之间形成合力，提高了环境保护税的征收力度和监管效率。而之前的排污费仅由环保部门来征收。第三，两者的税额标准不同。环境保护税的税额下限，是原来的排污费征收标准。换言之，环境保护税的征收标准高于排污费，惩罚力度更强。企业将为其污染行为付出更多的成本。第四，两者在中央和地方政府之间的分成比例不同。环境保护税是地方税，其收入全部是地方税收收入，中央政府不参与分成。但之前的排污费是按照中央和地方1:9的比例进行分成。因此，在改征环境保护税之后，地方政府的征税激励增强，对征税的监管力度有所提高。已有研究发现，在环保“费改税”之后，重污染企业的环保投资提高，其中主要是预防性环保投资增加，而非治理性环保投资；而且，这种对环保投资的促进作用，主要是通过提高排污成本、增强执法刚性来实现的。此外，环保“费改税”的影响在小规模、非国有企业中更为显著（田利辉等，2022）。

7.2.4 绿色金融政策

绿色金融是中国经济可持续发展的重要推动力，是经济运行与资源环境和谐发展的结合点，是创新型国家在环境金融政策方面的重大抉择。中国绿色金

---

① 吴秋余. 排污费改为环保税“绿色税法”助力治污攻坚［EB/OL］.（2018－01－13）［2023－09－09］. http://env.people.com.cn/n1/2018/0113/c1010-29763073.html.

融政策的目标是落实绿色发展理念，将国家金融行业的发展与环境保护、防治污染等环保概念有意识地整合起来，引导资源从“三高”产业流向高新技术驱动的创新部门，实现中国产业发展的优化与升级，为经济发展注入新的动力源泉（叶大凤等，2022）。2016 年，中国人民银行等七部委发布的《关于构建绿色金融体系的指导意见》，从绿色信贷、绿色债券、绿色保险、绿色基金、碳金融市场工具等方面阐述了未来绿色金融的政策方向，标志着中国已初步形成绿色金融政策体系。以下分别列举绿色信贷、绿色债券、绿色保险这三种金融政策来说明绿色金融政策给中国社会带来的积极意义。

2005 年颁发的《国务院关于落实科学发展观加强环境保护的决定》是中国第一项绿色信贷政策，标志着绿色金融的开始。作为绿色金融的支柱性产品，绿色信贷对推动经济的绿色转型发挥着重要作用，也可以帮助商业银行实现社会与经济效益的双赢。中国从政策入手，通过构建监管体系、规范统计分类制度、完善考评框架，以及通过中国人民银行绿色再贷款、将绿色信贷纳入宏观审慎评估体系（MPA）等，鼓励商业银行参与绿色信贷发行并创新绿色信贷产品，使绿色信贷成为中国绿色金融发展中起步最早、发展最快、政策体系最为成熟的产品绿色信贷统计制度和考评政策，分别如表 7－5 和表 7－6 所示。截至 2020 年末，中国绿色信贷余额近 12 万亿元，存量规模世界第一，其中大中型商业银行是核心发行主体，投放行业重点集中在交通、能源等领域，绿色建筑按揭贷款、汽车消费贷等创新型绿色信贷产品也日益丰富。

表 7－5　有关绿色信贷分类统计制度关键政策

时间	部门	文件
2012 年	银监会	《绿色信贷指引》
2013 年	银监会	《关于报送绿色信贷统计表的通知》
2018 年	中国人民银行	《关于开展银行业存款类金融机构绿色信贷业绩评价的通知》

表 7－6　有关绿色信贷考核评价与奖励机制关键政策

时间	部门	文件
2017 年 12 月	中国银行业协会	《中国银行业绿色银行评价实施方案（试行）》

续表

时间	部门	文件
2018 年 7 月	中国人民银行	《关于开展银行业存款类金融机构绿色信贷业绩评价的通知》
2018 年 7 月	中国人民银行	《银行业存款类金融机构绿色信贷业绩评价方案（试行）》
2021 年 5 月	中国人民银行	《银行业金融机构绿色金融评价方案》

绿色债券是指专门用来为气候或环境项目筹集资金的债务证券。自 2007 年欧洲投资银行发行全球首只绿色债券以来，国际绿色债券在债券种类、发行主体、发行规模、发行范围以及相关标准等多个方面不断完善。2020 年全球绿色债券发行规模达 2 901 亿美元，其中 80% 被用于能源、建筑和交通运输三大领域。中国在 2015 年发行了第一只绿色债券，随后绿色债券政策体系逐步建立并不断完善，特别是 2021 年 4 月发布的《绿色债券支持项目目录（2021 年版）》在统一国内绿色债券项目标准、提升可操作性以及与国际标准接轨等方面都有着重要意义，绿色债券相关政策文件如表 7－7 所示。截至 2020 年末，中国绿色债券存量为 8 132 亿元，居世界第二。中国绿色债券的发行人主要集中在工业与公用事业部门，上市地点以境内市场为主，发行年限集中在 10 年以下，发行的债券中有超半数被评为 AAA 级。目前，中国绿色债券发展较快，体系已相对成熟，未来将在引导并调动社会资本投向绿色领域、为中国“双碳”目标注入市场活力等方面发挥更加重要的作用。

表 7－7　　国内绿色债券相关配套措施文件

时间	部门	文件
2016 年 8 月	中国人民银行等七部委	《关于构建绿色金融体系的指导意见》
2017 年 3 月	证监会	《中国证监会关于支持绿色债券发展的指导意见》
2017 年 10 月	中国人民银行、证监会	《绿色债券评估认证行为指引（暂行）》
2018 年 3 月	中国人民银行	《关于加强绿色金融债券存续期监督管理有关事宜的通知》
2019 年 5 月	中国人民银行	《关于支持绿色金融改革创新试验区发行绿色债务融资工具的通知》

续表

时间	部门	文件
2019 年 12 月	银保监会	《关于推动银行业和保险业高质量发展的指导意见》
2021 年 5 月	中国人民银行	《银行业金融机构绿色金融评价方案》
2022 年 11 月	中央国债登记结算有限责任公司	《中债绿色债券环境效益信息披露指标体系》

绿色保险是绿色金融的重要组成部分，也是实现“双碳”目标过程中加强风险管理的一个重要工具。国际上绿色保险主要以环境污染责任保险为代表，同时不断扩大服务范围并发展出丰富的产品体系，如巨灾保险、绿色建筑保险、碳保险等。中国在 2007 年起试点环境责任保险，随后不断加快构建绿色保险体系，鼓励和支持绿色保险产品的创新发展，绿色保险相关政策如表 7－8 所示。截至 2020 年末，中国保险行业提供的绿色保险保额达到 18.3 万亿元，绿色保险投资余额达 5 615 亿元，涉及城市轨道交通建设、高铁建设、清洁能源、污水处理等多个领域。

表 7－8　国内绿色保险政策

时间	部门	文件
2006 年 6 月	国务院	《国务院关于保险业改革发展的若干意见》
2007 年 12 月	国家环保总局、保监会	《关于环境污染责任保险工作的指导意见》
2013 年 1 月	环境保护部、保监会	《关于开展环境污染强制责任保险试点工作的指导意见》
2016 年 8 月	中国人民银行等七部委	《关于构建绿色金融体系的指导意见》
2018 年 5 月	生态环境部	《环境污染强制责任保险管理办法（草案）》
2018 年 6 月	中共中央、国务院	《关于全面加强生态环境保护　坚决打好污染防治攻坚战的意见》
2021 年 2 月	国务院	《国务院关于加快建立健全绿色低碳循环发展经济体系的指导意见》

7.2.5 可再生能源政策

化石燃料的使用往往会带来环境污染。长期以来，中国政府一直鼓励可再生能源的开发和利用，以替代传统化石能源，减少环境污染。2005 年，中国通过了《中华人民共和国可再生能源法》，这是关于可再生能源的专门法律。其中明确指出，可再生能源是指风能、太阳能、水能、生物质能、地热能、海洋能等非化石能源，可再生能源的开发利用是能源发展的优先领域，国家鼓励可再生能源发电和太阳能热水系统等项目的应用，并给予一定的经济支持，如设立可再生能源发展基金、对符合一定条件的可再生能源项目提供贴息贷款和税收优惠等。

此后，中国政府发布了一系列的政策措施，以促进可再生能源的发展和应用。例如，2006 年国家发展改革委发布《可再生能源发电价格和费用分摊管理试行办法》，明确了各类可再生能源的上网电价高于传统火电电价。2009 年发布《国家发展改革委关于完善风力发电上网电价政策的通知》，将全国风电资源按风力强度进行划分，确定不同的标杆电价，明确投资收益，鼓励投资优质资源地区，大力推动了风能发电的发展。2011 年发布《国家发展改革委关于完善太阳能光伏发电上网电价政策的通知》，2013 年发布《国家发展改革委关于发挥价格杠杆作用 促进光伏产业健康发展的通知》，促进了光伏发电的发展。在促进可再生能源发电的基础上，国家发展改革委又实施了相关政策来促进可再生能源电力的消纳，如 2015 年发布《关于推进电力市场建设的实施意见》，2016 年发布《可再生能源发电全额保障性收购管理办法》，2015 年发布《关于改善电力运行 调节促进清洁能源多发满发的指导意见》等。

另外，可再生能源的发展也被纳入了相关规划，制定了定性和定量的发展目标。2007 年，国家发展改革委发布了《可再生能源中长期发展规划》，提出了到 2020 年可再生能源发展的总体目标：提高可再生能源在能源消费中的比重，解决偏远地区无电人口用电问题和农村生活燃料短缺问题，推行有机废弃物的能源化利用，推进可再生能源技术的产业化发展。同时，也将总体目标进行细化，提出了具体的目标。例如，到 2010 年，可再生能源消费占能源消费总量的 10%；到 2020 年，达到 15%。另外，也进一步对不同类型的可再生能源（如水电、生物质能、风电、太阳能）提出了具体的发展目标。根据

2010 年和 2020 年的政策目标，《可再生能源中长期发展规划》对相关的能源效益、环境效益、社会效益进行了估算，发现可再生能源的开发利用在这三方面都有正效益。第一，从能源效益来看，如果达到 2010 年和 2020 年的目标，那么全国的可再生能源开发利用量分别相当于 3 亿吨标准煤和 6 亿吨标准煤，这可以显著减少煤炭消耗，弥补天然气和石油资源的不足，有利于改善能源结构，并节约能源资源。第二，从环境效益来看，可再生能源的开发利用会产生显著的环境效益。具体而言，实现 2010 年目标时，可再生能源年利用量相当于减少二氧化硫年排放量约 400 万吨，减少氮氧化物年排放量约 150 万吨，减少烟尘年排放量约 200 万吨，减少二氧化碳年排放量约 6 亿吨，年节约用水约 15 亿立方米，可使 1.5 亿亩林地免遭破坏。实现 2020 年目标时，可再生能源年利用量相当于减少二氧化硫年排放量约 800 万吨，减少氮氧化物年排放量约 300 万吨，减少烟尘年排放量约 400 万吨，减少二氧化碳年排放量约 12 亿吨，年节约用水约 20 亿立方米，可使约 3 亿亩林地免遭破坏。第三，从社会效益来看，实现 2020 年目标时，可再生能源的利用累计解决无电地区约 1 000 万人口的基本用电问题，改善约 1 亿户农民的生活用能条件，也可改善农村环境卫生，农业废弃生物质的能源利用也可提高农业生产效益，增加农民收入。由此可见，可再生能源的开发利用将有助于促进环境保护，并产生能源经济和社会效益。

可再生能源的发展也被纳入了中国国民经济和社会发展五年规划。例如，“十二五”规划和“十三五”规划提出，到 2015 年和 2020 年，非化石能源占一次能源消费的比重分别达到 11.4% 和 15%（见表 7－3）。除了在总体规划中制定可再生能源发展的目标之外，政府也发布了专门的、关于可再生能源的五年规划，并提出更为具体的目标。例如，2012 发布的《可再生能源发展“十二五”规划》明确提出“十二五”时期可再生能源发展的总体目标是：到 2015 年，可再生能源年利用量达到 4.78 亿吨标准煤，其中商品化可再生能源年利用量达到 4 亿吨标准煤，在能源消费中的比重达到 9.5% 以上。各类可再生能源的发展目标是：到 2015 年，水电装机容量达到 2.9 亿千瓦，其中常规水电 2.6 亿千瓦，抽水蓄能电站 3 000 万千瓦；累计并网运行风电达到 1 亿千瓦，其中海上风电 500 万千瓦；太阳能发电达到 2 100 万千瓦，太阳能热利用累计集热面积 4 亿平方米；生物质能年利用量 5 000 万吨标准煤；各类地热能开发利用总量达到 1 500 万吨标准煤，各类海洋能电站 5 万千瓦。

2021 年发布的《中华人民共和国国民经济和社会发展第十四个五年规划和 2035 年远景目标纲要》也提出要发展清洁能源，在 2025 年非化石能源占能源消费总量的比例达到 20% 左右。2021 年发布的《“十四五”可再生能源发展规划》进一步明晰了可再生能源的发展目标。到 2025 年，可再生能源消费总量达到 10 亿吨标准煤；可再生能源年发电量达到 3.3 万亿千瓦时，风电和太阳能发电量实现翻倍；地热能供暖、生物质供热、生物质燃料、太阳能热利用等非电利用达到 6 000 万吨标准煤以上。如果到 2025 年实现可再生能源的目标，那么，预计将产生巨大的环境效益。根据《“十四五”可再生能源发展规划》的估算，到 2025 年，全国可再生能源年利用量折合 10 亿吨标准煤，届时可再生能源年利用量相当于减少二氧化碳排放量约 26 亿吨，减少二氧化硫排放量约 50 万吨，减少氮氧化物约 60 万吨，减少烟尘排放约 10 万吨，年节约用水约 40 亿立方米。

7.2.6 绿色“一带一路”政策

自 2013 年以来，中国政府发布一系列政策文件强化“一带一路”生态环境保护工作。2013 年发布《对外投资合作环境保护指南》，指导中国企业进一步规范对外投资合作活动中的环境保护行为，积极履行环境保护社会责任，树立中国企业良好对外形象，支持东道国的可持续发展。其中，明确提出：企业应按照东道国环境保护法律法规和标准要求，开展污染防治工作，污染物排放应当符合东道国污染物排放标准规定；企业应将环境保护纳入企业的发展战略和生产经营计划，建立健全环境保护培训制度，对其开发建设和生产经营活动要进行环境影响评价，并根据评价结果采取合理措施以降低可能的不利影响；鼓励企业实施绿色采购，优先购买环境友好产品；在收购境外企业之前，要对目标企业开展环境尽职调查，重点评估其在历史经营活动中形成的污染以及相关的环境债务；鼓励企业定期发布环境信息，公布企业执行环境保护法律法规的计划、采取的措施和取得的环境绩效情况等，并主动加强与东道国政府环境保护监管机构、所在社区和社会团体的联系和沟通，鼓励企业参与和支持东道国当地的环境保护公益活动；鼓励企业研究和借鉴国际组织、多边金融机构采用的环境保护相关的原则、标准和惯例。

2015 年发布《推动共建丝绸之路经济带和 21 世纪海上丝绸之路的愿景与行动》，要求企业主动承担社会责任，严格保护生物多样性和生态环境；在投资贸易中突出生态文明理念，加强生态环境、生物多样性和应对气候变化合作，共建绿色丝绸之路。其中，也提到，基础设施互联互通是“一带一路”建设的优先领域，要强化基础设施绿色低碳化建设和运营管理，在建设中充分考虑气候变化的影响。

2017 年发布《关于推进绿色“一带一路”建设的指导意见》和《“一带一路”生态环境保护合作规划》，明确了绿色“一带一路”建设的总体思路和任务措施，提出“推动企业遵守国际经贸规则和所在国生态环保法律法规、政策和标准”。具体而言，《关于推进绿色“一带一路”建设的指导意见》指出，绿色“一带一路”建设是以生态文明与绿色发展理念为指导，坚持资源节约和环境友好原则，提升政策沟通、设施联通、贸易畅通、资金融通、民心相通的绿色化水平，将生态环保融入“一带一路”建设的各方面和全过程。主要目标是：根据生态文明建设、绿色发展和沿线国家可持续发展要求，构建互利合作网络、新型合作模式、多元合作平台，力争用 3～5 年的时间，建成务实高效的生态环保合作交流体系、支撑与服务平台和产业技术合作基地，制定落实一系列生态环境风险防范政策和措施，为绿色“一带一路”建设打好坚实基础；用 5～10 年时间，建成较为完善的生态环保服务、支撑、保障体系，实施一批重要生态环保项目，并取得良好效果。同时，提出了绿色“一带一路”建设的主要任务：突出生态文明理念，加强生态环保政策沟通，促进民心相通；做好基础工作，优化产能布局，防范生态环境风险；推进绿色基础设施建设，强化生态环境质量保障；推进绿色贸易发展，促进可持续生产和消费；加强对外投资的环境管理，促进绿色金融体系发展；加强环保合作机制和平台建设，完善国际环境治理体系；加强生态环保标准与科技创新合作，引领绿色发展；推进环保信息共享和公开，提供综合信息支撑与保障；加大对外援助支持力度，推动绿色项目落地实施；强化企业行为绿色指引，鼓励企业采取自愿性措施；加强政企统筹，发挥企业主体作用；发挥区位优势，明确定位与合作方向；加大统筹协调和支持力度，加强环保能力建设，推动江苏、广东、陕西、福建等“一带一路”沿线省份提升绿色发展水平。在此基础上，《“一带一路”生态环境保护合作规划》制定了 25 个重大项目，包括政策沟通类 6 个，设施联通类 4 个，贸易畅通类 3 个，资金融通类 2 个，民心相通类 4 个，能力建设类 6 个。

2020 年 9 月，习近平主席在第七十五届联合国大会一般性辩论上宣布，“中国将提高国家自主贡献力度，采取更加有力的政策和措施，二氧化碳排放力争于 2030 年前达到峰值，努力争取 2060 年前实现碳中和”。围绕“碳达峰、碳中和”的目标，中国采取了一系列的措施，包括 2021 年全国碳排放权交易市场的建立、鼓励可再生能源发展等，也包括对外相关政策。例如，2021 年 9 月，在第七十六届联合国大会上，中国承诺不再新建境外煤电项目，支持低碳清洁能源发展。《中华人民共和国国民经济和社会发展第十四个五年规划和 2035 年远景目标纲要》也提出要促进“一带一路”高质量发展，其中包括“加强应对气候变化、海洋合作、野生动物保护、荒漠化防治等交流合作，推动建设绿色丝绸之路”。

2021 年 7 月，中国商务部和生态环境部发布《对外投资合作绿色发展工作指引》，其中明确提出十项重点工作，包括坚持绿色发展理念、推动绿色生产和运营、建设绿色基础设施、打造绿色境外经贸合作区、推进绿色技术创新、推动企业主体绿色转型、防范生态环境风险、遵循绿色国际规则、优化绿色监管服务、提升绿色发展信誉。其中，在建设绿色基础设施的部分，提出应鼓励企业高标准开展境外基础设施项目规划设计，妥善处理项目与当地居民、环境、生态等之间的关系，制定切实可行的环保措施。推进绿色施工，注重采用环境友好的新技术、新设备、新材料和新工艺，做好废气、污水、噪声和固体废物污染控制，加大废弃资源综合利用，最大程度降低施工对环境的不利影响。同时，充分挖掘绿色基础设施的市场机遇，积极参与高标准绿色工程建设，打造“中国建造”绿色品牌。

为进一步推动共建“一带一路”绿色发展，让绿色切实成为共建“一带一路”的底色，国家发展改革委、外交部、生态环境部和商务部于 2022 年 3 月发布《关于推进共建“一带一路”绿色发展的意见》，提出到 2030 年，要基本形成共建“一带一路”绿色发展格局，主要包括三方面。第一，推进绿色发展重点领域合作，包括绿色基础设施互联互通、绿色能源合作、绿色交通合作、绿色产业合作、绿色贸易合作、绿色金融合作、绿色科技合作、绿色标准合作，以及应对气候变化合作。第二，推进境外项目绿色发展，包括规范企业境外的环境行为，促进煤电等项目绿色低碳发展。第三，完善绿色发展支撑保障体系，包括资金、绿色发展合作平台、绿色发展能力建设、境外项目环境风险防控等方面的支撑保障。其中，很多内容都涉及较高水平的改革举措。例如，在绿色标准合作方面，提出不仅与共建“一带一路”国家的绿色标准对接，也要积极制定与国际接轨的绿色标准。在促进煤电等项目绿色发展方面，明确提出要全面停止新建境外煤电项目，并鼓励企业采用低碳先进技术对已建成境外煤电项目进行节能环保方面的升级改造。此外，在绿色基础设施建设方面，提出要引导企业推广基础设施绿色环保标准和最佳实践。一方面，在设计阶段，应合理选址选线，降低对各类保护区和生态敏感脆弱区的影响，做好环境影响评价工作。另一方面，在建设期和运行期，应实施切实可行的生态环境保护措施，不断提升基础设施运营、管理和维护过程中的绿色低碳发展水平。另外，也应引导企业在建设境外基础设施过程中，采用节能节水标准，减少材料、能源和水资源的浪费，提高资源利用率，降低废弃物排放，加强废弃物处理。

7.3　全球的环境保护合作

7.3.1　多边协定

一些多边协定不是专门为“一带一路”项目制定的，但会影响“一带一路”沿线国家的环境政策。比如，1991 年联合国欧洲经济委员会创建的《跨界环境影响评估公约》(《埃斯波公约》) 就责成缔约方在规划某些预计会造成环境损害的活动时，要在规划的早期阶段进行环境影响评估。它还要求各国在预期活动会造成跨界环境损害时必须相互通知。如果“一带一路”沿线国家受该公约约束，那么就需要制定与环境影响评估相关的规划和政策。

中国积极参与国际环境保护，缔结或参加了一系列环境保护的公约、议定书。截至 2022 年初，中国批准和参加的国际环境公约或议定书有 30 多项，大致可分三大类，包括关于气候变化和臭氧层保护方面的公约、关于化学品和废物管理方面的公约、关于生物多样性方面的公约。表 7－9 是部分中国批准和参加的国际环境公约或议定书。

表 7－9　　中国批准和参加的部分国际环境公约或议定书

公约或协定书分类	名称	生效时间
关于气候变化和臭氧层保护方面的公约	《保护臭氧层维也纳公约》	1988 年 9 月 22 日
	《关于消耗臭氧层物质的蒙特利尔议定书》	1992 年 8 月 20 日
	《联合国气候变化框架公约》	1994 年 3 月 21 日
	《〈联合国气候变化框架公约〉京都议定书》	2005 年 2 月 16 日
	《〈联合国气候变化框架公约京都议定书〉多哈修正案》	2020 年 12 月 31 日
	《〈联合国气候变化框架公约〉巴黎协定》	2016 年 11 月 4 日
关于化学品和废物管理方面的公约	《防止倾倒废物及其他物质污染海洋的公约》	1975 年 8 月 30 日
	《控制危险废物越境转移及其处置巴塞尔公约》	1992 年 5 月 5 日
	《关于在国际贸易中对某些危险化学品和农药采用事先知情同意程序的鹿特丹公约》	2004 年 2 月 24 日
	《关于持久性有机污染物的斯德哥尔摩公约》	2004 年 5 月 17 日
	《〈防止倾倒废物及其他物质污染海洋的公约〉1996 年议定书》	2006 年 3 月 24 日
	《关于汞的水俣公约》	2017 年 8 月 16 日
关于生物多样性方面的公约	《生物多样性公约》	1993 年 12 月 29 日
	《〈生物多样性公约〉卡塔赫纳生物安全议定书》	2003 年 9 月 11 日
	《〈生物多样性公约〉关于获取遗传资源和公正公平分享其利用所产生惠益的名古屋议定书》	2014 年 10 月 12 日

资料来源：作者根据中华人民共和国外交部的条约数据库整理。

中国是《联合国气候变化框架公约》（UNFCCC，以下简称《公约》）最早缔约方之一。1992 年，联合国环境与发展大会在巴西里约热内卢召开，《公约》正式开放签字。这是世界上第一个为控制温室气体排放、应对全球变暖而起草的国际公约。包括时任中国政府总理李鹏在内的 153 个国家和欧洲共同体代表签署了《公约》，中国是该公约最早的 10 个缔约方之一。《公约》明确规定发达国家与发展中国家应对全球气候保护承担“共同但有区别的责任”，发达国家和转型国家要带头减少温室气体排放。同时，中国政府在全球气候治理体系中一直是责任担当，积极推动达成和加快落实《巴黎协定》。2016 年 4 月 22 日，《巴黎协定》高级别签署仪式在纽约联合国总部召开，175 个国家的领导人出席。《巴黎协定》提出了 2020 年后全球应对气候变化、实现绿色低碳发展的蓝图和愿景，以实现在 2100 年之前将全球平均气温较工业化前水平的升高幅度控制在 2 摄氏度范围之内，这可以说是人类气候治理史上的里程碑，展示了人类应对气候变化的决心。国家主席习近平特使、时任国务院副总理张高丽代表中国签署了这一协定，并在《巴黎协定》高级别签署仪式开幕式上做了“推进落实《巴黎协定》共建人类美好家园”的重要发言，表示中国政府将贯彻创新、协调、绿色、开放、共享的发展理念，认真落实《巴黎协定》，将蓝图化为行动，做好国内温室气体减排工作，加强应对气候变化国际合作，让全球看到了中国政府在应对气候变化问题上的巨大决心、全球责任担当和中国人民一以贯之的言必信、行必果的态度。[①]中国做出主动、积极的努力，为《巴黎协定》的达成发挥了巨大的推动作用。

2020 年 9 月 22 日，习近平主席在第七十五届联合国大会一般性辩论上发表了重要讲话，关于中国如何应对气候变化作出了重要承诺。习近平强调：“人类不能再忽视大自然一次又一次的警告，沿着只讲索取不讲投入、只讲发展不讲保护、只讲利用不讲修复的老路走下去。应对气候变化《巴黎协定》代表了全球绿色低碳转型的大方向，是保护地球家园需要采取的最低限度行动，各国必须迈出决定性步伐。中国将提高国家自主贡献力度，采取更加有力的政策和措施，二氧化碳排放力争于 2030 年前达到峰值，努力争取 2060 年前实

① 董战峰.《巴黎协定》：中国践行全球气候治理的大国责任[EB/OL].（2016－04－25）[2023－09－09]. http://www.china.com.cn/opinion/2016-04/25/content_38319415.htm#:~:text.

现碳中和。”[①]

7.3.2 双边协定

除了参与全球多边的国际环境协定之外，中国也积极开展双边环境保护合作，签署专门的双边环境保护协定。中国先后与美国、朝鲜、加拿大、印度、韩国、日本、蒙古国、俄罗斯、德国、澳大利亚、乌克兰、芬兰、挪威、丹麦、荷兰、瑞典、埃及、西班牙等国签订了环境保护双边合作协定或谅解备忘录，在全球环境问题、环境规划与管理、污染控制与预防、森林和野生动植物保护、海洋环境、气候变化、大气污染、酸雨、污水处理等方面开展了交流与合作，取得了一批重要成果。表 7–10 展示了中国自 1980 年以来签署的部分双边环境保护协定。

表 7–10　　中国签署的部分双边环境保护协定

协定名称	生效时间
中华人民共和国国务院环境保护领导小组办公室和美利坚合众国环境保护局环境保护科学技术合作议定书	1980 年 2 月 5 日
中华人民共和国国家科学技术委员会和德意志联邦共和国联邦研究技术部关于生态研究和环境技术发展领域合作的议定书	1988 年 9 月 12 日
中华人民共和国政府和蒙古人民共和国政府关于保护自然环境的合作协定	1990 年 5 月 6 日
中华人民共和国政府和印度共和国政府环境合作协定	1993 年 9 月 7 日
中华人民共和国政府和大韩民国政府环境合作协定	1993 年 11 月 27 日
中华人民共和国政府和日本国政府环境保护合作协定	1994 年 3 月 20 日
中华人民共和国政府和俄罗斯联邦政府环境保护合作协定	1994 年 5 月 27 日
中华人民共和国政府和法兰西共和国政府环境保护合作协定	1997 年 5 月 15 日
中华人民共和国国家环境保护总局与斯里兰卡民主社会主义共和国森林与环境部环境保护合作协定	1998 年 12 月 18 日
中华人民共和国政府与大不列颠及北爱尔兰联合王国政府环境合作备忘录	1998 年 6 月 17 日

① 中央广播电视总台央视新闻. 习近平在第七十五届联合国大会一般性辩论上发表重要讲话［EB/OL］.（2020–09–23）［2023–09–09］. http://news.cnr.cn/native/gd/20200923/t20200923_525272428.shtml.

续表

协定名称	生效时间
中华人民共和国国家环境保护局与加拿大环境部环境合作备忘录	1998 年 1 月 16 日
中华人民共和国国家环境保护总局与哥伦比亚共和国环境部环境合作协定	1999 年 6 月 14 日
中华人民共和国政府和秘鲁共和国政府环境合作协定	2000 年 9 月 14 日
中华人民共和国政府与摩洛哥王国政府环境合作协定	2002 年 2 月 5 日
中华人民共和国政府和比利时王国政府环境合作谅解备忘录	2002 年 4 月 26 日
中华人民共和国国家环境保护总局和芬兰共和国环境部环境合作谅解备忘录	2002 年 5 月 9 日
中华人民共和国国家环境保护总局与斯洛伐克共和国环境部环境合作协定	2002 年 6 月 17 日
中华人民共和国政府与朝鲜民主主义人民共和国政府环境合作协定	2005 年 4 月 23 日
中华人民共和国水利部与意大利共和国环境与领土部的合作谅解备忘录	2005 年 8 月 1 日
中华人民共和国国家发展和改革委员会与奥地利共和国联邦经济与劳动部关于中奥节能环保领域合作谅解备忘录	2006 年 6 月 6 日
中华人民共和国国家发展和改革委员会与澳大利亚环境和遗产部关于气候变化项目活动框架合作意向书	2006 年 10 月 17 日
中华人民共和国国家环境保护总局与智利共和国国家环境委员会环境合作谅解备忘录	2007 年 10 月 21 日
中华人民共和国环境保护部和巴基斯坦伊斯兰共和国环境部环境保护合作协定	2008 年 10 月 15 日
中华人民共和国环境保护部与荷兰王国住房、规划和环境部环境合作谅解备忘录	2008 年 11 月 10 日
中华人民共和国环境保护部与挪威王国环境部环境合作谅解备忘录	2008 年 6 月 30 日
中华人民共和国政府和美利坚合众国政府关于能源和环境十年合作的框架文件	2008 年 6 月 18 日
中华人民共和国环境保护部和新西兰环境部环境合作协定	2008 年 4 月 2 日
中华人民共和国政府和印度共和国政府关于应对气候变化合作的协定	2009 年 10 月 21 日
中华人民共和国国家发展和改革委员会和意大利共和国环境领土海洋部关于应对气候变化合作的谅解备忘录	2009 年 9 月 15 日
中华人民共和国政府与美利坚合众国政府关于加强气候变化、能源和环境合作的谅解备忘录	2009 年 11 月 16 日

续表

协定名称	生效时间
中华人民共和国国家发展和改革委员会和澳大利亚气候变化部关于气候变化的谅解备忘录	2009 年 10 月 15 日
中华人民共和国国家发展和改革委员会和葡萄牙共和国环境和空间规划部关于气候变化领域执行京都议定书清洁发展机制项目合作谅解备忘录	2010 年 6 月 8 日
中华人民共和国环境保护部与安哥拉共和国环境部环境合作谅解备忘录	2010 年 6 月 25 日
中华人民共和国政府和南非共和国政府环境管理领域合作谅解备忘录	2010 年 8 月 24 日
中华人民共和国国家发展和改革委员会和法兰西共和国生态、能源、可持续发展和海洋部关于加强应对气候变化合作的协议	2010 年 11 月 4 日
中华人民共和国国家发展和改革委员会与大不列颠及北爱尔兰联合王国能源和气候变化部关于低碳合作的谅解备忘录	2011 年 1 月 10 日
中华人民共和国水利部与古巴共和国水利部合作谅解备忘录	2011 年 6 月 27 日
中华人民共和国环境保护部与瑞典王国环境部环境合作谅解备忘录	2012 年 4 月 24 日
中华人民共和国环境保护部与伊朗伊斯兰共和国环境部环境领域合作谅解备忘录	2012 年 5 月 7 日
中华人民共和国政府和哈萨克斯坦共和国政府环境保护合作协定	2012 年 6 月 18 日
中华人民共和国环境保护部与瑞士联邦环境、交通、能源和电信部代表联邦委员会环境合作谅解备忘录	2012 年 6 月 28 日
中华人民共和国环境保护部与阿拉伯埃及共和国环境事务国务部环境合作谅解备忘录	2012 年 8 月 28 日
中华人民共和国环境保护部与乌克兰生态和自然资源部环境保护合作谅解备忘录	2012 年 11 月 21 日
中华人民共和国环境保护部与老挝人民民主共和国自然资源与环境部环境保护合作谅解备忘录	2013 年 2 月 7 日
中华人民共和国政府和澳大利亚政府气候变化合作谅解备忘录	2014 年 11 月 17 日
中华人民共和国政府和新西兰政府气候变化合作安排	2014 年 11 月 20 日
中华人民共和国政府和马来西亚政府在水资源领域合作谅解备忘录	2017 年 4 月 10 日

资料来源：作者根据中华人民共和国外交部的条约数据库整理。

值得一提的是，除了专门的双边环境保护协定，中国签署的自由贸易协定（FTA）中，也都或多或少地纳入了与环境保护相关的内容。其中一些自由贸易协定更是以专章的形式纳入了环境条款，突出了对环境保护相关问题的重视。例如，2014 年 7 月 1 日，中国—瑞士自由贸易协定正式生效，其中第十二章是环境问题，包括 8 项环境条款，既包括对国际多边环境协定的履行，也包括对本国国内环境标准和环境保护水平的提升。例如，其中提到，双方认识到经济发展、社会发展和环境保护是可持续发展相互依存、相互支持的组成部分；通过促进实现可持续发展目标，并确保将这一目标纳入和反映在双方的双边经济关系中的方式来促进经济发展；有效实施双方均为成员的多边环境协定，以及提到的国际文件①中体现的环境原则和义务；努力通过各种手段，包括对各自环保法律和法规的有效实施，进一步提高环保水平；通过降低国内环境法律、法规、政策和实践中的保护水平来鼓励贸易和投资是不恰当的；环保标准不得用于贸易保护主义的目的；努力促进有利于环境的货物、服务和技术的投资和传播，双方鼓励企业就有利于环境的货物、服务和技术开展合作；加强双边环境合作，包括信息和专业知识交流、能力建设和培训、研讨会和讲习班等，重点解决环境友好型技术的合作和转让问题；在双方共同参与的双边、区域和多边国际论坛上，加强在环境问题上的合作。

2015 年 12 月 20 日，中国—韩国自由贸易协定正式生效。第十六章是环境与贸易，共包括 9 条相关条款。与中国—瑞士自由贸易协定相似，中国—韩国自由贸易协定也规定了双方应遵守国际多边环境协定，并努力提升本国国内的环境保护水平，同时承诺环境保护标准不得用于贸易保护主义的目的。在此基础上，中国—韩国自由贸易协定明确了中韩双方在环境保护上的合作范围，具体为：推广包括环境友好产品在内的环境产品和环境服务；环境技术开发与环境产业促进的合作；交流关于环境保护政策、活动和措施的信息；建立包括环境专家交流的环境智库合作机制；能力建设，包括环境领域的专题会、研讨会、博览会和展览会；在两国各自建立环境产业示范区基地等。另外，双方也将依托于已有的双边环境保护协定，如 2014 年 7 月 3 日签署的《中华人民共和国环境保护部与韩国环境部之间的谅解备忘录》等，加强在包括空气污染物防治在内的环境领域的合作。此外，2018 年 1 月 1 日，中国—格鲁吉亚自由贸易协定

① 这些国际文件包括 1972 年斯德哥尔摩人类环境宣言、1992 年里约环境与发展宣言、1992 年环境与发展 21 世纪议程、2002 年约翰内斯堡可持续发展实施计划和 2012 年里约 + 20 峰会成果文件“我们希望的未来”。

正式生效，第九章是环境与贸易，其中规定了遵守多边环保协定、提升本国环保水平、开展双边环保合作、环境影响评估等内容。

还有一些自由贸易协定，在最初签订时，并未考虑环境等条款，但后期升级协定时，将环境相关的内容纳入进来。例如，2008 年 10 月 23 日，中国与新加坡正式签订自由贸易协定，其中不涉及环境条款。之后，2018 年 11 月 12 日，中国与新加坡签署了《自由贸易协定升级议定书》，对原有的自由贸易协定进行升级，纳入了环境与贸易的内容，形成了新的第十七章。其中，对双方关于遵守多边环境协定、遵守双边环境协定（如 2018 年 11 月 12 日签署的《中华人民共和国生态环境部与新加坡共和国环境及水源部环境合作谅解备忘录》等）、促进双边环保合作、提升本国环保水平、环境保护不能用于贸易保护主义等做出了明确规定。又如，2005 年 11 月 18 日，中国与智利签订了自由贸易协定，其中不包括环境相关内容。2017 年 11 月 11 日，中国与智利签订了《中华人民共和国政府和智利共和国政府关于修订〈自由贸易协定〉及〈自由贸易协定关于服务贸易的补充协定〉的议定书》，并于 2019 年 3 月 1 日开始实施，其中第六章是环境与贸易，包括目标、保护水平、环境法律和法规的执行、多边环境协定、环境影响评估、合作、机构安排和争端解决不适用等条款。

另外，一些自由贸易协定在最初签订时已经包括了环境条款，在后续升级时，也进一步将环境条款进行升级，以更好地促进环保合作和可持续发展。例如，2008 年 4 月 7 日，中国与新西兰签署了自由贸易协定，虽然在协定的正文中没有明确列出环境条款，但是双方形成了关于环境问题的附属协议，即《环境合作协定》。2021 年 1 月 26 日，中国与新西兰签署了《自由贸易协定升级议定书》，其中第二十二章是环境与贸易，包括九条内容。除了专门的环境章节之外，其他章节和附录也涉及了一些与环境相关的议题，如环境合作和环境服务等。结合 2008 年的中国—新西兰自由贸易协定以及 2021 年的升级议定书来看，中国和新西兰之间的自由贸易协定涵盖了 WTO 和自由贸易协定框架下几乎所有能见到的环境相关议题，如透明度要求、环境规制、环境服务市场准入等。

此外，中国签署的其他自由贸易协定，虽然没有专门的环境章节或附录，但环境保护的思想隐含在部分章节之中。例如，2010 年 3 月 1 日，中国—秘鲁自由贸易协定正式实施，其中第一百六十二条是林业和环境保护，提出中国和秘鲁应重点通过合作、磋商的方式就林业合作达成双边协定，合作包括：相互交流与森林资源可持续利用相关的科学、技术、政策和法律；开展培训计划、实习、专家交流和项目咨询合作；在森林资源可持续利用和环境保护方面，对双方的公共机构、组织提供建议和技术援助；在第 15 届 APEC 会议倡议的亚太森林恢复与可持续管理网络下促进森林政策对话和技术合作；鼓励共同研究、工作访问、经验交流等其他活动。2013 年 4 月 15 日，中国与冰岛签署了自由贸易协定，其中虽然没有专门的环境章节，但在序言部分就提到：“注意到经济发展、社会发展和环境保护是可持续发展相互依赖、相互促进的组成部分，更加密切的经济伙伴关系可以在促进可持续发展方面发挥重要作用。”另外，在第九十六条也提到，中国和冰岛将根据 2005 年签订的《中华人民共和国国家环境保护总局与冰岛共和国环境部环境合作谅解备忘录》进一步加强沟通和合作。2006 年 11 月 24 日签订的中国—巴基斯坦自由贸易协定，也在序言中提出双方“认识到执行本协定是为了提高生活水平、创造新的工作机会并以与环境保护相一致的方式促进可持续发展”。

7.3.3 国际金融机构的环境政策

资金来源机构借出资金时所设定的条件，可以有效影响“一带一路”基础设施项目。下面将分别介绍多边开发银行（multilateral development banks）和中国政策性银行在借出资金时所设定的环境条件、标准和程序。虽然大部分“一带一路”基础设施项目的贷款都来自中国，但有时多边开发银行也会为这些项目提供联合融资。目前，所有多边开发银行都有自己的一套环境和社会标准，这些标准对贷款者提出了具体要求，要求他们达到开展投资所需的最低社会和环境标准。鉴于多边开发银行在开发性金融等领域的权威特点，他们制定的绿色标准可能会对全球标准产生巨大影响。这套标准可以应用于绿色债券、绿色信贷和绿色保险等层面，也可应用于管理层面的绿色财务报告当中。[①]并且，“一带一路”的多边开发银行共同融资项目都会采用多边开发银行合作伙伴的标准。

---

① 中央财经大学绿色金融国际研究院. 多边开发银行在绿色金融中的角色［EB/OL］.（2020－01－16）［2023－09－09］. http://iigf.cufe.edu.cn/info/1007/3082.htm.

即使没有来自多边开发银行的融资，多边开发银行建立的环境和社会标准，特别是国际金融公司的绩效标准和世界银行新的《环境和社会框架》（Environmental and Social Framework）也通常被认为是优质国际工业实践或多边、双边商业贷款的最佳实践标准。除了保护贫困人口、保护环境和确保可持续发展，世界银行的《环境与社会框架》还解决了透明度、非歧视、社会包容、公众参与和问责等问题。此外很重要的一点是，这些与“一带一路”基础设施贷款相关的环境和社会保障措施必须得到严格的监督和执行。

世界银行是20世纪90年代首批提出环境和社会保障措施的多边开发银行之一，于2018年通过了修订后的环境和社会保障措施，以加强对环境和人民的保护，同时使借款人更容易遵守相关标准。这些改革在一定程度上是对提高贷款运作效率、提高尽职调查灵活性、更多依赖东道国环境和社会标准的借款人需求的回应，而这些标准也不会再那么严格。这些标准在一定程度上与2015年成立的两家多边开发银行——金砖国家新开发银行和亚洲基础设施投资银行——的创始理念相呼应。新开发银行和亚投行都承诺致力于可持续发展和提高项目处理效率。例如，亚投行一直致力于“精简、清洁和绿色”，即经济高效，对腐败零容忍，尊重可持续发展和自然环境。与其他多边开发银行相比，新开发银行在很大程度上依赖东道国的政策，其目标是在可行的情况下加强这些政策，而不是强加银行的标准。这种目标允许将东道国的法规用于环境和社会保障，但被视为高风险的项目或国家除外，在高风险的情况下，新开发银行将借鉴国际金融公司的绩效标准。一些批评人士担心，亚投行和新开发银行都过于注重提高效率，并且过度依赖现有的企业或东道国标准，而采用企业或东道国标准的环境和社会保障措施在实践中可能会被证明是不够的。这些政策的批评者建议改进可持续性的定义，在评估之后如何减轻不利影响的问题上更加明确。

针对世界银行通过投资项目贷款所支持的项目，世界银行的环境和社会标准规定了借款国在识别和评价项目的环境和社会风险时应满足的要求。世界银行的环境和社会标准为借款国和项目设立了项目周期中应遵循的10条环境和社会标准，如专栏7-3所示。

专栏 7-3

世界银行的环境和社会标准

世界银行认为，通过重点关注环境和社会风险的识别和管理，这些标准的应用将支持借款国采用可持续的方式减少贫困并促进繁荣，使环境和公民同时受益。这些标准将：（1）支持借款国达到与环境和社会可持续发展相关的良好国际实践；（2）协助借款国履行其国内和国际的环境和社会义务；（3）增强非歧视性、透明度、参与度、问责制和治理能力；（4）通过利益相关者的不间断参与，提高项目的可持续发展效果。

世界银行的环境和社会标准为借款国和项目设立了项目周期中应遵循的 10 条标准，具体包括：

环境和社会标准 1：环境和社会风险与影响的评估与管理。

环境和社会标准 2：劳工和工作条件。

环境和社会标准 3：资源效率与污染预防和管理。

环境和社会标准 4：社区健康与安全。

环境和社会标准 5：土地征用、土地使用限制和非自愿移民。

环境和社会标准 6：生物多样性保护和自然资源的可持续管理。

环境和社会标准 7：原住民/撒哈拉以南非洲长期服务不足的传统地方社区。

环境和社会标准 8：文化遗产。

环境和社会标准 9：金融中介机构。

环境和社会标准 10：利益相关方参与和信息公开。

在上述 10 条标准中，环境和社会标准 1 适用于世界银行投资项目融资支持的所有项目。该标准确定了以下事项的重要性：（1）借款国在处理项目风险和影响方面现有的环境和社会框架；（2）综合的环境和社会评估，以识别项目的风险和影响；（3）通过披露项目相关信息、磋商、有效反馈实现有效的社区参与；（4）借款国在整个项目周期内管理环境和社会风险及影响。世界银行要求，项目中所有的环境和社会风险及影响应是环境和社会评价的一部分，项目的所有环境和社会风险及影响必须得到应对。环境和社会标准 2～10 规定了借款国识别和应对可能需要特别关注的环境和社会风险及影响的义务。这些标准规定了目标和要求，以避免或尽可能降低这些风险和影响，在存在重大残留风险和影响的情况下加以补偿或抵消。

资料来源：世界银行（2019）。

“一带一路”的多边开发银行不仅制定项目合作伙伴的环境和社会标准，而且在项目筛选、项目执行的过程中，还会关注项目实施主体在生态环境、社会福祉和内部治理方面的能力。在环境方面，多边开发银行等开发性金融机构注重项目在碳排放、资源开采、环境污染、气候变化方面的表现。众多开发性金融机构在筛选项目时，会对项目开展全方位的环境评估。同时，开发性金融机构普遍在其经营活动中考虑了环境污染的相关问题，经常在高级别政策中提及这些问题，强调其重要性。

根据中国环境与发展国际合作委员会（2021）的研究报告，下面选取活动水平与中国金融机构接近，且尽可能覆盖多种业务的 8 家代表性机构——世界银行（WB）、国际金融公司（IFC）、亚洲开发银行（ADB）、亚洲基础设施投资银行（AIIB）、拉丁美洲开发银行（CAF）、南非开发银行（DBSA）、日本国际协力机构（JICA）和日本国际协力银行（JBIC）来说明多边银行等开发性金融机构在其经营活动、筛选项目、执行项目时对环境问题的关注。

首先，在基础设施项目评估时重点关注环境领域。表 7－11 讨论了开发性金融机构对拟议的基础设施项目开展环境评估时重点关注的 13 个常见领域。第一，无论是全球性的金融机构（WB、IFC），还是区域性（ADB、AIIB、CAF）或双边性（DBSA、JICA、JBIC）的金融机构，在做基础设施项目的评估时，都会考虑环境方面的影响。其中，在污染的预防、管理、控制和消除方面，表中的所有机构都有相关的评估政策、标准、要求，并纳入实际运营；除了 JICA 和 JBIC 之外，其他金融机构都是最高级别的政策。第二，在生物多样性、栖息地和森林方面，表中的所有金融机构也都采用了最高级别的评估政策、标准、要求，并纳入实际运营。第三，在废弃物、虫害管理、外来入侵物种方面，表中的所有机构都采取了相关的评估政策和标准。第四，在资源效率（尤其是能源和水资源）以及温室气体排放方面，除了 JICA 之外，表中的其他金融机构都在政策上以及行动上有所考虑。值得注意的是，CAF 和 DBSA 这两家南南合作开发性金融机构在业务上广泛地关注了以上大多数环境问题。这说明，其在项目评估过程中兼顾国家利益的同时，也重点考虑环境问题。

表 7－11　　基础设施项目的环境评估标准

	全球性		区域性			双边性		
	WB	IFC	ADB	AIIB	CAF	DBSA	JICA	JBIC
污染：预防、管理、控制、消除	PO	PO	PO	PO	PO	PO	O	O
资源效率（尤指能源和水）	PO	PO	O	O	O	PO	X	O
废弃物（包括危险废弃物）	O	O	O	O	O	O	O	O
虫害管理	O	O	O	O	O	O	O	O
温室气体排放	O	O	O	O	O	O	X	O
生物多样性、栖息地和森林	PO	PO	PO	PO	PO	PO	PO	PO
生物自然资源：农作物、牲畜、渔业资源	O	O	P	X	PO	O	O	O
外来入侵物种	O	O	O	O	O	O	O	O
生态系统和生态系统服务	P	O	X	O	O	O	P	O
生物多样性补偿的具体规定（超出缓解等级）	O	O	X	P	O	O	X	O
无净损失规定（生物多样性、栖息地）	O	O	P	X	O	O	O	O
净收益规定（丧失重要栖息地）	O	O	X	X	O	O	X	O
供应链（农作物、牲畜和森林砍伐）	O	O	X	X	X	O	X	O

注：PO 表示涵盖最高级别的政策、标准、要求，并纳入实际运营；O 表示在政策和标准中明确提及，纳入运营，但未纳入高级别政策；P 表示在政策或标准中提及，但未具体说明或纳入运营；X 表示在政策或实践中都没有解决。WB 表示世界银行，IFC 表示国际金融公司，ADB 表示亚洲开发银行，AIIB 表示亚洲基础设施投资银行，CAF 表示拉丁美洲开发银行，DBSA 表示南非开发银行，JICA 表示日本国际协力机构，JBIC 表示日本国际协力银行。

资料来源：中国环境与发展国际合作委员会（2021）。

其次，在项目筛选时设置众多与环境和社会相关的程序和流程。表 7-12 更深入地探讨了各家开发性金融机构在筛选项目提案过程中的具体做法和机制，主要包括筛选和风险分类、排除或撤资清单、使用国家或行业标准、环境和社会尽职调查等方面。可以清楚地看到，尽管拉丁美洲开发银行对这些措施的应用也较为有限，但相较于双边机构，多边开发银行的技术要求范围更广，更加重视项目对环境和社会的影响。

表 7-12　开发性金融机构筛选项目时与环境和社会（E&S）风险管理相关的流程和程序

	全球性		区域性			双边性		
	WB	IFC	ADB	AIIB	CAF	DBSA	JICA	JBIC
筛选和风险分类								
在项目筹备阶段开展风险或影响评级	Y	Y	Y	Y		Y	Y	Y
实施阶段特定评级	Y	Y						
排除或撤资清单								
公司级别的排除或撤资清单	Y	Y	Y	Y	Y	Y		
附加 E&S 排除清单	Y	Y	Y	Y	Y			Y
使用国家或行业标准								
采用借款方标准的门槛和条件	Y		Y	Y				
参考技术或行业标准	Y	Y	Y	Y		Y	Y	Y
E&S 尽职调查：关于特定类型贷款的规定								
金融中介	Y	Y	Y	Y	Y	Y	Y	
咨询服务、技术援助	Y	Y				Y	Y	
共同融资安排、共同方案	Y		Y	Y	Y			
紧急贷款	Y		Y	Y			Y	

续表

	全球性		区域性			双边性		
	WB	IFC	ADB	AIIB	CAF	DBSA	JICA	JBIC
实施过程中确定的项目（框架协议、设施等）	Y		Y	Y		Y		
贷款和赠款以外的金融产品（股权、担保等）	Y	Y						

注：Y表示有相关流程或程序。

资料来源：中国环境与发展国际合作委员会（2021）。

最后，在项目执行过程中也要求设置对环境和社会进行风险把控的环节和程序。几乎每家开发性金融机构都根据行业和地点等因素将项目划分为几个风险类别，进而确定项目提案获批前需进行的审查程度。表 7-13 讨论了开发性金融机构在项目实施期间与环境和社会风险管理相关的流程和程序，主要包括披露、监督、问责等方面。世界银行和国际金融公司对这些风险因素采取动态评估方法，并在项目实施过程中根据绩效进行相应调整，从而影响和调节在后续执行过程中的项目监督水平。

表 7-13 开发性金融机构在项目实施期间与 E&S 风险管理相关的流程和程序

	全球性		区域性			双边性		
	WB	IFC	ADB	AIIB	CAF	DBSA	JICA	JBIC
披露要求								
披露贷款人出具的文件（在项目实施过程中持续进行）	Y	Y		Y			Y	Y
促进借款人文件的披露	Y	Y	Y	Y		Y	Y	
监督和监测								
使用独立的或第三方的监测	Y	Y	Y	Y	Y	Y		
由贷款人确定的广泛的社区支持	Y	Y	Y	Y		Y		
项目竣工条款	Y		Y	Y	Y	Y		

续表

	全球性		区域性			双边性		
	WB	IFC	ADB	AIIB	CAF	DBSA	JICA	JBIC
高危或复杂操作的特殊规定		Y		Y		Y		
问责机制								
独立问责机制	Y	Y	Y	Y		Y	Y	Y

注：Y 表示有相关流程或程序。

资料来源：中国环境与发展国际合作委员会（2021）。

7.3.4 中国政策性银行的环境政策

为“一带一路”项目提供贷款的两家最大的银行都是中国的政策性银行：中国进出口银行和国家开发银行。中国的政策性银行是国有银行，负责基础设施贷款和促进对外贸易。这两家中国政策性银行的环境和社会保障仍处于萌芽阶段，没有多边开发银行严格。投资海外基础设施的中国金融机构也要遵守中国的银行监管部门制定的环境指导方针。2012 年，中国银监会发布了《加强绿色信贷指引》（GCG），要求中资银行在海外放贷时既要遵守东道国法律，也要遵守国际规范，但这是在机构层面而不是在项目层面进行评估，因此实施仍是一个关键挑战。同样，在项目层面，环境指导方针可能需要相应的强制执行和监督才能产生影响。

下面以中国进出口银行和国家开发银行为例，阐述中国政策性银行在经营活动中涉及的诸如项目的环境标准、实施的环境措施、项目的环境评估等方面的环境问题。

国家开发银行是中国首批出台环境和社会政策的银行之一，也是中国第一个加入联合国“全球契约”的金融机构，将绿色作为自身发展的重要内容，积极开展负责任融资。在实践中，国家开发银行把绿色理念嵌入审批决策、信贷管理等业务流程，积极开展专项规划研究，助力国家绿色金融标准建设，支持绿色发展、循环发展、低碳发展，在服务绿色发展中担当金融先锋。

国家开发银行重视绿色金融业务，比如在绿色信贷方面，精准支持重点领域。全力支持打好大气、水、土壤污染防治三大战役，围绕长江大保护、黄河流域生态保护和高质量发展，加大对生态环保、清洁能源、垃圾污水处理等重点项目和国家储备林等林业生态建设的信贷支持力度，推动发展循环经济和节能环保产业，促进生态环境质量持续好转。截至 2021 年 8 月，国家开发银行绿色信贷余额超过 2.3 万亿元，居国内银行业首位；2021 年上半年，发放绿色产业贷款 2 922 亿元，为中国经济社会发展的全面绿色转型提供了有力的金融支持。

此外，国家开发银行把绿色理念贯彻到服务共建“一带一路”过程中。一方面，参考联合国全球契约相关指南，建立一套完整的环境和社会影响评价体系，完善国际业务授信评审制度；另一方面，积极支持境外清洁能源和民生项目，按照国际生态环保理念和相关法规，引导、约束企业开发、建设、运营项目，推动实现经济效益、社会效益、生态效益的有机统一。在巴基斯坦，国家开发银行融资支持的卡洛特水电站项目，建成后年均发电量可达 32 亿千瓦时，每年减少碳排放约 350 万吨，可以有效缓解当地电力供需矛盾，促进地区经济发展。截至 2020 年末，国家开发银行在“一带一路”沿线国家和地区的国际业务余额超过 1 600 亿美元。①

在对项目环境的评估上，国家开发银行也十分重视。2005 年，国家开发银行要求根据法律进行环境影响评估。具体的环境法规目前还不公开，但国家开发银行发布的一些基本环境法规可以从以往的贷款中推断出来，比如要求由独立评估机构完成环境影响评估，并通过环评程序获得批准。

中国进出口银行长期以来将绿色理念、政策、标准融入全行经营的方方面面，形成了多元化、多层次的绿色金融服务体系，其中包括以转贷款、节能环保贷款、转型升级贷款、传统优势信贷品种为核心的绿色信贷产品体系，以中日节能环保基金、中国—中东欧投资合作基金、中国—东盟投资合作基金等为代表的股权融资工具，涵盖碳资产咨询顾问、碳资产增信、碳保理、碳债券承销、碳基金等各项业务的碳金融业务体系等。通过全方位发挥政策性金融的优势，中国进出口银行将支持传统产业升级改造与战略性新兴产业发展相结合，将支持优势绿色企业“走出去”与引进国际先进的绿色技术、理念相结合，将扩大绿色金融支持与提升自身环境和社会保护责任相结合，向企业提供更具针

① 国家开发银行. 国家开发银行——服务绿色发展的金融先锋［EB/OL］.（2021-08-24）［2023-09-09］. https://www.cdb.com.cn/xwzx/mtjj/202108/t20210824_8990.html#:~:text.

对性和适应性的政策性绿色金融服务。

同时，中国进出口银行将绿色理念融入环境和社会风险管理体系建设。2007年制订贷款项目环境与社会评价指导意见，首次正式以制度形式规定环境信息作为贷款审批的基本依据之一。2015年，根据银监会《绿色信贷指引》《绿色信贷实施情况关键评级指标》和国家有关政策法规要求，制订中国进出口银行绿色信贷指引，从组织管理、政策制度、流程管理、内控管理和信息披露等方面对加强信贷项目的环境和社会风险管理提出了全面、具体的要求，引入涉及环境和社会风险的客户分类管理标准。在风险评价与审批标准方面，对不符合相关国家环评、节能审查和土地预审要求的项目，不符合相关国家产业政策和中国进出口银行授信政策的项目，列入国家淘汰类的项目，违规建成的项目，中国进出口银行均不提供授信支持。要求支持的项目须符合中国及项目所在国的相关环保政策和法律法规。如项目所在地环境保护机制不健全、缺乏相应的环境和社会影响评价政策与标准，将参照中国标准或国际惯例进行审查。

总的来说，中国政策性银行的环境政策相对于世界银行、国际金融公司等国际金融机构来说还不够成熟。虽然所有银行都要求客户遵循东道国的标准，但国际金融公司和其他多边开发银行通常都有自己的标准，当这些标准比东道国的标准更严格时，也必须遵循这些标准才能产生预期的影响。就中国进出口银行而言，只有在不存在东道国标准的情况下，银行才会考虑采用中国和国际标准。国家开发银行的环境和社会标准也主要基于东道国的法律和政策。国际金融公司和其他国际机构曾与中国政府合作，以提高这些政策银行管理环境和社会风险的能力。中国的政策性银行已在多个领域取得进展，包括制定环境和社会风险控制要求，加大对违反环境法规的处罚力度，以及促进绿色投资。

7.4 推进绿色基础设施建设、减少环境风险的建议

7.4.1 做好环境影响评估，减少基础设施项目环境风险

近年来，在“一带一路”沿线，已有不少国家意识到发展不能以牺牲环境

与枯竭资源为代价。部分国家已开始推行可持续发展战略，加大环境资源保护力度，因地制宜地发展经济。同时，一些国家还通过调节税收和市场机制来保护森林等生态系统。此外，“一带一路”相关政策应将环境影响评估纳入整个“一带一路”经济走廊的早期规划。“一带一路”走廊环境评估将专注于整个交通走廊，利用“一带一路”的规模和连通性，有效应对交通基础设施项目累积的直接和间接环境风险，并遵循已经为战略环境评估和区域环境评估制定的许多原则。虽然目前没有正式的“一带一路”走廊环境评估进程，但联合国项目事务厅已经制定了一个可持续基础设施规划和发展框架，可以提供许多工具来支持这一进程。这一过程可以遵循中国《中华人民共和国环境影响评价法》中为中国国内环境影响评价制定的条款。

为了减少“一带一路”基础设施项目环境风险，许多国际、国家或地区组织都提出了具体措施。比如，世界银行在 2019 年提出了减少“一带一路”基础设施项目环境风险的一些具体措施（见表 7－14）。减少基础设施项目环境风险的措施可以大致分为四个方面，包括规避、降低、恢复和抵消。首先，规划路线时，避免脆弱性环境（如完好的边疆景观、生物多样性特殊地区、保护区、具有地形或地震灾害的景观以及其他脆弱景观）；其次，通过注重环境影响的工程技术和配套政策来减轻环境影响；再次，采取补救行动，修复在建设过程中造成的破坏；最后，生物多样性地区（具有类似的特有物种或者生态系统功能）的环境保护。

表 7－14　　减少“一带一路”基础设施项目环境风险的具体措施

规避	规划路线时，避免脆弱性环境（如完好的边疆景观、生物多样性特殊地区、保护区、具有地形或地震灾害的景观以及其他脆弱景观）。 （1）识别规避敏感地区的替代路线。 （2）进行社会成本—效益分析（考虑经济、环境和社会影响），为在替代路线中进行选择提供指导。 （3）规避应从微观层面展开，考虑“一带一路”的大部分地区，乃至整个“一带一路”的位置、投资影响和受影响环境之间的相互依赖。
降低	通过注重环境影响的工程技术和配套政策来减轻环境影响。 （1）野生动物通道（桥梁和地下通道设有方便野生动物穿越的机制）、隔音屏障、灯光向下照射减少光污染、保留树木、施工时间安排避开动物迁徙的重要时段。 （2）减少山体滑坡和侵蚀风险的隧道和桥梁工程技术。

续表

降低	（3）减少森林砍伐、偷猎和脆弱物种贸易的监管、执法、激励机制。这可能包括在交通走廊附近设立保护区、解决执行能力薄弱的问题、向土地所有者或者地方政府提供激励或补偿支付以换取对森林和生态系统的维护。 （4）应用社会成本—效益分析来选择交通方案（公路类别、铁路与公路、电气化与标准化铁路、车辆排放与维护规定）。这说明了人们偏爱铁路（特别是高速电动化铁路）超过公路的原因：污染程度低，入口点较少，集中在人口已然稠密的城市，减少了景观受损和碎片化。
恢复	采取补救行动，修复建设过程中造成的破坏。例如，稳固受损的斜坡，恢复植被，修复受到干扰的水道或者湿地。
抵消	对无法规避、减少或者修复的环境损害进行补偿。方法是在工地以外进行投资，确保总体上处于净中性或者净正面环境影响。国际公认的补偿方案提供了标准，“一带一路”项目可以用于自我评估。例如： （1）碳补偿，在生物多样性地区遭到破坏之后，加强其他具有可替代性和可比性的生物多样性地区（具有类似的特有物种或者生态系统功能）的环境保护。 （2）机制包括生态服务补偿（PES）、项目必须缴纳的生物多样性补偿基金、出售补偿额度的生物多样性银行以及更多根据具体项目问题的补偿方案。所有这些均得到国家或地方补偿法律的支持。

资料来源：世界银行（2019）。

7.4.2 发挥绿色金融优势，以可持续融资推动基础设施升级

依托国内绿色金融发展的优势，近年来，“一带一路”绿色投融资的政策理念不断发展完善，中资金融机构积极践行绿色“一带一路”建设理念，开展绿色投融资实践，有力地支持了沿线国家绿色可持续发展，为促进“一带一路”资金融通发挥了积极作用。

发挥绿色金融优势，倡导和推广绿色金融理念。中国人民银行于 2018 年指导中国金融学会绿色金融专业委员会与伦敦金融城牵头多家中外机构发起了《“一带一路”绿色投资原则》（GIP），提出将可持续性纳入公司治理和决策、使用绿色金融工具、充分了解 ESG 风险、充分披露环境信息等原则中。GIP 自发布以来，已有 40 多家来自中国、发达国家和“一带一路”沿线国家的金融机构签署，各项原则逐步得到落实。各项工作取得积极进展，包括制定环境和气候风险评估工具箱、构建一套气候和环境信息披露框架、推动金融机构加强环境风险分

析等。

发挥绿色金融优势，推动“一带一路”绿色投融资快速发展。中国主要金融机构通过贷款、股权、债权等多元化渠道支持“一带一路”绿色项目。统计显示，中国金融机构以股权投资形式在南亚、东南亚“一带一路”沿线国家参与大量风电项目，在孟加拉国、阿富汗、越南和巴基斯坦投资了相当数量的光伏项目；国家开发银行为赞比亚提供贷款建设了近 1 600 个太阳能磨坊厂；国家开发银行、中国进出口银行、丝路基金和国际金融公司共同为巴基斯坦卡洛特水电站提供了银团贷款，预计项目建成后将减少二氧化碳排放量约 270 万吨；光大集团于 2020 年 4 月成立“一带一路绿色股权投资基金”，支持“一带一路”沿线的绿色发展。

发挥绿色金融优势，多渠道开展“一带一路”绿色金融能力建设。中国在推动“一带一路”地区绿色金融发展的同时，也不断总结提炼自身经验，为“一带一路”沿线国家和地区提供发展绿色金融的“中国智慧”。

此外，中国需要继续坚定加强“一带一路”绿色金融合作，深化绿色投融资，与沿线国家共同推进绿色低碳转型。推动基础设施绿色低碳化建设和运营管理。落实基础设施建设标准规范的生态环保要求，推广绿色交通、绿色建筑、绿色能源等行业的环保标准和实践，提升基础设施在运营、管理和维护过程中的绿色化、低碳化水平。鉴于大多数“一带一路”国家政府力量薄弱、公共资源与资金不足、私人投资分布不均，需要调动与激励民间资本并提供政治动机促进公共投资推进基础设施升级才能更好地推行韧性发展，以应对气候与转型风险。可持续性融资对吸引民间与海外资本和提高对于韧性基础设施的公共投资都起着关键性作用[①]。为了利用全球范围内日益增长的绿色投资浪潮，投资目的国需构建有利的政策和监管环境，改善市场条件，提高项目的“可融资性”。所以，如何构建和利用可持续性融资，从而推动“一带一路”国家基础设施绿色化升级至关重要。

7.4.3 积极吸引绿色投资，推动绿色产业园区建设

据全球基础设施中心（GIH）估计，从 2016 年到 2040 年，全球的基础设

① 任玉洁，许之泠，施懿宸. IIGF 观点——关于推动发展中国家基础设施绿色化升级的相关建议［EB/OL］.（2021－08－27）［2023－09－09］. https://www.hbzhan.com/news/detail/143194.html.

施投资需求将达到94万亿美元，其中大部分来源于发展中国家，特别是“一带一路”国家。据世界银行计算，基础设施和建筑物在建设和运行过程中排放的温室气体占全球碳排放总量的70%，且一旦建成，其年排放量将在未来数十年保持不变，具有明显的“碳锁定效应”。这将给“一带一路”国家和相关基础设施建设带来新的挑战，也要求相关机构在项目建设和运营中更多考虑环境和社会因素①，推进“一带一路”基础设施投资低碳化，积极吸引绿色投资。专栏7-4是“一带一路”绿色投资项目的案例，说明了严格的ESG方法有助于打造可融资的投资项目。

吸引绿色“一带一路”投资，推进“一带一路”基础设施投资低碳化②。第一，“一带一路”沿线国家的能力建设。建议设立一个国际化平台（可由联合国主导），支持“一带一路”沿线国家金融体系绿色化的能力建设，满足这些国家快速增长的绿色发展需求。第二，中国应就对外投资采取的行动。建议中国将其绿色环保要求扩展到“一带一路”投资，包括强制要求中资机构在对外投资之前对项目进行环境影响评估。第三，积极应用国际绿色投资促进全球投资者采用绿色投资原则。中国和英国相关机构已针对“一带一路”投资，牵头发起了《“一带一路”绿色投资原则》（GIP），但GIP的成员国数量和范围还应进一步扩大。第四，环境信息透明度建设。鉴于“一带一路”国家的基础设施投资将可能对全球碳排放产生重要影响，有必要强化这些项目对环境和气候影响的信息披露。第五，建立国际气候联盟。建议联合各种国际、区域和双边合作机制，建立国际联盟，更加高效地推进“一带一路”成员发展绿色低碳和气候适应型投资。

改善沿线国家投资环境，促进投资效率的提升（田泽和许东梅，2016）。打通交通设施薄弱环节，促进“一带一路”的互联互通将缩小“一带一路”沿线国家的经济差距，重构区域内生产网络，促进沿线国家贸易与投资的便利化发展。为此，一方面要增强与各东道国设施联通的战略互信，积极构建互信沟通机制，合理协调各方利益和标准，共同推进惠及各国的全方位的设施网络建设。

---

① 中国人民银行. 以绿色金融打造绿色“一带一路”[EB/OL].（2019-04-26）[2023-09-09]. http://www.pbc.gov.cn/goutongjiaoliu/113456/113469/3815542/index.html.

② 清华大学国家金融研究院金融与发展研究中心，Vivid Economics、Climateworks联合课题组.支持“一带一路”低碳发展的绿色金融路线图[R/OL].（2019-09-02）[2023-09-09]. https://www.pbcsf.tsinghua.edu.cn/_local/1/3A/CF/817A5D337AAC43BF971D8FA6641_49E6C0F5_8A854.pdf? e=.pdf.

另一方面，可积极发挥丝路基金的融资平台作用，为企业提供投资激励和优惠政策，吸引中国与“一带一路”沿线国家企业参与区域设施联通的投资建设，扎实推进互联互通投资合作。

专栏 7-4

案例研究：亚洲基础设施投资银行帮助投资者管理气候和其他 ESG 风险

严格的 ESG 方法有助于打造可融资的投资项目。亚洲基础设施投资银行（亚投行）的环境与社会框架适用于该行资助的项目。具体而言，“环境与社会政策、标准和排除清单”提供一套工具和要求，用于监管大型基础设施项目以及亚投行资助的其他项目中典型的环境与社会风险。因此，亚投行参与项目融资，能为共同投资者以及客户提供保证，即充分识别、管理和缓解环境与社会风险。

除此之外，亚投行已采取多项举措，鼓励私人资本进入环境与社会标准较高并能产生积极影响的新兴市场投资，与上述做法的宗旨一致。例如，该行使用“气候变化投资框架”（CCIF），根据《巴黎协定》的目标，全面评估发行人的气候变化风险和机会。CCIF 由亚投行与资产管理公司 Amundi 共同开发，已通过亚洲气候债券组合应用于亚投行的投资，验证了概念的可行性。

资料来源：世界经济论坛（WEF）、普华永道中国《促进“一带一路”绿色发展》洞察报告。

推动“一带一路”产业园区绿色化建设进程，充分发挥境外园区对绿色投资助推器和加速器的作用。一方面，对于中国已建成的泰中罗勇工业园区和波兰华沙中国城等产业园区，做好园区绿色发展的系统性和战略性规划，改善已有的传统产业结构，设立绿色标准，构建绿色循环生态系统，全面实现园区的绿色经济化。另一方面，大力推动中国在“一带一路”沿线国家绿色产业园区的规划和投资，以清洁能源、可再生能源和绿色物流等绿色产业为建设核心，引领中国绿色制造企业和绿色能源企业走进园区，利用中国资金技术优势和东道国的资源优势实现绿色产业园区的低碳化和高效化生产，充分发挥产业园区在“绿色丝绸之路”建设中的示范和带头作用（许东梅，2019）。要强化产业园区的环境管理。以企业集聚化发展、产业生态链接、服务平台建设为重点，共同推进生态产业园区建设。加强环境保护基础设施建设，推进产业园区污水集中处理与循环再利用及示范。发展园区生态环保信息、技术、商贸等公共服务平台。

7.4.4 推动形成绿色项目，深化绿色技术创新合作

随着生态文明和绿色发展理念的传播与推广，以及全球对 2030 年可持续发展议程重要性认识的不断加深，绿色发展理念已被世界各国广泛接纳。在当前世界绿色化、智能化、循环化大趋势下，必须进一步推动绿色技术的国际合作。加大对外援助支持力度，推动绿色项目落地实施。以生态环保、污染防治、环保技术与产业、人员培训与交流等为重点领域，优先开展节能减排、生态环保等基础设施及能力建设项目，探索在境外设立生态环保合作中心。发挥南南合作援助基金作用，支持社会组织开展形式多样的生态环保类项目，服务“一带一路”建设。推动绿色规则标准“软联通”，以项目目录形式明确“一带一路”绿色项目范围，加快共建“一带一路”国家、国际社会绿色项目标准的对标和共同化进程，推动形成“一带一路”绿色项目，深化绿色技术创新合作。

凭借强大的制造能力和丰富的国内工程建设经验，利用先进的绿色技术，中国企业不仅能够推动国内能源转型，而且可以通过共建“一带一路”等国际合作框架助力全球能源转型。

深化技术创新合作新格局，提高中国企业“走出去”的竞争力（田泽和许东梅，2016）。推动企业与技术先进、实力雄厚的跨国公司同台竞争，接受国际标准检验，提升企业技术、质量和服务水平，增强整体素质和核心竞争力，加快实现中国由装备制造大国向制造强国转变。同时，完善政府推动、企业主导、商业运作的国际产能合作机制，积极挖掘中国在能源、制造业和建筑业等行业的优势产能，发挥双边产能合作基金的作用，在东南亚、非洲和中东国家等区域积极构筑国际产能合作示范区，开发沿线国家的巨大市场潜力，加快中国融

入全球价值链的步伐。

深化技术创新合作新格局，提升绿色技术创新能力。一是要集中资源加快突破前沿技术，既要加大财政资金支持，又要发挥金融资本的引导作用，为前沿技术项目提供资本优先渠道。二是把握新一轮产业链跃迁机会，基于全球视野推动中国跨国公司塑造自主可控的高水准产业链，以产业链为基础，打造创新链，为绿色技术创新成果转化与应用赋能（伦晓波和韩云，2022）。此外，还要重视“一带一路”软联通合作，与沿线国家共享中国绿色发展理论、实践以及中国智慧，打造沿线国家绿色共同体，顺势实现从绿色标准参与者、贡献者到引领者的转变，有效推动“一带一路”整体技术合作发展模式的转型升级。

7.4.5　打造国际合作新平台，增添共同发展新动力

习近平总书记强调，要积极促进“一带一路”国际合作，努力实现政策沟通、设施联通、贸易畅通、资金融通、民心相通，打造国际合作新平台。

打造国际合作新平台，转变能源国际合作方式。转变以往以资源合作、化石能源合作为主，保障能源资源安全稳定供应的理念，转向以能源全产业链合作、新能源领域合作为主，推动后疫情时代“一带一路”经济绿色复苏增长。制定绿色能源合作指引，引导企业更多投资绿色交通、绿色建筑、清洁低碳能源等领域。适当提高向“一带一路”沿线国家出口高技术、高附加值、绿色环保装备的出口退税率。因地制宜促进可再生能源开发，与东南亚各国在跨境河流共同开发、综合利用方面加强合作，在塔吉克斯坦和吉尔吉斯斯坦优先开发小水电，在中亚、南亚国家推广风能、太阳能发电，在东南亚、南亚各国推动沼气、生物乙醇、生物质发电。加强风电、光伏、核电、水电等领域技术、资金、装备合作，帮助沿线国家提高能效，改善电力供应，提高非化石能源开发利用水平，减缓这些国家对于化石能源的需求增速，引领区域能源绿色低碳转型（朱跃中和刘建国，2021）。专栏 7－5 列举了三峡巴基斯坦风力发电二期项目第二风电场的例子，该项目是重要的绿色“一带一路”能源项目。

专栏 7－5

关注东道国可持续发展：三峡巴基斯坦风力发电二期项目第二风电场

三峡巴基斯坦风力发电二期项目第二风电场（以下简称“第二风电场”）是中巴经济走廊积极推动项目之一，位于巴基斯坦南部信德省卡拉奇市东北部的塔塔地区，场地总面积为 2.75 平方千米，共安装有 33 台单机容量 1.5 兆瓦的风力发电机组，总规模为 49.5 兆瓦。项目由中资企业三峡国际能源投资集团有限公司投资（资本金 25%，其余为银行贷款），采用建设—拥有—经营（BOO）模式建设。根据中方与巴基斯坦签署的特许经营协议和购电协议（EPA），项目由三峡巴基斯坦第二风电公司负责建设和运行管理。项目于 2016 年 1 月开工，2018 年 6 月投入商业运营。所发电力全部销售给巴基斯坦中央电力采购中心（CPPA－G）。

巴基斯坦电源以火电为主，水电为辅，电力供应紧张，电力需求保持中高速增长。第二风电场是中国与巴基斯坦在新能源合作领域的典型案例，年发电量约 1 亿～1.5 亿千瓦时，在为巴基斯坦第一大城市卡拉奇地区提供清洁电力的同时，减少了该区域对化石能源的消费，对于保护生态环境、减少温室气体排放、探索巴基斯坦经济社会绿色发展具有积极意义。此外，项目还为当地培养了大量工程建设管理人才，现场雇用超过 30 名中高级工程技术管理人员，项目新建或改造公路约 30 千米，对于拉动当地就业、改善民生、加强基础设施建设发挥了重要作用；第二风电场项目还始终关注社会公益，为项目所在地附近小学捐赠大量教学用品，改善了当地小学的硬件设施。

资料来源：中国环境与发展国际合作委员会（2021）。

打造国际合作新平台，加强创新能力开放合作。创新是推动发展的重要力量，搞好“一带一路”建设也要向创新要动力，加强创新能力开放合作，推动创新资源共享、创新优势互补，促进沿线和有关国家创新能力的共同提升。加强技术创新的开放合作，把握新一轮产业革命带来的机遇，推进国际科研项目合作，着力加强在数字经济、人工智能等前沿领域的合作。加强理论创新的交流互鉴，建设好智库联盟和合作网络，加强“一带一路”建设学术研究、理论支撑、话语体系建设，为各国开辟发展新路径提供智力支持。加强创新人才资源的交流合作，加强同沿线和有关国家的科技人才交流，合作培养培训各类专业人才，夯实“一带一路”建设的民意基础。

打造国际合作新平台，充分考虑沿线国家资源禀赋、国际分工、历史条件等基本情况。对于低收入组国家，进一步全方位传播绿色发展理念，合作建立绿色低碳示范区，普及、输出绿色发展商业模式、技术、案例，推动并帮助沿线国家提升绿色发展能力。对于高收入组国家，中国应抓住全球绿色转型升级新机遇，鼓励开展战略资产、前沿技术等各类投资；积极利用中国新能源产业优势等参与发达国家新能源的开发与应用；以打造绿色伙伴为契机，积极拓展绿色技术领域的研发合作，从而为更加广泛、深入的国际合作开拓新机遇。

参 考 文 献

[1] 白重恩，冀东星. 交通基础设施与出口：来自中国国道主干线的证据[J]. 世界经济，2018，41（1）：101－122.

[2] 程中华，李廉水. 全球价值链嵌入与中国制造业绿色增长［J］. 科学学研究，2021，39（5）：822－832.

[3] 陈钊，王旸.“营改增”是否促进了分工：来自中国上市公司的证据［J］. 管理世界，2016（3）：36－45，59.

[4] 戴翔，郑岚. 制度质量如何影响中国攀升全球价值链［J］. 国际贸易问题，2015（12）：51－63，132.

[5] 戴翔，宋婕.“一带一路”倡议的全球价值链优化效应——基于沿线参与国全球价值链分工地位提升的视角［J］. 中国工业经济，2021（6）：99－117.

[6] 杜大伟，若泽·吉勒尔梅·莱斯，王直. 全球价值链发展报告（2017）——全球价值链对经济发展的影响：测度与分析［M］. 北京：社会科学文献出版社，2017.

[7] 范子英，彭飞.“营改增”的减税效应和分工效应：基于产业互联的视角[J]. 经济研究，2017，52（2）：82－95.

[8] 高英铭.“营改增”对全球价值链升级的影响——基于中国城市贸易数据的实证分析［D］. 北京：对外经济贸易大学，2022.

[9] 郭朝先，徐枫. 新基建推进“一带一路”建设高质量发展研究［J］. 西安交通大学学报（社会科学版），2020，40（5）：1－10.

[10] 郭菊娥，陈辰，邢光远. 可持续投资支持“新基建”重塑中国价值链[J]. 西安交通大学学报（社会科学版），2021，41（2）：11－18.

[11] 韩峰，史桐奇. 高铁开通能否助力中国制造业出口价值攀升［J］. 国际贸易问题，2021（4）：94－109.

[12] 韩剑，许亚云. RCEP 及亚太区域贸易协定整合——基于协定文本的量化研究 [J]. 中国工业经济，2021（7）：81-99.

[13] 黄玖立，徐旻鸿. 境内运输成本与中国的地区出口模式 [J]. 世界经济，2012，35（1）：58-77.

[14] 刘琳. 全球价值链、制度质量与出口品技术含量——基于跨国层面的实证分析 [J]. 国际贸易问题，2015（10）：37-47.

[15] 李国强. 古代丝绸之路的历史价值及对共建“一带一路”的启示 [J]. 大陆桥视野，2019（2）：32-38.

[16] 伦晓波，韩云. 中国对外直接投资有助于沿线国家绿色技术创新吗——基于“一带一路”沿线国家数据的检验 [J]. 科技进步与对策，2022，39（4）：39-48.

[17] 李伟，李卫平. 营改增对交通运输业上市公司税负和财务的影响研究 [J]. 上海经济研究，2016（1）：61-70.

[18] 林小玲，唐荣. “营改增”、增值税出口退税与服务贸易出口强度 [J]. 财经理论研究，2022（3）：57-66.

[19] 罗伟，吕越. 外商直接投资对中国参与全球价值链分工的影响 [J]. 世界经济，2019，42（5）：49-73.

[20] 卢潇潇，梁颖. “一带一路”基础设施建设与全球价值链重构 [J]. 中国经济问题，2020（1）：11-26.

[21] 吕越，吕云龙. 中国参与全球价值链的环境效应分析 [J]. 中国人口·资源与环境，2019，29（7）：91-100.

[22] 李永友，严岑. 服务业“营改增”能带动制造业升级吗？[J]. 经济研究，2018，53（4）：18-31.

[23] 梁若冰，叶一帆. 营改增对企业间贸易的影响：兼论试点的贸易转移效应 [J]. 财政研究，2016（2）：52-64.

[24] 刘斌，王杰，魏倩. 对外直接投资与价值链参与：分工地位与升级模式 [J]. 数量经济技术经济研究，2015，32（12）：39-56.

[25] 刘斌，王乃嘉，魏倩. 中间品关税减让与企业价值链参与 [J]. 中国软科学，2015（8）：34-44.

［26］毛捷，曹婧，杨晨曦. 营改增对企业创新行为的影响——机制分析与实证检验［J］. 税务研究，2020（7）：12－19.

［27］彭飞，毛德凤.“营改增”的出口效应和生产率效应——基于行业关联的解释［J］. 产业经济研究，2018（1）：52－64，89.

［28］邱雪情，卓乘风，毛艳华.“一带一路”能否助推我国全球价值链攀升——基于基础设施建设的中介效应分析［J］. 南方经济，2021（6）：20－35.

［29］世界银行. 一带一路经济学：交通走廊的机遇与风险［R/OL］.（2019－06－18）［2023－09－11］. https://www.shihang.org/zh/topic/regional-integration/publication/belt-and-road-economics-opportunities-and-risks-of-transport-corridors.

［30］商务部. 中国“一带一路”贸易投资发展报告 2021［R/OL］.（2021－12－08）［2023－09－11］. https://www.caitec.org.cn/n5/sy_gzdt_xshd/json/5973.html.

［31］商务部. 2020 年度中国对外承包工程统计公报［R/OL］.（2021－09－09）［2023－09－11］. http://www.mofcom.gov.cn/article/zwgk/tjsj/202109/20210903196388.shtml.

［32］邵朝对，苏丹妮，杨琦. 外资进入对东道国本土企业的环境效应：来自中国的证据［J］. 世界经济，2021，44（3）：32－60.

［33］盛丹，包群，王永进. 基础设施对中国企业出口行为的影响：“集约边际”还是“扩展边际”［J］. 世界经济，2011，34（1）：17－36.

［34］唐宜红，张鹏杨. FDI、全球价值链嵌入与出口国内附加值［J］. 统计研究，2017，34（4）：36－49.

［35］唐宜红，俞峰，林发勤，张梦婷. 中国高铁、贸易成本与企业出口研究［J］. 经济研究，2019，54（7）：158－173.

［36］田彬彬，范子英.“营改增”与制造业企业出口——基于倍差法的经验研究［J］. 社会科学战线，2017（12）：52－61.

［37］田利辉，关欣，李政，李鑫. 环境保护税费改革与企业环保投资——基于《环境保护税法》实施的准自然实验［J］. 财经研究，2022，48（9）：32－46，62.

［38］田泽，许东梅. 我国对“一带一路”沿线国家的投资效率与对策［J］. 经济纵横，2016（5）：84－89.

［39］万宇. 非洲国家积极推动能源绿色转型（国际视点）［N］. 人民日报，2021－01－12（17）.

［40］王朝阳. 中国对外投资和援助对"一带一路"国家参与全球价值链的影响——基于跨国面板数据的实证研究［D］. 北京：对外经济贸易大学，2020.

［41］王一晨. 应对气候变化，非洲的立场和难点是什么［J］. 世界知识，2021（14）：37－39.

［42］王玉庆. 中国环境保护政策的历史变迁——4月27日在生态环境部环境与经济政策研究中心第五期"中国环境战略与政策大讲堂"上的演讲［J］. 环境与可持续发展，2018，43（4）：5－9.

［43］王桂军，曹平. "营改增"对制造业企业自主创新的影响——兼议制造业企业的技术引进［J］. 财经研究，2018，44（3）：4－19.

［44］王玉兰，李雅坤. "营改增"对交通运输业税负及盈利水平影响研究——以沪市上市公司为例［J］. 财政研究，2014（5）：41－45.

［45］王玲，刘维林，陈华倩，车宇轩. 交通强国战略下我国运输服务贸易的网络地位评估与提升策略——基于全球价值链视角［J］. 软科学，2021，35（3）：15－21.

［46］王高阳，鞠欣. 制度环境变迁提升全球价值链参与度——纪念中国加入世贸组织20周年［J］. 国际经济合作，2021（3）：25－31.

［47］吴舜泽，申宇，郭林青，邢晶晶. 中国环境战略与政策发展进程、特点及展望［J］. 环境与可持续发展，2020，45（1）：34－36.

［48］韦东明，顾乃华. 国际运输通道与区域经济高质量发展——来自中欧班列开通的证据［J］. 国际贸易问题，2021（12）：34－48.

［49］王文，杨凡欣. "一带一路"与全球绿色基础设施投资的未来［J］.国际金融，2017（6）：3－15.

［50］王直，魏尚进，祝坤福. 总贸易核算法：官方贸易统计与全球价值链的度量［J］. 中国社会科学，2015（9）：108－127，205－206.

［51］许东梅. 我国对"一带一路"沿线国家绿色投资路径研究［J］. 中国集体经济，2019（28）：33－34.

［52］谢获宝，惠丽丽. 营改增政策提高了服务业企业的全要素生产率吗？

[J]. 管理评论，2021，33（1）：3－12.

［53］谢申祥，范鹏飞，王晖. 服务业“营改增”与出口贸易高质量发展［J］. 当代经济科学，2022，44（2）：1－15.

［54］许家云，徐莹莹. 政府补贴是否影响了企业全球价值链升级？——基于出口国内附加值的视角［J］. 财经研究，2019，45（9）：17－29.

［55］徐博，杨来科，常冉. 中间品关税减让对企业全球价值链生产长度的影响［J］. 世界经济研究，2021（4）：12－27，134.

［56］“一带一路”绿色发展国际联盟，一带一路环境技术交流与转移中心（深圳）. “一带一路”环境政策法规标准蓝皮书（中东欧篇）［R/OL］.（2021－12－17）［2023－09－11］. http://www.brigc.net/zcyj/bgxz/2021/202112/P020211217481410795172.pdf.

［57］“一带一路”绿色发展国际联盟，一带一路环境技术交流与转移中心（深圳）.“一带一路”环境政策法规标准蓝皮书（东南亚篇）［R/OL］.（2021－12－17）［2023－09－11］. http://www.brigc.net/zcyj/bgxz/2021/202112/P020211217480996607271.pdf.

［58］余淼杰，蒋海威. 从 RCEP 到 CPTPP：差异、挑战及对策［J］. 国际经济评论，2021（2）：129－144.

［59］殷宝庆，颜青，刘洋. 绿色技术溢出对“一带一路”沿线国家与地区在全球价值链攀升的影响［J］. 对外经贸，2021（4）：51－56.

［60］袁建国，胡明生，唐庆. 营改增对企业技术创新的激励效应［J］. 税务研究，2018（3）：44－50.

［61］叶大凤，黄楚楚，杨祯奕. 中国绿色金融政策执行难题及对策探讨［J］. 法制与经济，2022，31（1）：96－103.

［62］姚战琪，夏杰长. 中国对外直接投资对“一带一路”沿线国家攀升全球价值链的影响［J］. 南京大学学报（哲学·人文科学·社会科学），2018，55（4）：35－46.

［63］朱跃中，刘建国. 加快建设绿色“一带一路”构建能源国际合作新格局［J］. 中国经济报告，2021（6）：106－107.

［64］张杰，刘志彪. 制度约束、全球价值链嵌入与我国地方产业集群升级

［J］. 当代财经，2008（9）：84－91.

［65］赵静.“营改增”改革对服务业企业发展的影响——基于增值税抵扣链条视角的实证研究［J］. 地方财政研究，2016（9）：22－31.

［66］对外经济贸易大学，联合国工业发展组织. 全球价值链与工业发展：来自中国、东南亚和南亚的经验［M］. 赵静，译. 北京：社会科学文献出版社，2019.

［67］邹筱.“营改增”对物流业税负影响实证研究——基于沪深 A 股上市公司的经验数据［J］. 中南财经政法大学学报，2016（2）：43－47.

［68］周国梅. 推动共建绿色“一带一路” 凝聚全球环境治理合力［N］. 中国环境报，2020－11－19（3）.

［69］周亚敏. 全球价值链中的绿色治理——南北国家的地位调整与关系重塑［J］. 外交评论（外交学院学报），2019，36（1）：49－80.

［70］张中元. 基础设施互联互通对出口经济体参与全球价值链的影响［J］. 经济理论与经济管理，2019（10）：57－70.

［71］自然资源保护协会（NRDC）. 中国高耗能行业“一带一路”绿色产能合作发展报告［R/OL］.（2018－12）［2023－09－11］. http://www.nrdc.cn/Public/uploads/2019－01－25/5c4aadbb95226.pdf.

［72］张祥建，李永盛，赵晓雷. 中欧班列对内陆地区贸易增长的影响效应研究［J］. 财经研究，2019，45（11）：97－111.

［73］周学仁，张越. 国际运输通道与中国进出口增长——来自中欧班列的证据［J］. 管理世界，2021，37（4）：52－63，64－67，102.

［74］周伟铎，庄贵阳. 共建绿色基础设施 共享安全韧性长三角［N］. 中国环境报，2020－09－30（3）.

［75］张三峰，卜茂亮. 嵌入全球价值链、非正式环境规制与中国企业 ISO14001 认证——基于 2004—2011 年省际面板数据的经验研究［J］. 财贸研究，2015，26（2）：70－78.

［76］中国环境与发展国际合作委员会.绿色“一带一路”与 2030 年可持续发展议程——加强“一带一路”项目环境管理体系与政策研究［R/OL］.（2021－09）［2023－09－11］. http://www.cciced.net/zcyj/yjbg/zcyjbg/2021/

202109/P020210929303294620185.pdf.

[77] Asian Infrastructure Investment Bank(AIIB). Asian Infrastructure Finance 2021: Sustaining Global Value Chains [R/OL]. (2021－10－28) [2023－09－11]. https: //www.aiib.org/en/news-events/asian-infrastructure-finance/2021/introduction/index. html.

[78] Antràs P. Firms, contracts, and trade structure [J]. The Quarterly Journal of Economics, 2003, 118(4): 1375－1418.

[79] Antràs P, Chor D.organizing the global value chain [J]. Econometrica, 2013, 81(6): 2127－2204.

[80] Antràs P, Chor D. On the measurement of upstreamness and downstreamness in global value chains [R/OL]. National Bureau of Economic Research Working Paper, No. 24185, 2018. https: //www.nber.org/papers/w24185.

[81] Antràs P, Chor D, Fally T, et al. Measuring the upstreamness of production and trade flows [J]. American Economic Review, 2012, 102(3): 412－416.

[82] Antràs P, Helpman E. Global sourcing[J]. Journal of Political Economy, 2004, 112(3): 552－580.

[83] Asian Development Bank (ADB), University of International Business and Economics (UIBE), World Trade Organization (WTO), Institute of Developing Economics-Japan External Trade Organization (IDE-JETRO), China Development Research Foundation (CDRF). Global Value Chain Development Report 2021: Beyond Production [R/OL]. (2021－11－18) [2023－09－11]. https: //www.adb.org/publications/global-value-chain-development-report-2021.

[84] Baldwin R. Global supply chains: Why they emerged, why they matter, and where they are going [M/OL] //Elms D, Low P. Global Value Chains in a Changing World. Fung Global Institute, Nanyang Technological University, WTO. 2013: 13－59. https: //www.wto-ilibrary.org/content/books/9789287042446/read.

[85] Coşar A K, Demir B. Domestic road infrastructure and international trade: Evidence from Turkey [J]. Journal of Development Economics, 2016, 118(C):

232－244.

［86］ Chen Z, Xue J, Rose A Z, et al. The impact of high-speed rail investment on economic and environmental change in China: A dynamic CGE analysis ［J］. Transportation Research Part A: Policy and Practice, 2016, 92(C): 232－245.

［87］ Chen X, Cheng L, Fung K C, Lau L. The estimation of domestic value-added and employment induced by exports: An application to Chinese exports to the United States ［M/OL］ //Cheung Y W, Wong K Y. China and Asia: Economic and Financial Interactions. Routledge. 2008: 64－82. https: //www.taylorfrancis.com/books/edit/10.4324/9780203886397/china-asia-yin-wong-cheung-kar-yiu-wong?refId=13556bd3-2424-4ced-ba3c-b6bcfc92cfd0&context=ubx.

［88］ D'Alfonso T, Jiang C, Bracaglia V. Air transport and high-speed rail competition: Environmental implications and mitigation strategies ［J］. Transportation Research Part A: Policy and Practice, 2016, 92(C): 261－276.

［89］ Dietzenbacher E, Romero I. Production chains in an interregional framework: Identification by means of average propagation lengths ［J］. International Regional Science Review, 2007, 30(4): 362－383.

［90］ Dietzenbacher E, Romero I, Bosma N S. Using average propagation lengths to identify production chains in the Andalusian economy ［J］. Estudios de Economía Aplicada, 2005, 23(2): 405－422.

［91］ Ge Y, Dollar D, Yu X. Institutions and participation in global value chains: Evidence from belt and road initiative ［J］. China Economic Review, 2020, 61(C): 101447.

［92］ Gereffi G, Korzeniewicz M. Commodity Chains and Global Capitalism ［M］. Westport, Connecticut: Praeger. 1994.

［93］ Gereffi G, Humphrey J, Sturgeon T. The governance of global value chains ［J］. Review of International Political Economy, 2005, 12(1): 78－104.

［94］ Geist HJ, Lambin EF. What drives tropical deforestation?A meta-analysis of proximate and underlying causes of deforestation based on subnational case study evidence [R/OL]. LUCC Report Series No. 4, LUCC International Project Office, University of Louvain, Belgium. 2001. https: //www.cabdirect.org/cabdirect/abstract/20023161088.

[95] Grossman G M, Rossi-Hansberg E. Trading tasks: A simple theory of offshoring [J]. American Economic Review, 2008, 98(5): 1978-1997.

[96] Hummels D, Ishii J, Yi K M. The nature and growth of vertical specialization in world trade [J]. Journal of International Economics, 2001, 54(1): 75-96.

[97] Helpman E, Krugman P. Market Structure and Foreign Trade[M]. Cambridge, MA MIT Press, 1985.

[98] Jones R, Kierzkowski H. The role of services in production and international trade: Atheoretical framework [M/OL] //Jones R, Kruger A. The Political Economy of International Trade. Oxford, UK: Blackwell. 1990: 31-48.

[99] Johnson R C, Noguera G. Accounting for intermediates: Production sharing and trade in value added [J]. Journal of International Economics, 2012, 86(2): 224-236.

[100] Krugman P. Increasing returns, monopolistic competition, and international trade [J]. Journal of International Economics, 1979, 9(4): 469-479.

[101] Krugman P. Scale economies, product differentiation, and the pattern of trade [J]. The American Economic Review, 1980, 70(5): 950-959.

[102] Koopman R, Powers W, Wang Z, Wei S J. Give credit where credit is due: Tracing value added in global production chains [R/OL]. National Bureau of Economic Research Working Paper, No. 16426, 2010. https: //www.nber.org/papers/w16426.

[103] Kee H L, Tang H. Domestic value added in exports: Theory and firm evidence from China [J]. American Economic Review, 2016, 106(6): 1402-1436.

[104] Koopman R, Wang Z, Wei S J. Estimating domestic content in exports when processing trade is pervasive [J]. Journal of Development Economics, 2012,

99(1): 178 – 189.

[105] Koopman R, Wang Z, Wei S J. Tracing value – added and double counting in gross exports [J]. American Economic Review, 2014, 104(2): 459 – 494.

[106] Losos E C, Pfaff A, Olander L P, Mason S, Morgan S. Reducing environmental risks from belt and road initiative investments in transportation infrastructure [R/OL]. World Bank Policy Research Working Paper, No. 8718, 2019. https: //openknowledge. worldbank.org/entities/publication/a0cbb3a7-6137-5c6e-a828-a9cdc9a6d243.

[107] Melitz M J. The impact of trade on intra-industry reallocations and aggregate industry productivity [J]. Econometrica, 2003, 71(6): 1695 – 1725.

[108] Nunn N. Relationship-specificity, incomplete contracts, and the pattern of trade [J]. The Quarterly Journal of Economics, 2007, 122(2): 569 – 600.

[109] OECD. OECD Skills Outlook 2017: Skills and Global Value Chains [R/OL]. (2017 – 05 – 04) [2023 – 09 – 11]. https: //www.oecd-ilibrary.org/education/oecd-skills-outlook-2017_9789264273351-en.

[110] Porter M E. Competitive advantage: creating and sustaining superior performance [M]. New York: The Free Press. 1985.

[111] Qiang C Z, Liu Y, Steenbergen V. An investment perspective on global value chains [M/OL]. Washington: World Bank, 2021. https: //openknowledge. worldbank.org/entities/publication/49fa218e-d636-55a7-94ac-7e5b552aa73c.

[112] Wang Z, Wei S J, Zhu K F. Quantifying international production sharing at the bilateral and sector levels[R/OL]. National Bureau of Economic Research Working Paper, No. 19677, 2013. https: //www.nber.org/papers/w19677.

[113] Wang Z, Wei S J, Yu X D, Zhu K F. Measures of participation in global value chains and global business cycles [R/OL]. National Bureau of Economic Research Working Paper, No. 23222, 2017a. https: //www.nber.org/papers/w 23222.

[114] Wang Z, Wei S J, Yu X D, Zhu K F. Characterizing global value chains: production length and upstreamness [R/OL]. National Bureau of Economic

Research Working Paper, No. 23261, 2017b. https: //www.nber.org/papers/w23261.

［115］ Yi K M. Can vertical specialization explain the growth of world trade? ［J］. Journal of Political Economy, 2003, 111(1): 52–102.

［116］ Yi K M. Can multistage production explain the home bias in trade? ［J］. American Economic Review, 2010, 100(1): 364–393.